I0816983

11

Prophètes et voix prophétiques dans l'œuvre de Jean Giono

Actes du colloque « Prophètes et voix prophétiques dans l'œuvre de Jean Giono » organisé les 21 et 22 novembre 2019 à Metz par l'université de Lorraine, publiés avec le soutien du centre Écritures (EA 3943) de l'université de Lorraine

Prophètes et voix prophétiques dans l'œuvre de Jean Giono

Sous la direction de Danièle Henky
et Dominique Ranaivoson

PARIS
LETTRES MODERNES MINARD
2021

Danièle Henky, maître de conférences HDR émérite de la 9e section de l'université de Strasbourg, est spécialiste de littérature française et francophone contemporaine, notamment destinée à la jeunesse.

Dominique Ranaivoson, maître de conférences HDR de la 10e section de l'université de Lorraine, travaille sur les réécritures bibliques dans les littératures contemporaines francophones du sud.

ISBN 978-2-406-11288-4
ISSN 2494-6109

SIGLES ET ABRÉVIATIONS UTILISÉS DANS CET OUVRAGE

ŒUVRES DE JEAN GIONO

Œuvres romanesques complètes (Paris, Gallimard, « Bibl. de la Pléiade »).
Édition en six volumes établie par Robert RICATTE avec la collaboration de Pierre CITRON, Henri GODARD, Lucien et Janine MIALLET et Luce RICATTE.

I	Tome I (1971)
I-2	Tome I, revu et augmenté (1982)
II	Tome II (1972)
III	Tome III (1974)
IV	Tome IV (1977)
V	Tome V (1980)
VI	Tome VI (1983)
VII	*Récits et essais.* Édition établie sous la direction de Pierre CITRON avec la collaboration d'Henri GODARD, Violaine de MONTMOLLIN et Mireille SACOTTE (1989).
VIII	*Journal, poèmes, essais.* Édition publiée sous la direction de Pierre CITRON, avec la collaboration de Laurent FOURCAUT, Henri GODARD, Violaine de MONTMOLLIN, André-Alain MORELLO et Mireille SACOTTE (1995).

Amr.	*Entretiens avec Jean Amrouche et Taos Amrouche* (Paris, Gallimard, 1990). Présentés et annotés par Henri Godard.	
BM	*Batailles dans la montagne*	[in II]
C	*Colline*	[in I/ I-2]
Chas.	*La Chasse au bonheur* (Paris, Gallimard, 1988).	
CM	*Le Chant du monde*	[in II]
Dés.	*Le Déserteur et autres récits*	[in VI]
EV	*L'Eau vive*	[in III]
GT	*Le Grand Troupeau*	[in I/ I-2]

GTh	*Le Grand théâtre*	[in III]
HT	*Le Hussard sur le toit*	[in IV]
IS	*L'Iris de Suse*	[in VI]
J	*Journal 1935-1939*	[in VIII]
JB	*Jean le Bleu*	[in II]
JO	*Journal de l'Occupation*	[in VIII]
L'H	*L'Homme qui plantait des arbres*	[in V]
Melv.	*Pour saluer Melville*	[in III]
MP	*Le Moulin de Pologne*	[in V]
Noé	*Noé*	[in III]
Palz.	*Les Trois arbres de Palzem* (Paris, Gallimard, 1984)	
Par.	*Fragments d'un paradis*	[in III]
PC	*Le Poids du ciel*	[in VII]
PP	*Présentation de Pan*	[in I/I-2]
Po.	*Poèmes*	[in VIII]
Q	*Que ma joie demeure*	[in II]
RO	*Refus d'obéissance*	[in VII]
R	*Regain*	[in I/ I-2]
Roi	*Un roi sans divertissement*	[in III]
SÉ	*Le Serpent d'étoiles*	[in VII]
SP	*Solitude de la pitié*	[in I/I-2]
TV	*Triomphe de la vie*	[in VII]
UB	*Un de Baumugnes*	[in I/I-2]
VC	*Le Voyage en calèche* (Monaco, Éditions du Rocher, 1947)	
VL I	*Vivre libre I Lettre aux paysans sur la pauvreté et la paix*	[in VII]
Virg.	*Préface aux Pages immortelles de Virgile*	[in III]
VR	*Les Vraies Richesses*	[in VII]

AUTRES PUBLICATIONS

CG4 *Cahiers Giono 4 – De Homère à Machiavel.* Avant-propos de Henri Godard (Paris, Gallimard, 1986).

Rev. 1, 2, etc. *Revue Giono* (Manosque, Association des Amis de Jean Giono)

OUVERTURE DU COLLOQUE « PROPHÈTES ET VOIX PROPHÉTIQUES DANS L'ŒUVRE DE JEAN GIONO »

Cinquantenaire du décès de l'écrivain

Le projet de ces rencontres a été initié alors que ses organisateurs n'étaient pas encore informés de la préparation d'un programme de manifestations autour du cinquantenaire de la mort de Giono en 2020. Comme ce programme vient d'être lancé, avec presque un an d'avance sur la date anniversaire du 9 octobre 1970 où Giono nous a quittés, avec l'ouverture de l'exposition « Giono » du Mucem à Marseille le 30 octobre dernier, il prend naturellement sa place dans la programmation du cinquantenaire et sera à même de l'enrichir en proposant un thème de recherche peu abordé jusqu'ici. Je suis reconnaissant aux organisateurs et à notre amie Danièle Henky de m'avoir invité à ouvrir ce colloque, dont beaucoup d'intervenants sont adhérents de l'association des Amis de Jean Giono.

Jean Giono savait que son œuvre lui survivrait longtemps et qu'il serait sans doute un jour considéré comme l'un des grands écrivains de son siècle. Mais s'il a connu le succès dès ses débuts en littérature à la fin des années Vingt ; s'il a été une référence majeure pour la jeunesse des années Trente ; si, après la période difficile de l'Occupation et la brève relégation qui l'a suivie, ses romans, dont *Le Hussard sur le toit*, lui ont redonné une place de premier plan dans la vie littéraire, il aimait répéter à ses proches qu'il faudrait attendre cinquante ans après sa mort pour que son œuvre, si singulière, déroutante et mystérieuse, soit vraiment comprise. La richesse et la qualité des travaux de recherche depuis plus de cinquante ans peuvent sembler démentir cette prédiction et l'œuvre de Giono n'a pas connu ce « purgatoire » qui suit souvent la disparition de l'écrivain. Cette œuvre est bien vivante et suscite toujours autant d'engouements individuels et collectifs. Ceci grâce à Aline et Sylvie

Giono qui ont su maintenir Giono dans l'actualité littéraire par la publication régulière depuis cinquante ans d'inédits et d'anthologies, grâce aux neuf volumes parus dans la Pléiade, grâce aux maîtres disparus des études gioniennes Robert Ricatte, Pierre Citron et Jacques Chabot, grâce aux centaines de doctorants qui ont soutenu des thèses sur l'œuvre de Giono et à leurs Directeurs-Directrices, à l'amitié sans nuages qui, depuis un demi-siècle, réunit autour de l'œuvre érudits et chercheurs, universitaires ou non, au millier d'études monographiques et d'articles éditées en volumes ou en revues, à une vingtaines de colloques et journées d'études, au travail de l'association des Amis de Jean Giono, bientôt cinquantenaire elle-aussi, et à ses 650 adhérents qui en font de la première société d'amis d'auteur de France. L'actuel « regain » des travaux de recherches va aussi dans ce sens avec, en 2019-2020, dix thèses soutenues ou en cours de préparation. Trois communications données au cours de ce colloque le seront par des doctorantes travaillant sur l'œuvre de Giono : Annabelle Marion, Anne-Aël Ropars et Marion Stoïchi. Le fait est assez rare pour être souligné. Merci à toutes trois d'avoir souhaité participer à ce colloque et aux organisateurs de les y avoir accueillies. Merci aussi à nos collègues venus du Québec, du Maroc, d'Afrique du Sud, de Chine, dont la présence souligne le rayonnement de Giono hors de France.

D'autre part, le succès public de l'exposition « Giono » au Mucem – 71 000 visiteurs en quatre mois – confirme l'aura de Giono auprès d'un lectorat d'une grande diversité d'âge, de milieu, d'approches et de motivations. Contrairement à celle de beaucoup de ses contemporains les plus notables, l'œuvre de Giono n'existe pas seulement pour un cénacle de spécialistes. Mais Giono, dont la lucidité critique n'est jamais en défaut, connaissait aussi très bien les préjugés et les malentendus qui altéraient la réception de son œuvre et continuent encore parfois à le faire. Nous voici arrivé à ce rendez-vous du cinquantenaire, dont Giono « prophétisait » qu'il serait celui de la connaissance et de la reconnaissance de son œuvre à sa plus haute valeur. Les très nombreuses manifestations et publications en cours et en projets durant cette année de commémoration, que les circonstances feront se prolonger tout au long de l'année 2021, mettront sans aucun doute en lumière une œuvre aujourd'hui reçue dans toute sa diversité, sa complexité, sa modernité, son universalité et son inaltérable beauté.

Je suis très heureux de participer à un colloque Giono organisé dans une région qui m'est naturellement chère, puisque je suis lorrain, des Vosges et de Nancy, et que j'ai fait mes études secondaires à Gérardmer, ma ville natale, dans ce « Grand Est » qui, sauf erreur, n'avait jusqu'à ce jour jamais accueilli de réunion savante autour de l'œuvre de Giono.

Jacques MÉNY
Président de l'Association des Amis de Jean Giono

INTRODUCTION

Jean Giono n'a cessé d'écrire de 1929 à sa mort, il y a cinquante ans, en 1970, laissant une œuvre monumentale, protéiforme, tout entière conçue depuis Manosque. Les chercheurs, toujours plus nombreux, circulent dans ce monde inventé, à la recherche de ses liens avec le réel, avec la vie de son concepteur, suivant les pistes des réseaux thématiques ou métaphoriques. Ils ont à disposition, grâce notamment aux bons soins de l'Association des amis de Giono, ses correspondances et documents mais aussi sa bibliothèque riche d'ouvrages annotés de sa main. Ces derniers soulignent à la fois sa curiosité éclectique et des intérêts restés secrets en dépit des nombreux entretiens que l'écrivain a donnés.

Dans son œuvre prolifique que d'aucuns ont fragmenté en périodes se rencontrent des préoccupations et des formes esthétiques multiples. Y retrouver schémas, figures et parcours bibliques ne relève pas d'une imagination fantaisiste même si l'auteur se défend d'accorder un intérêt personnel aux questions spirituelles. « Je suis indifférent en matière de religion [...] Dès la première explication du catéchisme, c'était fermé, il y avait une espèce de chape de plomb qui m'environnait et j'étais intouchable. Je m'intéressais à des quantités de choses, j'écoutais l'écho de l'église, j'étais très touché par les grandes voûtes, j'étais prodigieusement intéressé par les lumières qui se jouaient dans les vitraux, j'entendais avec le plus grand appareil romanesque le bruit des pas qui se répercutait dans les cours de l'église, tout cela me touchait, mais dès qu'on me parlait de Dieu et de la religion, c'était fini, il n'y avait plus aucun contact[1]. »

Pourtant, suivre les traces du Livre est facile. De nombreux titres évoquent la Bible ou des thèmes qui lui sont associés : *Solitude de la pitié, Le Grand Troupeau, Le Chant du monde, Que ma joie demeure, Les Vraies Richesses, Le Poids du ciel, Lettre aux paysans sur la pauvreté et la paix, L'Eau*

1 Jean Carrière, *Jean Giono*, Entretien, Besançon, La Manufacture, 1991, p. 109-110.

vive, Noé, Fragments d'un Paradis, Fragments d'un Déluge, Les Âmes fortes, Les Grands chemins, Recherche de la pureté. Les thématiques et expressions bibliques sont fréquentes, certains prénoms viennent de l'Ancien ou du Nouveau Testament. Chacun sait, en outre, l'influence que le père de Giono, cordonnier piémontais et anarchisant qui faisait de la Bible son livre de chevet, a eue sur son fils. Giono en parle lui-même dans *Jean le Bleu*, son seul récit autobiographique. Il le montre aussi nettement dans le *Grand Théâtre* écrit trente ans plus tard sur le thème de l'Apocalypse et dans lequel un père aux allures de prophète initie son fils aux secrets du monde, de la vie et de la mort en se servant de la Bible. L'écrivain a toute sa vie entretenu avec la Bible un rapport complexe.

De nombreux chercheurs se sont intéressés à cet aspect de l'œuvre pour tenter de comprendre la complexité des rapports du romancier avec les formes, les figures et le message bibliques. L'un des premiers fut Llewellyn Brown qui y consacra en 1989 sa thèse intitulée *Giono et la Bible : intertextualité et imaginaire.* L'auteur identifie les motifs, les thèmes et les personnages bibliques présents dans l'œuvre et observe comment ils subissent des transformations importantes lorsqu'ils sont transposés dans l'univers romanesque. Il précise aussi qu'au cours de ses recherches il a trouvé dans la bibliothèque de l'écrivain six Bibles dont plusieurs largement annotées de sa main ainsi que soixante-dix ouvrages de philosophie et d'histoire de la religion, des commentaires bibliques, des livres consacrés à la vie des saints etc… Enfin, il aborde le rôle de « prophète » qui a été attribué à l'écrivain de 1935 à la guerre lorsqu'il dispensait sur le Plateau du Contadour, à des jeunes « non-violents », ses leçons sur le bonheur reprises dans ses écrits pacifistes. Bien qu'il s'en soit défendu plus tard, Giono fut bien une sorte de visionnaire halluciné pressé de communiquer son message et prit ouvertement, par ses actes, ses paroles et le lyrisme de ses publications, la posture du prophète. Le Giono d'alors, prédicateur et prophète, dressé, plus encore que Bernanos, contre le monde moderne et ses robots contait les grandes légendes de l'Inde ou de la Grèce, le sommeil de Rama, les métamorphoses de Dionysos et dénonçait avec flamme le régime de « l'agglomération et de la masse ». Vers 1930, écrit Henri Godard, « une voix nouvelle, différente de celle que l'on entend dans les romans, […] s'élève peu à peu dans de courts essais, articles ou préfaces qu'il commence alors à écrire. Il faut, à travers la dispersion des recueils, reconstituer une chronologie serrée de ces publications pour ressentir le mouvement qui emporte irrésistiblement Giono de plus en plus haut dans les sphères du didactisme puis d'un quasi prophétisme ». Cette position s'est infléchie jusqu'à être reniée par le romancier, mais les motifs prophétiques, quoi qu'il en dise, ne cessent d'irriguer, sous d'autres formes, ses récits ultérieurs.

Dans la droite ligne des travaux entrepris par les chercheurs en littérature, en langues, en philosophie, en arts plastiques et en théologie du « Centre Écritures » de l'Université de Lorraine sur le thème : « la Voix prophétique entre parole et écriture », nous avons souhaité nous interroger sur la place occupée par la figure du prophète et de la prophétie au sens biblique du terme dans l'œuvre de Jean Giono. Le séminaire transversal intitulé « Les héritages du christianisme dans les sociétés et dans les textes » entend, notamment grâce à la notion d'héritage, être attentif à une multiplicité de processus de reprise, de transformation, d'hybridation et de métamorphose de la Bible dans les récits, discours, images, concepts et questionnements tels qu'ils se constituent au sein de la tradition et de l'histoire jusqu'à aujourd'hui. L'équipe d'accueil 1337 « Configurations littéraires » qui fédère, au sein de l'université de Strasbourg, l'ensemble des recherches concernant la littérature française, francophone et comparée, et notamment le *CERIEL* (Centre d'étude sur les représentations : idées, esthétique, littérature XIXe-XXIe siècles), a vu l'intérêt de ce colloque en accord avec ses propres champs de recherches et les centres des deux universités du Grand Est ont collaboré autour de ce sujet commun appliqué à l'œuvre de l'écrivain Jean Giono à l'occasion du cinquantième anniversaire de sa mort. L'Association des Amis de Jean Giono a apporté son précieux soutien en la présence de son président et de plusieurs de ses membres.

Littérature et prophétie entretiennent un lien complexe : il s'agit de deux sphères différentes, ne répondant apparemment pas aux mêmes enjeux. On peut considérer cependant que l'écrivain à l'instar du prophète interpelle son contemporain, cherche à peser sur les événements ou, à tout le moins, transmet fidèlement messages et avertissements qui lui sont confiés. Pour être comprise dans toutes ses dimensions, la littérature à visée prophétique doit être envisagée à l'aune des contextes idéologiques et de la position de l'écrivain. Elle peut aussi être mesurée aux textes-sources afin d'appréhender les transformations effectuées à partir de cet hypotexte.

Le présent volume rassemble les communications données à Metz les 21-22 novembre 2019. Comme nombre d'auteurs, Giono trouve dans la Bible, et en particulier chez les prophètes, une source d'inspiration pour son œuvre. La présentation faite par Elena di Pede, bibliste, qui ouvre le volume, a pour but de montrer comment l'Ancien Testament, par le biais d'une littérature particulière, met en scène les grandes figures prophétiques et leur parole. Ceux-ci, chargés d'une mission, interviennent le plus souvent au cœur d'une crise dont l'enjeu est la vie ou la mort de leurs contemporains. L'inventaire de sa bibliothèque permet d'affirmer que ce corpus était parfaitement connu de Giono. Il est ici proposé par Jacques Mény assisté de Francine Charoy, théologienne et philosophe, qui a établi des rapprochements entre certains ouvrages et les textes de fiction.

Les analyses, regroupées sous le titre « Giono, prophète de la paix », se réfèrent à l'époque où Giono a cru qu'une des missions essentielles de l'écrivain était de sauver la paix lors des rencontres du Contadour. Llewellyn Brown analyse les écrits pacifistes en soulignant que l'auteur a voulu influer sur l'histoire avec son seul verbe dans un élan quasi mystique. Il souligne que, paradoxalement, cette exaltation spiritualiste est habitée par une grande violence qui prend la forme de rêves d'une destruction universelle qu'elle soit le fait d'hommes révoltés ou de la nature par l'intermédiaire du Déluge. En 1939, l'entrée en guerre qui ravive en Giono les souvenirs terribles de la guerre de 1914, va transformer radicalement cette manière de voir. À cette date, il écrit *Promenade de la mort*, étudié par Jean-Paul Pilorget et Édouard Schalchli qui y associe *L'Oiseau bagué*. Jean-Paul Pilorget analyse les indices textuels de la fin du prophétisme idéologique que constitue le thème de la nuit et de la régression frappant la campagne paisible où survient l'annonce de la guerre. Au lyrisme et au prosélytisme antérieurs s'oppose un brusque « repli dans l'imaginaire » avec le motif des oiseaux, interprété comme le « symbole du retrait de l'artiste face au désespoir ». Édouard Schalchli, amorçant une comparaison entre Giono et deux autres écrivains meurtris par la guerre, Armand Robin et Bernanos, explique que *Promenade de la mort* demande à être lu comme un texte de transition entre un espace méta-textuel, où se révèle dans l'histoire une dimension qui dépasse l'histoire, et l'espace proprement « littéraire », selon l'expression de Blanchot. Le texte de Giono, inachevé, se brise sur l'objet qu'il tente de faire sien, renonçant à la parole dont l'inefficacité aboutit à un paradoxal « prophétisme muet ». Enfin le compositeur Claude-Henry Joubert rappelle comment, inspiré par le texte *Refus d'obéissance*, il a créé la cantate pour chœur à quatre voix mixtes et violoncelle : *Je vous reconnais tous*, qui fut donnée lors du colloque sous la direction de David Jacquard.

Le chapitre suivant rassemble les communications qui identifient des figures prophétiques bibliques et analysent le traitement qu'en fait Giono. Alain Tissut souligne que la figure du berger dans l'œuvre de Giono, sur la foi de *Jean le bleu* (1932) et de la biographie de Pierre Citron (le jeune Jean est confié à six ans au berger Massot, qui l'ouvre au monde), apparaît comme originelle et omniprésente, jusqu'à l'œuvre testamentaire qu'est *L'Iris de Suse* (1970). Ne prenant corps qu'avec *Le Grand Troupeau*, la figure du berger semble faire l'objet d'un refoulement identique à celui de l'expérience guerrière. Dominique Ranaivoson discerne le motif du désert qui refleurit du prophète Ésaïe dans *Regain* et *L'Homme qui plantait des arbres* et montre le renversement que Giono opère pour vider la prophétie de toute transcendance. François Nault, théologien, analyse *Le Moulin de Pologne* en établissant un parallèle, suggéré par le récit lui-même au moyen d'une brève allusion, entre le destin des Coste et la figure biblique de Job. Il montre comment Jean Giono démonte les mécanismes de la superstition, par lesquels une certaine idée de Dieu et une certaine représentation du destin s'imposent. Pour Christian Morzewski, le message porté par *Batailles dans la montagne* préfigure l'échec final de la première grande posture gionienne, qu'on appellera pour faire court *thérapeutique* : soigner, guérir, assister, *sauver*, incarnée par Bobi dans *Que ma joie demeure* (1935) et Saint-Jean dans le roman suivant. Aux *soigneurs* vont succéder les *saigneurs*. Clément Bourrache, le fou de Dieu, habité par le Livre, apparaît comme un « prophète de malheur » que Giono semble placer au premier plan dans ce roman-pivot.

La section suivante est consacrée à la relation constante et particulière de Giono avec le livre de l'Apocalypse, la prophétie néotestamentaire par excellence déjà mentionnée à propos des cataclysmes des premières œuvres. Saadia Dahbi qualifie Giono le visionnaire, de « prophète de l'apocalypse de la modernité ». Comme Nietzsche, l'écrivain alerte sur la prochaine déchéance de l'homme en offrant les images alternatives du paysan, de l'artisan et du poète. Elle présente un homme hanté par le totalitarisme, la déshumanisation, qui crée dans *Que ma joie demeure* un prophète de la joie capable, comme le poète, de réconcilier l'homme avec le cosmos qualifié d'« archange-animal ». Dans un second temps, il n'opposera plus, pour lutter contre cette modernité trompeuse et dévoratrice, que l'ironie sur le modèle de Machiavel et une créativité débordante comme dans *Noé* mais détachée du réel. Pour Danièle Henky, c'est aussi parce que Jean Giono fut épris de situations extrêmes qu'il a été sensible à la démesure des textes prophétiques ou apocalyptiques. « Forcené de l'abîme[2] », disciple d'Empédocle, Giono ne semble pas avoir face à la flamme destructrice le recul de l'effroi. L'apocalypse, mise en scène dans ses écrits sous diverses formes, à différentes époques, par un verbe aux accents prophétiques, n'a pas simple valeur d'avertissement, elle prend aussi le sens de révélation. Introduisant le renversement des valeurs qui fait désirer la mort, elle permet, paradoxalement, de transfigurer la vie. Enfin, Francine Charoy analyse au plus près, en s'appuyant sur le texte trouvé dans sa bibliothèque, la manière avec laquelle Giono a utilisé le livre de l'Apocalypse et son commentaire par le théologien Allo pour écrire *Le Grand théâtre.* Elle montre comment Giono détourne le message victorieux de la prophétie biblique pour donner à voir un cataclysme fascinant et comment le romancier imite le processus de filiation inscrit dans la parole johannique.

La dernière partie : « Prophétisme, poétique et esthétique » est consacrée aux enjeux textuels. Annabelle Marion, en étudiant les nombreux entretiens donnés par Giono et les critiques de la presse, étudie la façon dont il a construit son image, passant du prophète au conteur. Le « scénario auctorial » met en évidence les diverses étapes, faites d'annonces et de reniements (« défiguration » et « refiguration ») suivies par Giono mais aussi sa vulnérabilité quand la presse ou des critiques l'attaquent de manière contradictoire. Conscient des enjeux, l'écrivain sait jouer des instances pour forger des images qui assurent son succès. Anne-Aël Ropars s'intéresse au moment où, après 1945, Giono renonce à la posture du prophète et amorce une mutation stylistique. *Fragments d'un paradis* présente deux longs poèmes datés de 1945 et 1944 qualifiés d'« adieu à la poésie » par Giono lui-même. Ce « carrefour gionien » annonce la fin du lyrisme et l'avènement du style plus réaliste des *Chroniques*. Marion Stoïchi observe la manière dont le motif de l'eau

2 Jacques Chabot, « L'Homme qui hantait les arbres », *Obliques*, numéro spécial Giono, 1992, p. 15.

vive est la métaphore de la parole dans l'œuvre de l'écrivain, comme dans la Bible. À travers un imaginaire syncrétique, Giono joue avec les normes et les écarts afin d'exprimer au mieux sa vision des poètes. Jean-Louis Cornille, s'intéresse aux filiations entre les premiers romans de Giono et les textes des antillais Chamoiseau et Glissant. Il entend ainsi quitter le « giono-centrisme » pour adopter une perspective « éco ou géo-centrée » réactualisant la lecture de Giono. Les thématiques du retour à l'harmonie du monde et la place plus importante accordée à l'oralité seraient les signes d'une « poétique du monde » commune. Cet élargissement de l'horizon de réception de l'œuvre conduit jusqu'en Chine. Xun Lu établit l'inventaire des traductions de Giono en chinois et souligne que la situation écologique en Chine renouvelle l'intérêt pour une œuvre comprise comme naturaliste et perçue comme un appel à retrouver l'unité du cosmos.

Prophète du bonheur, prophète de malheur, chantre de l'apocalypse, faux prophète… de quels qualificatifs, l'écrivain Jean Giono est-il redevable aujourd'hui ? À la lumière des articles ici rassemblés, dont la variété des approches souligne la richesse et la profondeur de l'œuvre, on peut se risquer à considérer que, si l'écrivain n'est pas l'interprète d'un dieu, il porte indéniablement par la force de son verbe, un message – philosophique, poétique, humaniste… – que ses lecteurs comme ses critiques n'ont pas fini de tenter d'appréhender.

Danièle HENKY
et Dominique RANAIVOSON

Les auteurs remercient leurs centres de recherches des universités de Lorraine (Écritures EA 3943) et de Strasbourg (Configurations littéraires EA 1337) qui ont soutenu la réalisation du colloque et l'édition du présent ouvrage.

PREMIÈRE PARTIE

AUX SOURCES DU PROPHÉTISME

LE PROPHÉTISME BIBLIQUE

Une source d'inspiration en littérature

Giono était-il un prophète pour son temps ? L'un des buts du colloque qui nous a rassemblés est peut-être de tenter de répondre à cette question. Dans cette contribution je vais présenter rapidement – et donc de manière forcément réductrice – le phénomène biblique de la prophétie, avec quelques-uns de ses axes fondamentaux[1]. Cela permettra peut-être, en se méfiant toutefois de toute forme de concordisme, d'interroger l'œuvre de ce grand auteur que fut Jean Giono sur la question des prophètes et de la voix prophétique qui sous-tend son travail d'écrivain.

Il est important de noter que, dans les cultures anciennes du Proche Orient Ancien (POA) – mais pas uniquement –, les humains cherchent constamment à entrer en contact avec leur(s) dieu(x) pour en recevoir des messages et ainsi tenter de connaître leurs intentions, d'anticiper l'avenir, d'obtenir un éclairage pour leur existence. Cela met en évidence un point fondamental lorsqu'il s'agit de comprendre à sa juste mesure la littérature biblique et la culture qui l'a vue émerger et qui l'a portée : comme toutes les civilisations avoisinantes, l'Israël biblique ne peut se dire, se raconter et penser le monde dans lequel il vit sans penser et raconter le rapport à la (aux) divinité(s) et le rôle qu'elle(s)

1 Parmi les nombreux ouvrages qui présentent de manière synthétique le prophétisme biblique, on se rapportera avec profit à Stéphanie Anthonioz, *Le Prophétisme biblique : de l'idéal à la réalité*, Paris, Cerf, « Lectio Divina, 261 », 2013 ; Pierre de Martin de Viviés, *Les Livres prophétiques*, Paris, Cerf, « Mon ABC de la Bible », 2018 ; Jack R. Lundbom *The Hebrew Prophets : An Introduction*, Minneapolis, Fortress Press, 2008 ; André Neher, *L'Essence du prophétisme*, Paris, Calmann-Levy, 1972 (*Prophètes et prophéties : l'essence du prophétisme*, Paris, Payot, « Petite bibliothèque Payot, 272 », 2016) ; James D. Nogalski, *Interpreting Prophetic Literature : Historical and Exegetical Tools for Reading the Prophets*, Louisville, Westminster John Knox Press, 2015 ; Jean-Pierre Prévost, *Pour lire les prophètes*, Paris-Ottawa, Cerf-Novalis, 1995. Pour une présentation sensible aux questions féministes, on verra Irmtraud Fischer, *Des femmes messagères de Dieu : le phénomène de la prophétie et des prophétesses dans la Bible hébraïque, pour une interprétation respectueuse de la dualité sexuelle*, Paris, Cerf, « Lire la Bible, 153 », 2009.

occupe(nt) dans sa vie. Pour faire très bref, dans la Bible, le Dieu d'Israël est conçu comme unique. YHWH, tel est son nom, est créateur et maître de l'histoire. Il choisit l'Israël biblique pour en faire son partenaire d'alliance en vue d'une mission qui concerne toutes les nations. Sans entrer dans le détail de cela – certains éléments seront repris au cours de cette présentation – cette manière de concevoir à la fois soi-même et le dieu auquel on croit, met le doigt sur un élément fondamental qu'il s'agit d'avoir à l'esprit lorsqu'on aborde la lecture de la Bible : il s'agit d'un texte élaboré par des croyants pour des croyants. Dès lors, si cette vaste littérature est évidemment l'expression d'une culture particulière, elle est aussi, d'abord et avant tout, un témoignage de foi. C'est là une clé de lecture majeure qui ne peut en aucun cas être oubliée. Cela ne veut évidemment pas dire qu'il serait impossible pour un athée de lire cette littérature. Cela signifie simplement que quoi qu'il en soit de la croyance du lecteur concret, il est difficile de la comprendre sans tenir compte de cette première contextualisation indispensable.

De ce point en découle un deuxième, tout aussi essentiel. Toute réflexion que nous pourrons faire sur la prophétie et sur le prophète ne peut oublier la part qu'occupe la médiation de l'écriture. Celle-ci est une forme de prise de distance par rapport aux personnes et aux événements. Elle confère à la parole et aux gestes prophétiques une forme particulière qui est celle d'un livre qui demande à être lu et interprété comme tel. Dès lors, tout ce que l'on pourra dire des prophètes bibliques découle de la réflexion et de l'interprétation élaborée par des générations de croyants qui ont relu et adapté à leur situation concrète une parole qui fut peut-être prononcée un jour par un prophète historique. Le livre tel qu'il se donne à lire est le fruit de ce travail de création qui fait que la parole prophétique n'est pas un vague souvenir du passé mais une parole vivante et vivifiante. Cet élément est capital. Le personnage du prophète, la voix et la parole qu'il donne à entendre à travers le livre qui porte son nom est rarement celle qui fut prononcée par le prophète historique. Certes, cette figure – à n'en pas douter charismatique – est à la base du livre et son message est tellement percutant qu'on en a gardé mémoire. Mais devenant livre, il est évident qu'une prise de distance et une adaptation ont dû avoir lieu, essentiellement en lien avec les aléas de l'histoire et les nécessités toujours nouvelles des générations auxquelles ils s'adressaient. On peut dès lors s'en douter : le processus de formation des livres prophétique est extrêmement complexe, rendant impossible de remonter aux *ipsissima verba profetae*[2]. En effet, ceux qui ont ainsi voulu garder vivante la parole des prophètes, souvent leurs disciples, ont eu à cœur de montrer l'actualité de leur prédication. Ainsi, la fixation définitive de ces livres s'est faite bien après l'époque du prophète historique dans une mise en récit particulière des gestes et des paroles prophétiques qui permet l'élaboration d'une réflexion théologique et anthropologique. Souvent très fine, elle s'arrête à des questions majeures et qui touchent tout être humain : la violence et le mal qu'elle engendre, la gestion du pouvoir ou le vivre ensemble pour n'en citer que quelques-unes. De ce fait, si en lisant un livre prophétique le lecteur peut avoir l'impression qu'il y a là une annonce d'avenir, il ne doit pas oublier qu'il s'agit d'une mise en scène *a posteriori* dont le but est de souligner l'actualité d'une parole qui appelle au changement. Essayons d'y voir plus clair en commençant par une rapide exploration du vocabulaire utilisé pour désigner le prophète.

VERS UNE PREMIÈRE DÉFINITION DU PROPHÈTE
Éléments de vocabulaire

Pour essayer de comprendre ce phénomène particulier où voix humaine et divine s'associent en vue d'une parole commune, la première étape est de s'intéresser au vocabulaire qui désigne le porteur du message, le prophète. Cela permettra une première définition.

En réalité, l'hébreu présente un vocabulaire diversifié, ce qui met en évidence une réalité multiforme et complexe. Le terme le plus utilisé dans

2 L'intérêt porté aujourd'hui au texte et à sa forme concrète par l'exégèse synchronique montre bien, du reste, que l'essentiel n'est pas de retrouver ces hypothétiques paroles véritables. Le sens et le message découlent du livre et de sa forme concrète, en effet. Sur la question de la formation des livres prophétique, voir par exemple Jean-Daniel Macchi & Thomas Römer, « La formation des livres prophétiques : enjeux et débats », p. 9-27 in Jean-Daniel Macchi, Christophe Nihan, Thomas Römer & Jan Rückl (dir.), *Les Recueils prophétiques de la Bible. Origines, milieux, et contexte proche-oriental*, Genève, Labor et Fides, « Le Monde de la Bible, 64 », 2012 ; et, dans le même volume : Konrad Schmid, « La formation des Nebiim : quelques observations sur la genèse rédactionnelle et les profils théologiques de Josué-Malachie », p. 115-142.

cette langue est *nabî'*, généralement traduit par *prophète*. Son étymologie est discutée, mais il signifie vraisemblablement appelé, « qui a été l'objet d'un appel ». De ce substantif dérive un verbe (*naba'*) qui peut signifier à la fois et selon les contextes : « annoncer une parole » et « être en délire, en transe ». Ce sont deux manières distinctes d'être prophète, toutes deux présentes dans le corpus biblique[3]. S'il est majoritairement utilisé, *nabî'* n'est pourtant pas le seul terme qui désigne le prophète. On trouvera aussi *roeh*, « voyant », *ḥozeh*, « visionnaire » – ces deux termes parfois traduits par « prophète » en français – ou encore l'expression *îsh ha-'elohîm*, « homme de dieu ». Ces termes mettent l'accent sur la proximité entre l'homme et son dieu et les diverses modalités de communication divine.

Dans les langues modernes, le terme *prophète* arrive par le biais du latin, qui translittère le terme grec privilégié pour la traduction de l'hébreu *nabî'*, à savoir *prophêtês*. Ce terme signifie « interprète d'un dieu » et, plus rarement, « celui qui annonce l'avenir ». Curieusement cette deuxième signification du terme grec est celle qui a prévalu dans l'imaginaire collectif lorsqu'il s'agit de définir ce qu'est un prophète. Elle est pourtant la moins bien adaptée à la réalité visée dans le monde biblique et que le sens étymologique du terme grec reflète assez bien. En effet, le substantif est composé de la préposition *pro-*, « devant », « à la place de » et du verbe *fêmi*, « parler » et signifie ainsi à la fois « celui qui parle devant » (le peuple ou dieu) et « celui qui parle à la place de » (dieu ou du peuple).

À partir de l'ensemble du vocabulaire utilisé et des divers éléments mis en évidence, on peut proposer une première définition : le prophète est un appelé et envoyé, un visionnaire – au sens de « [c]elui, celle qui perçoit [...] la réalité profonde des choses, au-delà du visible, de l'immédiat[4] » – qui met en garde ses contemporains, au nom de dieu, contre les impasses auxquelles peuvent mener leurs choix. Il est aussi et en même temps un porte-parole, un intermédiaire, qui se tient entre YHWH et Israël. Il peut ainsi faire office de médiateur, et donc aussi d'avocat ou intercesseur en certaines circonstances. De plus, en tant que

3 Notons que dans la Bible le terme *nabî'* (ou le verbe dérivé) est attribué à des personnages très différents : Abraham (Genèse 20,7), Moïse (Deutéronome 18,15), Samuel (1 Samuel 3,20), Élisée (2 Rois 6,12), Jérémie (Jr 20,2), etc. Ils ont cependant tous en commun d'occuper une position particulière entre le dieu d'Israël et le peuple.

4 Définition donnée par <https://www.cnrtl.fr/lexicographie/visionnaire> (consulté le 20/11/2019).

porteur d'un message de la part de la divinité, il a aussi quelque chose d'un ambassadeur. Le message qu'il doit transmettre est essentiellement verbal, mais il n'est pas rare que sa parole soit accompagnée de gestes (les gestes ou actes prophétiques ou symboliques), qui renforcent la parole en jouant sur l'imaginaire des destinataires. Dès lors, son but n'est pas d'abord et avant tout d'annoncer l'avenir, mais bien de réveiller les consciences de ses destinataires, en vue de leur changement radical de comportement.

LE PROPHÈTE AU CŒUR DES INSTITUTIONS DE L'ISRAËL BIBLIQUE

Le premier texte qui aide à comprendre le rôle du prophète d'un point de vue biblique se trouve au chapitre 18 du livre du Deutéronome, dans un discours où Moïse évoque les institutions qui régiront l'Israël biblique lorsqu'il sera établi dans la terre de la promesse. Dans ce discours programmatique, Moïse situe clairement le prophète parmi les trois fonctions qui structurent la vie sociale de l'Israël biblique, avec le roi et le prêtre. Ces deux charges sont stables et se transmettent par voie héréditaire. Elles ont chacune un champ de compétence propre : le domaine du politique au sens large (le roi, voir Deutéronome 17,14-20) et le domaine du sacré (le prêtre, voir Deutéronome 18,1-8). Ces deux champs sont évidemment en interaction l'un avec l'autre, d'autant que dans l'Israël ancien une décision politique se répercute nécessairement sur des choix d'ordre théologique. Chacune de ces deux instances dispose d'une reconnaissance immédiate auprès du peuple : celle de la force (représentée par l'armée) pour le roi et une légitimation sacrale pour le prêtre. Ces institutions ont un pouvoir délégué par YHWH. Leurs représentants sont donc soumis à la Loi et, chacun dans son domaine de compétence, a pour mission de guider Israël. Ils sont en effet responsables de la vie du peuple et donc aussi de la relation que celui-ci entretient avec son dieu[5]. Le prophète, quant à lui, se pose en contre-point et en contre-pouvoir des deux autres. Il ne dispose

5 Pour le prêtre cela est clair. Pour le roi ça l'est également si l'on se souvient que dans tout le POA, le roi appartient à la sphère du gouvernement divin : son pouvoir lui vient

ni de force ni de reconnaissance sacrale immédiate. Il n'a pas un secteur de compétence privilégié ou qui lui serait réservé. En tant qu'envoyé par YHWH, dont le roi et le prêtre reçoivent également leur autorité, il intervient dans tous les domaines de la vie en société avec une parole qui est le plus souvent critique envers les détenteurs du pouvoir qui font souvent montre au fil de l'histoire d'une fâcheuse tendance à en user uniquement à leur avantage. Ainsi, le prophète revêt une sorte d'autorité suprême – qui l'écoute, écoute YHWH – tout en étant très fragile et vulnérable puisque le seul élément qui lui permet d'affirmer qu'il est détenteur d'une parole divine, c'est cette même parole divine qu'il proclame.

UN HOMME DE PAROLE

En décrivant le prophète au chapitre 18 du Deutéronome, probablement conscient de cette faiblesse intrinsèque à la fonction, Moïse commence par le distinguer d'autres figures qui relèvent du monde de la magie, de la superstition, de la divination ou d'autres pratiques occultes qui pourraient être identifiées ou confondues avec un prophète (Deutéronome 18,9-12). Ces distinctions s'imposent parce qu'il est possible, voire facile, de se méprendre et de considérer comme prophètes ceux qui ne le sont pas : magiciens, devins, sorciers et autres chiromanciens. Les récits bibliques en témoignent abondamment (par exemple : Exode 4,3 ; 7,8-12 ; 1 Rois 18 ; 2 Rois 1 ; 4,38-41 ; 6,4-7.18 ; 13,14-19). La confusion est d'autant plus facile qu'aucun trait particulier ne le distingue. Seul YHWH peut l'accréditer. Sa fonction principale est d'en être un fidèle porte-parole (Deutéronome 18,18.20), et cela… sur une parole de Dieu lui-même que le prophète proclame. Le cercle pourrait être vicieux ! Car reconnaître le vrai du faux prophète est une question aussi capitale que complexe. Le seul critère de discernement évoqué par Moïse dans son discours est un critère *a posteriori* (Deutéronome 18, 22) : ce n'est que si sa parole se réalise qu'il peut être reconnu comme tel. Le problème est que la parole qu'il proclame demande le plus souvent une prise

d'en haut et est ordonné au bien-être et au salut du peuple. Cela signifie qu'il n'y a pas vraiment de séparation entre le politique et le religieux.

de décision immédiate pour un changement ici et maintenant. Cela signifie que le discernement à propos de cette parole ne peut attendre la réalisation de la prophétie[6] et qu'il doit prendre en compte les diverses manipulations possibles de la parole :

- par le prophète lui-même (Deutéronome 18,20), qui peut se méprendre sur son sens ou sur celui de la mission dont il est porteur. Il pourrait aussi vouloir s'en servir à son propre avantage, pour s'enrichir, par exemple. Dès lors, pas plus qu'il ne peut proclamer une parole qui ne viendrait que de lui-même, le prophète n'a pas à déterminer lui-même sa mission[7].
- par ses destinataires qui peuvent décider, par facilité ou par paresse, de fermer les yeux (ou les oreilles) aux interpellations prophétiques (tous les livres prophétiques témoignent de cela).
- par les nombreux faux prophètes (voir par exemple Jérémie 23,9-22 ; Ézéchiel 13,1-23 ; Michée 3,5-7), porteurs d'une parole illusoire ou caricaturale qui vise à discréditer celle des vrais prophètes[8].

Mais que doit proclamer le prophète et quelle est sa mission essentielle ?

---

6 C'est peut-être pour cette raison que dans un épisode où il affronte Ananias, porteur d'une parole contraire à la sienne, Jérémie avance le principe de précaution (Jérémie 28,8-9 : « Les prophètes qui nous ont précédés toi et moi, ont depuis toujours prophétisé à de nombreux pays et contre de grands royaumes, la guerre et le mal[heur] et la peste. Mais lorsqu'un prophète annonce la paix, c'est quand sa parole se réalisera qu'il pourra être reconnu comme prophète que YHWH a envoyé en vérité. »). Ce qui est ici en jeu c'est évidemment la question de l'interprétation et du risque à prendre lorsqu'il s'agit de se positionner face à une parole difficile à entendre mais qu'il faut écouter pour vivre.

7 D'un point de vue biblique, tout homme qui s'autoproclame prophète n'est pas un porte-parole authentique de YHWH (voir par exemple Deutéronome 18,20 ; Jérémie 28,7-9.15-17).

8 Les exemples bibliques ne manquent pas. Par exemple Élie débute sa mission auprès du roi sans en avoir nullement reçu l'ordre et détourne un ordre à son propre avantage (voir 1 Rois 17,1 où il annonce la sécheresse au nom de YHWH et 18,1 où il a l'ordre d'aller annoncer le retour de la pluie, élément qu'il ne fournira au roi que bien plus tard en 18,41, après les événements du Carmel que le prophète organise encore une fois sans en être mandaté) ; voir aussi Jonas qui dans un premier temps refuse la mission qui lui est confiée (Jonas 1,1-3), peut-être fâché de ne pas avoir été envoyé à Israël. Sur l'histoire d'Élie, voir André Wénin, *Élie et son Dieu (I Rois, 17-19)*, Bruxelles, Connaître la Bible, « Horizons de la foi, 50 », 1992 ; sur Jonas, voir Pierre de Martin de Viviés, « Jonas ou la volonté de Dieu », *Biblia* 71 (2008) et Claude Lichtert, *Traversée du récit de Jonas*, Bruxelles, Lumen Vitæ, « Connaître la Bible, 33 », 2003.

LE RAPPEL DE LA LOI ET LE COMBAT CONTRE L'IDOLÂTRIE
Au cœur de la mission prophétique

Au cœur de l'existence de l'Israël biblique, l'observance de la Loi, la Torah, est le seul chemin adapté pour répondre concrètement à YHWH et contribuer à la réalisation d'un vivre ensemble épanouissant, juste et pacifique pour tous. Donnée par YHWH et promulguée par Moïse aux Hébreux au moment de leur libération de l'esclavage égyptien et de leur naissance comme peuple, la Loi est la colonne vertébrale du partenariat – de l'alliance[9] – avec YHWH. En effet, elle régit (devrait régir) l'existence d'Israël en vue du plein épanouissement de sa vie et de sa liberté. Il ne faut donc pas comprendre la Loi comme une contrainte opprimante car elle est une limite structurante. C'est elle qui permet une juste relation à l'autre / à l'Autre, à la fois proche et distante, où chacun a sa place, où chacun est reconnu comme sujet de la relation. Grâce à la Loi, Israël peut en même temps se tenir en présence de son dieu sans mourir (Exode 19,12-13) et « apprend[re] qu'il n'est pas Dieu ». Il découvre ainsi qu'il n'est pas l'autre « et qu'il ne peut entrer

9 Du point de vue biblique, cette notion d'alliance entre YHWH et son peuple est très importante. Israël est l'allié, le partenaire de son dieu dans le cadre d'une mission particulière : être l'intermédiaire entre son dieu et les autres nations et, dans ce cadre, leur amener la bénédiction – la vie – divine. Sur cette notion on se rapportera à Paul Beauchamp, « Proposition sur l'Alliance de l'Ancien Testament comme structure centrale », *Recherches de Sciences Religieuses* 58 (1970), p. 161-194 ; Camille Focant et André Wénin, « L'Alliance ancienne et nouvelle », *Nouvelle Revue Théologique* 110 (1988), p. 850-866 (disponible en ligne : <http://www.nrt.be/docs/articles/1988/110-6/164-L%27Alliance+ancienne+et+nouvelle.pdf>) ; Dennis J. McCarthy, *Treaty and Covenant*, Roma, PIB, « Analecta Biblica, 21 », 1978 ; Tiberius Rata, « Covenant », dans Mark J. Boda et J. Gordon McConville (dir.), *Dictionary of the Old Testament Prophets*, Downers Grove | Nottingham, IVP Academic | Inter-Varsity Press, 2012, p. 99-104 ; Bernard Renaud, *Nouvelle ou éternelle alliance ? le message des prophètes*, Paris, Cerf, « Lectio Divina, 189 », 2002 (avec abondante bibliographie) ; *Id.*, *L'Alliance au cœur de la Torah*, Paris, Cerf | Service biblique évangile et vie, « Cahiers Évangile, 143 », 2008 ; Jacques Vermeylen, *Le Dieu de la promesse et le Dieu de l'alliance*, Paris, Cerf, « Lectio Divina, 126 », 1986 ; André Wénin, « Alleanza », p. 23-31 in Romano Penna, Giacomo Perego & Gianfranco Ravasi (dir.), *Temi teologici della Bibbia*, Cisinello Balsamo, Edizioni Paoline, « Dizionari San Paolo », 2010. Je me permets également de renvoyer à Elena Di Pede, *L'Alliance chez les prophètes*, Paris, Cerf | Service biblique évangile et vie, « Cahiers Évangile, 172 », 2015.

en alliance avec lui qu'en respectant cette altérité radicale[10] ». Dès lors, c'est l'attitude qu'il adopte ici et maintenant face à la Loi qui détermine la justesse du vivre ensemble. Il s'agit donc d'un choix – de fidélité ou de refus de celle-ci – qui est éminemment éthique et présuppose que le partenaire humain s'y engage de manière libre, consciente et volontaire. On le comprend, des choix posés – individuellement et collectivement – dépend un vivre ensemble porteur de paix pour tous.

À l'opposé des choix positifs face à la Loi et à la vie en alliance avec YHWH, l'idolâtrie est l'expression de son refus. Mais qu'est-ce que l'idolâtrie ? Dans la Bible elle peut prendre deux formes, l'une politique, l'autre religieuse. Dans le domaine politique, il s'agit de s'en remettre à d'autres humains en leur payant souvent un lourd tribut, pour y trouver son salut. Sur le plan religieux cela peut se décliner de deux façons : choisir d'autres dieux ou réduire YHWH à l'image qu'on a de lui, c'est-à-dire à ce qu'il n'est pas, se méprenant ainsi radicalement sur qui il est. L'idolâtrie sur le plan politique et le choix d'autres dieux dénote le manque de confiance vis-à-vis de YHWH. En revanche, faire de YHWH une idole c'est l'obliger à être ce que l'on voudrait qu'il soit, lui ôtant sa liberté et son identité. Intimement liée au désir et à l'image, l'idolâtrie en est l'absolutisation. L'idole n'est pas dieu parce que c'est une fabrication humaine (voir Jérémie 3,27), c'est un soi-disant dieu à la mesure de celui qui le fabrique, à la fois maîtrisable et contrôlable, érigé en absolu et qui en vient donc à maîtriser celui qui l'a fabriquée. On est là, on le voit, dans un cercle vicieux dont il est difficile de sortir sans aide extérieure. Comme souligne parfaitement Paul Beauchamp, « [l]a formule de l'idole est cette contradiction : l'idole est mon esclave dont je suis l'esclave. Elle sert à un mensonge[11] » dans lequel Israël – l'humain qui la fabrique – se « projette » mais dans laquelle il ne se reconnaît plus. L'idole est l'expression d'une religion intéressée et se met au service de celle-ci. Elle est le porte-voix d'une loi qui vient de soi et à laquelle on s'asservit, qui exige qu'on lui sacrifie tout, y compris soi-même, l'autre et son avenir (voir 2 Rois 16,3 ; Jérémie 7,31 ; 19,4-5 ; 32,35). Dans l'imaginaire biblique, rien n'est plus à l'opposé de YHWH que l'idole. Celle-ci limite la vie au visible et au représentable, sans aucune possibilité de voir au-delà. Autrement dit, c'est une forme concrète de repli sur soi

10 Focant & Wénin, « L'Alliance », art. cité, p. 855.

11 Paul Beauchamp, *D'une montagne à l'autre : la Loi de Dieu*, Paris, Seuil,1999, p. 57.

qui entraîne la violence – qu'elle soit visible ou pas. On comprend dès lors pourquoi la dénonciation et la condamnation de l'idolâtrie est centrale dans les livres prophétiques, car elle a des implications politiques mais surtout théologiques et anthropologiques. Dans ce cadre, le prophète est un éveilleur de consciences et un pourvoyeur de sens qui dénonce le manque de confiance dont découlent les choix idolâtres qui amènent le chaos. Car c'est bien de cela qu'il s'agit : lorsqu'il refuse de vivre en alliance, en suivant la Loi, l'Israël biblique provoque ce chaos (*cf.* Ésaïe 11,1-9 ; Psaume 75,4 ; 82,5) et génère l'anarchie et/ou l'exploitation de l'autre et sa soumission. Dès lors, travailler à la justice – une exigence que les prophètes rappellent sans cesse – est pour ce peuple une façon concrète de correspondre aux dons reçus de son dieu (*cf.* Ésaïe 5,7). Et c'est justement là que se joue, au quotidien, la responsabilité du peuple ou de ses gouvernants, de vivre en hommes et femmes libres, heureux et épanouis ou en esclaves. Telle est la mission spécifique du prophète : appeler l'Israël biblique à poser ces choix de vie selon la Loi et de marcher ainsi avec son dieu (Michée 6,8[12]). C'est de cette manière qu'il pourra quitter, non seulement en paroles mais aussi en actes, tout ce qui pourrait le mener à la mort, même symbolique.

À L'INSTAR DE MOÏSE
Le prophète promoteur d'un contre-discours salutaire

Sur cette question de la loi et de son rappel, les prophètes apparaissent clairement comme les continuateurs de l'œuvre de Moïse. Il n'est donc pas étonnant que la Bible construise volontairement un lien entre eux et Moïse, considéré comme le premier et le plus grand des prophètes.

Nous avons déjà rapidement évoqué le discours où, en Deutéronome 18, Moïse présente le prophète et qui en montre l'importance. Celle-ci est soulignée davantage par le fait que la Torah, et en particulier les livres de l'Exode et du Deutéronome (où se situe le discours sur les institutions du peuple) caractérisent Moïse lui-même comme le prototype

12 « On t'a fait connaître, ô humain, ce qui est bien ce que Yhwh attend de toi : rien sinon respecter le droit, aimer la fidélité et marcher humblement avec ton dieu. »

et le modèle de tous les prophètes à venir[13]. Souvenons-nous de la saga de la libération de l'esclavage égyptien où Moïse fait figure de guide pour les Hébreux. C'est dans ce contexte que Moïse assume véritablement des traits prophétiques, en particulier lorsqu'il promeut, face au pouvoir esclavagiste de Pharaon, une alternative vivifiante : à la religion impériale, institutionnelle, par définition immuable et qui enferme, il oppose une religion de la liberté de dieu[14]. La religion du triomphalisme statique (se) nourrit du pouvoir du plus fort et le soutient. À l'opposé, Moïse propose aux siens de se tourner en confiance vers un dieu libre – YHWH[15] – qui veut face à lui des partenaires véritables. C'est un dieu qui agit à l'opposé des dieux institutionnels, dont l'action attendue soutient le régime en maintenant chacun dans le rôle qui lui est dévolu. Cette religion est fondée sur les intérêts des plus forts et de ce fait devient un carcan qui opprime. Face à cela, le souhait fondamental du dieu de Moïse c'est que les humains vivent et soient libres[16]. Notons aussi que cette religion de la liberté de dieu – et c'est là un deuxième aspect vivifiant de la proposition que Moïse adresse à ces esclaves – n'est possible qu'en lien avec une politique de justice et de compassion qui s'oppose à la politique esclavagiste de Pharaon dont la base est l'oppression. Dans un tel contexte, la proposition d'alliance avec la Loi qui régit son

13 Du point de vue historique de l'écriture des textes, la question est celle de la genèse de ces textes et de savoir lequel est premier : est-ce que les textes d'Exode et Deutéronome qui caractérisent Moïse comme prophète ont influencé la caractérisation des autres grandes figures prophétiques ou est-ce l'inverse (ce qui, dans l'état actuel de nos connaissances, semble être le plus probable). Quoi qu'il en soit de la réponse à cette question, d'un point de vue canonique, il est évident que tous les prophètes sont mesurés à Moïse. Ce dernier est nommé « prophète » une seule fois (voir Deutéronome 34,10) mais reçoit un autre titre commun aux prophètes : « Serviteur de YHWH ». Pour Moïse, voir : Exode 4,10 et 14,31 ; Nombres 11,11 et 12,7.8 ainsi que Deutéronome 3,14 et 34,5 ; pour les autres prophètes, voir Jérémie 7,25 ; 26,5 ; 29,19 ; 35,15 ; 44,4 ; Ézéchiel 38,17 ou encore Zacharie 1,6. Ces titres communs viennent renforcer une caractérisation évidente du personnage. Voir à ce propos Lothar Perlitt, « Moses als Prophet », *Evangelische Theologie* 31 (1971), 588-608 et, plus récemment Elena Di Pede, « C'est par un prophète qu'Adonaï a fait monter Israël d'Égypte : Moïse prophète dans le livre de l'Exode », p. 55-71 in Hans Ausloos & Bénédicte Lemmelijn (dir.), *A Pillar of Cloud to Guide. Text-critical, Redactional, and Linguistic Perspectives on the Old Testament in Honour of Marc Vervenne* (BETL, 269), Leuven, 2014.

14 Sur cette question on verra l'ouvrage bref mais extrêmement stimulant de Walter Brueggemann, *The Prophetic Imagination*, Minneapolis, Fortress Press, [2]2001, duquel je m'inspire pour éclairer cet aspect.

15 Ce dieu est évidemment celui des ancêtres (Exode 2,24) et de la Bible tout entière.

16 Je renvoie sur ce point à la belle contribution de François Nault dans cet ouvrage.

fonctionnement est le meilleur antidote possible contre toute tentation de retour à l'esclavage[17].

Tous ces éléments font émerger une caractéristique fondamentale du personnage biblique qui nous intéresse ici : le prophète est celui qui doit « s'exprimer à contretemps », essentiellement pour dénoncer des comportements délétères et porteurs de mort, fût-elle symbolique, d'abord face aux gouvernants, car leurs prises de position sociales et/ou politiques ont des conséquences sur la vie ou la mort du peuple, puis face au peuple lui-même, également appelé à poser des choix pour sa vie. Autrement dit, le prophète « interv[ient] dans une société donnée, face à des autorités reconnues, à cause de comportements précis[18] », pour mettre en lumière « toutes réalités qui doivent être dénoncées, abolies ou corrigées ». Bref, l'un des rôles essentiels du prophète est de relativiser toute forme de pouvoir et de rappeler, sans puissance ni garantie, que le dieu d'Israël agit dans l'histoire de son peuple pour garantir sa liberté contre toute forme d'esclavage. Celui-ci peut être visible, comme c'est le cas avec l'esclavage égyptien, imposée de l'extérieur ; mais l'esclavage peut revêtir cette forme bien plus sournoise et difficile à combattre : l'idolâtrie, esclavage de soi par soi.

LE PROPHÈTE, ENTRE TRADITION ET CONSTANT RENOUVELLEMENT

Tout ce qui a été exposé jusqu'à présent ne doit pas donner à penser que les prophètes bibliques sont des révolutionnaires. Rappelant sans cesse à leurs destinataires la Loi promulguée par Moïse et les exigences que celle-ci comporte, ils en deviennent les hérauts. Ils se veulent ainsi les continuateurs de l'œuvre du premier et du plus grand d'entre eux :

17 Sur la Loi et en particulier le décalogue on peut se rapporter à Jean-Pierre Lebrun et André Wénin, *Des lois pour être humain*, Ramonville Saint-Agne, ERES, « Humus Entretiens », 2008 ; André Wénin, « Le décalogue, révélation de Dieu et chemin de bonheur », *Revue théologique de Louvain* 25 (1994), p. 145-182 ; *Id.*, *Dix paroles pour la vie*, Bière (Ch), Cabédita, « Paroles en liberté », 2018. Voir aussi Debora Tonelli, *Il Decalogo : uno sguardo retrospettivo*, Bologna, EDB, « Scienze religiose. Nuova serie, 25 », 2010.

18 Pierre Gibert, « L'injustice, le prophète et le droit », *Projet* 289, 2005/6, p. 76-81 (p. 80).

Moïse. Ils appellent chaque génération à acquiescer à la vie en alliance qu'elle régit. De ce point de vue, ce sont des hommes de la tradition. Mais comme Moïse, tenants de la religion de la liberté de dieu, ils sont également au service de la créativité avec laquelle chaque génération renouvelle cette tradition en se l'appropriant. La tradition pour eux est vivante en ce qu'elle est une constante invitation à faire mémoire afin de réactiver l'histoire commune de libération pour que chaque génération œuvre à la liberté et fasse de sa propre histoire une étape aboutie et vivifiante de l'aventure commune de l'alliance[19]. Mais qui dit tradition évoque aussi et – inévitablement – la tendance qu'elle peut avoir à enfermer l'humain. Ainsi, l'un des rôles fondamentaux du prophète est de discerner les cohérences mais aussi – et surtout – les incohérences dans la manière dont ses contemporains et les tenants du pouvoir s'emparent de la tradition, dénonçant le refus de la Loi et de ses exigences pour faire apparaître l'urgence du changement nécessaire. Dès lors, s'ils rappellent la tradition et s'y inscrivent pleinement, ils se posent aussi et forcément en tension avec elle. Personne en effet – gouvernant, prêtre ou peuple – ne peut l'ériger en dogme immuable. Il enfermerait les institutions, les personnes et YHWH lui-même dans un rôle déterminé, réduisant de surcroît dieu à une idole. Or, le dieu d'Israël, dont l'essence même est le mouvement et « l'être avec » un peuple en chemin[20], est toujours à côté des siens, loin de tout légalisme. Il ne s'arrête pas aux « ratés », aux infidélités et aux rébellions de son peuple. Au contraire, il le soutient envers et contre tout, comme un père le fait avec son fils, ou un mari aimant avec la femme qu'il chérit par-dessus tout.

Bref, le prophète promeut d'abord et avant tout une conscience alternative qui critique et vise à démanteler la conscience (la pensée, la culture) dominante, souvent – l'histoire biblique le montre inlassablement – sacralisée au point de l'ériger en idole. Le prophète cherche ainsi à insuffler, au nom de YHWH, une imagination qui permet de voir et de penser le monde autrement que ne le fait la culture dominante. Aujourd'hui comme hier, celle-ci est acritique et souvent totalitaire. Elle promeut une forme d'idolâtrie et se nourrit de l'enfermement des

19 *Cf.* Brueggemann, *Prophetic Imagination*, *op. cit.*, p. 12 : c'est ainsi que la mémoire déploie ce qu'elle a de puissant et d'authentique.

20 C'est YHWH lui-même qui se présente comme un dieu en mouvement, avec son peuple, voir Exode 3,14-18. Cette caractéristique du mouvement divin est très présente aussi dans le livre qui porte le nom d'Ézéchiel, voir 1,1-28 ; 10,18-22 ; 11,22-25 et 43,1-12.

esclaves qu'elle produit (l'histoire de Pharaon et de ses esclaves hébreux dans le livre de l'Exode le montre bien) : des hommes et des femmes endormis (qui se laissent endormir) dans l'apathie de l'apparent bien-être ou qui se laissent aller aux idées faciles excluant tout questionnement. Les prophètes dénoncent et combattent inlassablement cette forme de dystopie profondément déshumanisante. Ainsi, au cœur de la torpeur dans laquelle l'idolâtrie plonge ceux qui la choisissent, la voix prophétique s'élève avec force. Elle invite à aller au-delà des apparences, à s'interroger et à creuser la réalité afin de transformer ce qui apparaît comme évident. Bref, elle appelle à un véritable sursaut d'humanité.

LE MESSAGE PROPHÉTIQUE
Une médaille à deux faces

Pour ce faire, les livres bibliques qui donnent voix aux prophètes et à leur dieu, alternent oracles de jugement et de restauration. Le langage de ces oracles – surtout des oracles négatifs – est dur, abrupt, complexe dans sa construction et souvent difficilement audible. À tel point que s'ils ne sont pas correctement contextualisés, ils en deviennent incompréhensibles pour nombre de nos contemporains. L'image de dieu qui ressort d'une lecture superficielle de ces textes est rebutante et odieuse. Ainsi, l'étude du contexte est indispensable : historique et culturel bien sûr, mais aussi littéraire, car la poétique, la rhétorique, la stylistique et – parfois – la narrativité qui y sont spécifiquement déployées sont, elles aussi, indispensables à la bonne compréhension de ces textes et à leur interprétation. La forme oraculaire est très spécifique, en effet. L'écrit prophétique évoque souvent le malheur à venir et parfois la restauration future – en superposant les niveaux d'énonciation et les locuteurs[21] – dans un unique but : non pas annoncer le futur, quel qu'il soit, mais appeler à observer la Torah de Moïse et à marcher dans l'alliance, refusant de manière volontaire et proactive toute forme d'idolâtrie. Le dieu des prophètes, en effet, est tout sauf impassible ou indifférent au

21 Cela a pour effet de brouiller volontairement les pistes quant à qui parle, le prophète ou son mandataire divin ?

sort de son peuple. Ainsi, le but des oracles, quelle qu'en soit la teneur, est de guider l'Israël biblique dans son cheminement d'humanisation. Pour cela, ils alternent critique des abus de pouvoir et de l'idolâtrie qui entraîne le jugement divin et l'appel constant à vivre une fidélité active à l'alliance par la pratique de la justice et du droit qui ouvre à une vie en paix pour tous.

DÉNONCER L'INJUSTICE ET LES ABUS AU NOM DU DIEU DE LIBERTÉ

Ainsi, les prophètes le plus souvent dénoncent. C'est parce qu'avec YHWH ils constatent que leurs contemporains et gouvernants – rois et prêtres confondus – n'ont pas à cœur de poursuivre cet idéal de vivre ensemble. C'est donc surtout dans le domaine social et cultuel qu'ils interviennent, car c'est là que les élites politiques et religieuses ont de graves responsabilités. Qu'elle soit causée par l'idolâtrie ou qu'elle y aboutisse, l'injustice sociale nourrit et se nourrit d'une théologie complaisante qui soutient la pensée dominante. À l'opposé, la vie en alliance comporte des responsabilités et des exigences éthiques dont le partage et la solidarité active avec les exclus. Les prophètes s'en prennent donc violemment – pourraient-ils en être autrement ? – aux fauteurs de mal et d'injustice, annonçant le jugement et la condamnation de ceux qui loin de protéger les plus faibles, y compris les juges, font des lois *ad personam* pour régler la vie communautaire (voir par exemple Michée 3,9). En parallèle, au niveau du culte, ils dénoncent la bonne conscience que le culte entretient chez ces mêmes puissants qui s'en servent comme d'un alibi pour masquer – au nom de ce dieu juste, suprême aberration – leurs agissements pervers et mortifères.

Si les paroles prophétiques sont souvent dures (voir, par exemple, Ésaïe 1,11-17), intransigeantes en apparence, il faut toutefois bien comprendre qu'elles n'ont pas pour but premier de condamner mais, on l'a dit, de réveiller les consciences en vue du changement, de la conversion. Toutes leurs accusations ont dès lors un caractère plutôt positif. Lorsqu'un prophète annonce le jugement et la punition qui lui est liée, c'est dans l'espoir que le peuple réagisse et fasse ce qui est nécessaire pour éviter le châtiment. C'est à contrecœur que le prophète annonce la sanction, dans une sorte de tentative ultime pour être entendu et pour que les menaces qu'il annonce ne se réalisent pas. Il espère que gouvernants et peuple fassent ce qui est nécessaire pour les écarter (l'exemple de Jonas et des Ninivites est très emblématique de ce point de vue, voir Jonas 3). Mais si – comme c'est souvent le cas – ses menaces se réalisent, le prophète ne triomphe pas. Au contraire. Il console et annonce le renouveau radical.

Pour conclure ce rapide parcours, je voudrais souligner deux choses. D'une part, le phénomène du prophétisme antique ne se cantonne pas à la Bible. Sur ce point, comme sur d'autres, l'Israël biblique fait entièrement partie de la réalité culturelle dans laquelle il évolue. Ce phénomène est attesté sous diverses formes dans le POA[22], de l'Égypte[23] à la Mésopotamie où l'on a découvert, à Mari[24], des archives royales qui offrent le plus grand témoignage extrabiblique sur le prophétisme connu à ce jour. Certains de ces textes témoignent d'une activité prophétique dont le déroulement concret présente des points de convergence évidents avec le prophétisme biblique – paroles à transmettre au roi de la part de la divinité, visions extatiques ou pas. En revanche, en ce qui concerne le contenu du message à transmettre, la différence avec les prophètes non bibliques semble importante. Le prophète mésopotamien, par exemple,

22 Voir à ce sujet : André Motte, Charles Perrot, Didier Devauchelle, Jesús Asurmendi, René Lebrun, *Prophéties et oracles : 1. Dans le Proche-Orient ancien ; 2. En Égypte et en Grèce*, Paris, Cerf | Service biblique évangile et vie, « Suppléments aux Cahiers Évangile 88 et 89 », 1994.

23 Voici, à titre d'exemple, deux extraits des prophéties de Neferty (XIIe Dynastie ; *Prophéties et oracles : 2. En Égypte et en Grèce, op. cit.*, p. 10-13) : « Le pays tout entier est allé à sa ruine ; pas de reste. Le pays est perdu, et personne pour en prendre souci, personne pour en parler, personne pour pleurer. Je te montre le pays dans la désolation et dans la misère ; ce qui ne s'est jamais vu est arrivé… » (oracle de malheur) ; « Un roi viendra du Sud dont le nom est Ameny, juste-de-voix […]. Il prendra la couronne blanche et portera la couronne rouge […]. Réjouissez-vous, hommes de son temps. Ceux qui veulent faire le mal et qui méditent la révolte laisseront tomber leur bouche par crainte de lui […]. La justice retrouvera sa place et l'injustice sera expulsée […]. Celui qui vivra et servira le roi sera dans la joie. » (oracle de bonheur). Dans les deux cas, il s'agit d'une annonce *post eventu*, dans laquelle un sage rappelle le passé pour le justifier par une annonce divine.

24 Tell Hariri sur le Moyen-Euphrate syrien, non loin de la frontière actuelle avec l'Irak. Ces découvertes ont eu lieu à partir de 1934. On y a trouvé plus de 9 000 textes cunéiformes datant de la première moitié du deuxième millénaire (Mari fut détruite autour de 1760). Voir à ce propos Dominique Charpin, « Le prophétisme dans le Proche-Orient d'après les archives de Mari (XVIIIe siècle av. J.-C.) », dans Macchi, Nihan, Römer & Rückl (dir.), *Les Recueils prophétiques, op. cit.*, p. 31-73.

est en phase avec le roi et soutient sa politique, à l'inverse des prophètes bibliques[25]. Mais les découvertes de Mari font aujourd'hui penser à certains chercheurs, Dominique Charpin, par exemple, que « la différence essentielle entre prophéties mariotes et prophéties bibliques tient à leur réception : les unes se trouvent sur des tablettes aujourd'hui conservées dans les réserves du musée de Der ez-Zor après avoir été retrouvées dans les ruines du palais de Mari, alors que les autres servent toujours de support à la réflexion de nombreux croyants[26] ». On peut cependant se demander si cela ne tient pas justement au fait que la prophétie biblique est contestataire du pouvoir en place et propose une vision alternative du monde et du vivre ensemble. Leur parole, qui a pris forme dans des livres à la fois complexes et passionnants, permet de penser qu'un autre monde est possible. L'imagination qu'ils déploient promeut la liberté que la culture dominante rejette en s'imposant comme une évidence. Mais pour le prophète rien n'est évident, si ce n'est la proposition inlassable, que chaque génération doit faire sienne, de l'alliance, idéal du vivre ensemble juste et pacifique, proposée par YHWH à son peuple.

D'autre part, le prophète est d'abord et avant tout un homme de son temps. Il est confronté au chaos et à l'injustice que représente la mise en danger de l'alliance par ses contemporains. La voix du prophète – qui est tout à la fois celle de YHWH – appelle à un changement profond du présent pour orienter autrement l'avenir. En même temps, se représenter l'avenir peut également être utile pour déterminer les choix concrets à prendre ici et maintenant. La période dans laquelle le prophète intervient est souvent une période de crise qui le marque profondément. Mais contrairement à ses contemporains, souvent incapables de voir « plus loin que le bout de leur nez », le prophète se situe toujours dans un rapport « distancié » avec son époque : il observe et met en évidence les impasses ou la fécondité – mais c'est plus rare ! – des comportements adoptés. C'est donc essentiellement le présent qui l'intéresse et qu'il décode grâce à l'histoire passée, où se révèle à la fois la fidélité salvatrice de YHWH et les infidélités d'Israël. Son but est de dénoncer ce qui empoisonne la vie présente et qui compromet gravement l'avenir.

On l'aura compris, pas plus qu'il n'est révolutionnaire le prophète n'est pas un commentateur de l'actualité. C'est un pourvoyeur de sens.

25 Ésaïe fait en ce sens exception, lorsqu'il soutient le roi Akhaz, voir par exemple És 7.
26 Charpin, « Le prophétisme », art. cité., p. 73.

Son action et sa parole ont pour but fondamental d'infléchir l'histoire, de la forger, d'en forcer le cours, pourrait-on dire, en dénonçant un peuple tenté par les comportements faciles ou par la pensée dominante enracinés dans une forme d'idolâtrie aboutissant nécessairement à l'injustice. Cette manière de réaliser concrètement le vivre ensemble, les prophètes l'affirment haut et fort, mène à la mort, individuelle ou sociale. Loin de tout dogmatisme, de toute fatalité ou de tout déterminisme historique, loin des utopies ou des idéologies, les prophètes sont solidaires de leurs contemporains (*cf.* par ex. Jérémie 40,4-6 ; 43,6 ; Michée 1,9) et se battent pour qu'ils choisissent la vie. Dans ce contexte, si l'on peut effectivement qualifier le prophète de « visionnaire » (*cf.* Ésaïe 1,1 ; Amos 1,1) – l'un des termes qui désignent le prophète –, c'est essentiellement parce qu'il est un fin observateur de la réalité qui l'entoure, qu'il lit la succession des événements dans l'histoire comme la conséquence des agissements humains, et non parce qu'il aurait une boule de cristal à sa disposition. De ce fait, l'avenir catastrophique que le prophète pressent souvent n'est, en réalité, pas inéluctable. Le peuple, en effet, a le choix d'écouter la parole proclamée au nom de YHWH et de revenir dans le chemin de l'alliance ou de s'y convertir au (selon les deux significations du verbe hébreu *shub*). Et si pour certains, comme Jérémie ou Ézéchiel, le temps n'est plus à la conversion, tant le peuple est allé loin dans la perversion, il n'en demeure pas moins que la restauration et l'espoir d'un monde meilleur possible reste toujours à l'horizon de leur prédication.

Soulignons enfin un tout dernier point. La Bible montre à souhait que la parole prophétique est un échec, du moins d'un point de vue historique. C'est sur ce point précis que l'écriture prend le relais pour tenter de surmonter cet échec dans l'espoir que les lecteurs – à l'opposé des destinataires premiers des prophètes – les écoutent, donnent crédit à leur voix puissante et trouvent enfin le chemin d'un vivre ensemble qui soit juste, solidaire et pacifique, en un mot : humain. Tel est le défi de cette littérature fascinante qui n'a en rien perdu sa puissance critique et mobilisatrice.

Elena Di Pede
Université de Lorraine

LA BIBLIOTHÈQUE DE JEAN GIONO

Le corpus « religion chrétienne »

Giono n'a jamais cessé d'affirmer une « indifférence totale » à Jésus qui n'est pour lui « strictement rien ». Même indifférence à l'égard de l'Église et du dogme : « Dès que j'entrais dans une église, j'étais saisi d'un froid mortel et d'une sécheresse mortelle. » (*Amr.*, 120). Il a évoqué la « répulsion corporelle et physique » que lui inspiraient les leçons de catéchisme de son enfance et c'est « en révolté », dit-il encore, qu'il fit sa communion solennelle, voulue par sa mère malgré la désapprobation de son père. C'est, d'ailleurs, le dernier acte de pratique religieuse qu'on lui connaisse. Giono, qui prétendait ne pas « être doué pour dieu », presque systématiquement orthographié avec un *d* minuscule dans ses textes, s'emportait contre les critiques qui voyaient en lui un croyant qui s'ignorait[1], allant jusqu'à nier avoir été baptisé. Dans les années Trente, il écrit à son amie Rose Celli que, ni protestant ni catholique, il est de plus en plus athée. Si la question de l'athéisme de Giono a fait et continue à faire débat, voici ce qu'écrit à ce sujet le frère dominicain David Perrin, normalien et théologien, en introduction à la remarquable thèse de doctorat qu'il a soutenue en juin 2019, *Le Poids du ciel : itinéraires de l'homme sans Dieu dans l'œuvre romanesque de Jean Giono* : « Si son œuvre a rapport avec le ciel, ce ne peut être qu'un ciel sans dieu/Dieu. » Il précise en outre que l'absence de dieu/Dieu structure les romans de Giono « comme un point de fuite structure un tableau ».

Mais si nous examinons la bibliothèque de Giono, conservée dans sa maison de Manosque, nous constatons la présence sur ses rayonnages d'une centaine d'ouvrages de religion. Pour Francine Charoy, qui a établi l'inventaire de ces ouvrages, il s'agit d'un ensemble assez hétéroclite, et surtout catholique, où le plus étonnant est de constater le contraste entre les grands textes-clés de la philosophie politique moderne, résolument

1 Dans le numéro spécial « *Giono* » de la revue *Corymbe*, datée de mai-juin 1937, Pierre Leprohon écrit : « Il n'est pas impossible que Giono ne trouve un jour, précisément *parce qu'il remonte aux origines*, le visage de Dieu. »

moderne, dont Giono s'est entouré (Machiavel, Hobbes, Marx, Lénine) et les ouvrages théologiques plutôt marqués par les Dominicains – ceux du moins restés hostiles à l'esprit de la modernité : « Sans que je n'en comprenne cependant les raisons, les *marginaliæ*, commentaires marginaux, des quelques livres tirés de la *Somme Théologique* de saint Thomas dans une édition dominicaine à but didactique, sont critiques et amusants : lieu de rencontre de deux mondes, le monde de la théologie fière héritière de son Moyen Âge brillant, en discussion avec les corpus grecs et arabes, où elle régnait, prenant la philosophie comme sa servante, et le monde de Giono, ouvert à tout, aussi grand lecteur critique que grand artiste. »

Nous trouvons dans cette bibliothèque, note Francine Charoy, « des incontournables dans la sphère des historiens du catholicisme, comme l'historien de l'Antiquité Henri-Irénée Marrou (son *Saint Augustin et l'augustinisme*) ; le cardinal jésuite Jean Daniélou (son *Origène* – l'intérêt de Giono pour Origène étant confirmé par la présence des deux volumes des *Cours sur Origène faits à la Sorbonne en 1866-67* par Charles-Émile Freppel) ou l'historien médiéviste et philosophe Étienne Gilson (son *Bonaventure*) : trois théologiens-philosophes qui ont renouvelé les études patristiques et thomasiennes ».

Se trouvent encore dans la bibliothèque de Giono un grand nombre d'auteurs mystiques : Thérèse d'Avila (avec plusieurs éditions, dont les *Œuvres mystiques* abondamment annotées) ; Eckhart ; Jean de la Croix ; un ouvrage sur les mystiques allemands, mais aussi, plus original, le théâtre de Hrotsvitha de Gandersheim, Allemande de la haute noblesse saxonne née au Xe siècle, « vierge consacrée », poétesse, formée à la culture grecque et latine, qui a écrit une œuvre dramatique en langue allemande.

Se trouvent aussi, des œuvres de grands théologiens médiévaux et saints ou des ouvrages consacrés à Benoît (la Règle), Thomas d'Aquin (très annoté), Bonaventure, François d'Assise, Catherine de Sienne. Giono manifeste un fort intérêt pour l'histoire des congrégations : La Trappe avec Rancé, Port-Royal et Mère Angélique Arnaud ; pour la Réforme, deux ouvrages de Luther (*Traité du Serf arbitre* et *Propos de table*) ; un petit corpus de casuistique du XVIIIe siècle ; deux encycliques de Pie XI (sur la restauration de l'ordre social et l'athéisme communiste) ; deux textes du cardinal Alfredo Ottaviani, qui s'est particulièrement illustré pendant le Concile Vatican II pour en briser le mouvement réformateur (il était Secrétaire du Saint Office, chargé des mœurs et de la doctrine, aujourd'hui Congrégation de la doctrine de la foi).

Nous donnons ici l'inventaire de ce corpus en indiquant dans la mesure du possible le moment de sa vie où Giono a fait l'acquisition des ouvrages[2].

BIBLE ET ÉTUDES BIBLIQUES

La Bible, traduction nouvelle d'après les textes hébreu et grec par Eugène Ledrain, Paris, Alphonse Lemerre Éditeur. (10 tomes édités entre 1886 et 1898.)

La Sainte Bible, Louis Segond trad., Genève, Paris, Marseille, 1942.

Holy Bible (King James version), New York, American Bible Society.

La Sainte Bible d'après *La Vulgate*, ill. de Gustave Doré, Tours, Alfred Mame et fils, éditeurs, 1866.

La Bible, L'Ancien Testament II, introduction par Édouard Dhorme, Paris, Gallimard, « Bibliothèque de la Pléiade », 1959.

LUSSEAU Abbé, Collomb Abbé, *Manuel d'études bibliques rédigé conformément aux directives données par S. S. Pie X aux professeurs d'Écriture Sainte. Lettre apostolique « Quoniam in re biblica »*, tome 3, 1re partie, Les livres didactiques, Paris, Téqui, 1936.

HAZAN, Albert, *Le Cantique des Cantiques enfin expliqué*, suivi de *La Belle et le Pâtre*, Paris, Librairie Lipschutz, 1936.

Les Quatre Évangiles à l'usage du peuple chrétien, traduction de la Bible de Jérusalem, Paris, Éditions du Cerf, 1960.

Gli Apocrifi del Nuovo Testamento, « Atti e Leggende », vol. 2, versione e commento di Mario Erbetta, Torino, Editore Marietti, 1966.

La Bible de Ledrain est une traduction catholique du XIXe siècle ; la *Holy Bible* « version du Roi Jacques » est anglicane et date du début du XVIIe siècle ; celle de Segond, protestante est du XXe siècle. L'édition de la *Bible* en dix volumes dans la traduction de Ledrain est recensée dans l'inventaire autographe que Giono a dressé de sa bibliothèque dans les

2 Plusieurs ouvrages ont été procurés à Giono par son ami Henri Pollès, romancier et collectionneur qui, pour gagner sa vie, s'était fait courtier de livres, cherchant, achetant, revendant, échangeant sans cesse des ouvrages rares et dépareillés pour des clients, dont certains s'appelaient Max Jacob, Marcel Jouhandeau et Jean Giono. Pendant près de quarante ans, Pollès sera l'un des principaux fournisseurs de Giono en livres rares.

années Vingt. Giono mentionne la *Holy Bible* au début de *Noé*, quand il décrit sa table de travail où, le matin, il reprend son stylo « à côté de la *Holy Bible* ("King James Version") ».

Giono raconte avoir lu la Bible avec son père, qui n'était « pas pratiquant, ni protestant, ni catholique » (*Amr.*, 123) et avoir trouvé ce livre « prodigieux du point de vue poétique » :

> Je lisais le Livre de Job, et nous en parlions. Nous parlions de Dieu. Je lisais les Évangiles, je voyais le drame pathétique qui se trouvait là. Mais je n'ai jamais réussi à le considérer autrement que ce que précisément j'ai trouvé dans l'*Odyssée* après. Pour moi, c'est une histoire à laquelle il n'était pas plus possible de croire que de croire à l'*Odyssée* ou que de croire à une pièce d'Aristophane. [...] Mon père, je crois, était séduit par l'appareil poétique de la Bible. Je ne l'ai jamais vu passionné par le Nouveau Testament, mais très intéressé par l'Ancien Testament, même les passages les plus arides, comme les Nombres, le Lévitique. Il trouvait là une sorte de jeu auquel il pouvait s'intéresser. (*Amr.*, 122-124)

Dans la thèse de doctorat qu'il a soutenue en 1989, *Giono et la Bible. Intertextualité et imaginaire*, Llewellyn Brown a étudié la manière dont la lecture de la Bible nourrit de part en part l'œuvre de Giono.

LES SAINTS,
LES PÈRES DE L'ÉGLISE, LES THÉOLOGIENS

JEAN DE PATMOS (Ier SIÈCLE APRÈS J.-C.)

SAINT JEAN, *L'Apocalypse*, Ernest-Bernard Allo trad., Paris, Éditions Gabalda, « Études bibliques », 1933.

MILOSZ, *L'Apocalypse de Saint-Jean déchiffrée*, HC aux dépens de l'auteur, 1933.

Francine Charoy étudie dans sa communication publiée dans cet ouvrage, « Le prophète, l'artiste et le savant dans l'écriture gionienne : retour aux sources du *Grand Théâtre* », de quelle manière Giono a travaillé son texte écrit en février 1961 à propos de l'*Apocalypse*, à partir de sa lecture d'Allo, traduction, notes et commentaires.

ORIGÈNE (185-254)

FREPPEL, Charles-Émile, *Cours d'éloquence sacrée en deux tomes*, Cours sur Origène faits à la Sorbonne en 1866-67, Paris, Retaux-Bray, 1888.

DANIÉLOU, Jean, *Origène*, Paris, La Table Ronde, « Le Génie du christianisme », 1948.

AUGUSTIN D'HIPPONE (354-430)

MARROU, Henri, *Saint Augustin et l'augustinisme*, Paris, Seuil, « Maîtres spirituels », 1955.

Une édition des *Confessions* est mentionnée dans l'inventaire des années Vingt, probablement celle parue dans la collection « Classiques Garnier ». Elle ne se trouve plus dans la bibliothèque.

BENOÎT DE NURSIE (MORT EN 547)

La Règle de saint Benoît, Dom Antoine Dumas o.s.b. trad., Le Jas du Revest St-Martin, Éditions Robert Morel, « Le Club du livre chrétien », 1961.

FRANÇOIS D'ASSISE (1181-1226)

SAINT FRANÇOIS D'ASSISE, *Les Petites fleurs (Fioretti)*, suivies des *Considérations des Très Saints Stigmates*, T. de Wyzewa trad., Paris, Perrin & Cie, 1922.

DELTEIL, Joseph, *François d'Assise*, Paris, Flammarion, 1960. (Envoi de Delteil à Giono.)

SAINT FRANÇOIS D'ASSISE, *Fioretti*, Georges Haldas trad., Lausanne, Éditions Rencontre, « Grandes heures de la littérature italienne »1968.

Denis Labouret a consacré une étude à la lecture de François d'Assise par Giono, « Aux lisières du monde païen : le saint François de Giono », publiée dans les actes du colloque *François d'Assise, un poète dans la cité : variations franciscaines en France (XIXe-XXe siècles)*, Aude Bonord et Christian Renoux (dir.), Paris, Classiques Garnier, 2019.

Si « Giono n'adhère pas au culte des saints de la religion catholique, il n'en ressent pas moins un très vif intérêt pour certaines figures de la tradition chrétienne, et pour François d'Assise au premier rang d'entre elles », écrit Labouret. La personnalité et l'idéal qu'incarne le saint d'Assise « habitent la culture et hante l'imaginaire de l'écrivain dans la durée ».

Giono écrit en 1964 : « J'aime beaucoup les *Fioretti* et saint François d'Assise, à ma manière, qui n'est certainement pas orthodoxe. J'ai marché à travers l'Ombrie dans les pas de ce saint qui à mon sentiment marche aux lisières du monde païen. »

À propos de la générosité, Giono dit à Amrouche : « Je la vois comme un don. Un don perpétuel de soi-même comme pouvait l'avoir Saint François. » Giono évoque encore devant Amrouche un passage des *Fioretti* qui l'a « toujours beaucoup frappé… le fameux passage où saint François définit la joie parfaite[3] ». L'inventaire des années Vingt mentionne une édition de Fioretti et une des *Opuscules*. Celle des *Opuscules* ne se trouve plus dans la bibliothèque.

BONAVENTURE DE BAGNOREGIO (1221-1274)

SAINT BONAVENTURE, *Œuvres*, présentées par le R.P. Valentin-M. Breton, Paris, Aubier, « Les Maîtres de la spiritualité chrétienne », 1943.

GILSON, Étienne, *La Philosophie de Saint Bonaventure*, tome IV, Paris, Librairie philosophique J. Vrin, « Études de Philosophie médiévale », 1924.

THOMAS D'AQUIN (1225-1274)

THOMAS D'AQUIN, *Somme Théologique*, édition bilingue, A. D. Sertillanges o.p. trad.

Dieu, tome 1, I^{a}, Questions 1-11, Éditions de la Revue des Jeunes, Paris, Desclée et Cie 1925.

Dieu, tome 2, I^{a}, Questions 12-17. Société saint Jean l'Évangéliste, Paris, Desclée et Cie 1926.

Dieu, tome 3, I^{a}, Questions 18-26. Société saint Jean l'Évangéliste, Paris, Desclée et Cie 1926.

THOMAS D'AQUIN, *Somme Théologique*, trad. de H.-D. Noble o.p.,

La Prudence, II^{a}-II^{ae}, questions 47-56, Éditions de la Revue des Jeunes, Paris, Desclée et Cie 1925. Édition bilingue latin-français.

THOMAS D'AQUIN, *La Vie humaine, ses formes, ses états*, 2^{a}-2^{ae}, questions 179-189, A. Lemonnyer, o.p. trad., Société saint Jean l'Évangéliste, Paris, Desclée et Cie 1926. Édition bilingue latin-français.

3 Jean Giono, *Entretiens avec Jean et Taos Amrouche*, Paris, Gallimard, 1990, p. 212-213.

PEILLAUBE, E. (dir.), *Initiation à la philosophie de saint Thomas*, Paris, Marcel Rivière, « Bibliothèque de philosophie expérimentale », 1926.
LAGOR, Jean-Louis, *La Philosophie politique de saint Thomas*, lettre-préface de Charles Maurras datée de 1944, Paris, Les Éditions nouvelles, 1948.

Les trois volumes de la *Somme Théologique* parus en 1925 chez Desclée de Brouwer sont certainement entrés dans la bibliothèque de Giono dès leur publication, car nous en trouvons mention dans l'inventaire autographe des années Vingt. Llewellyn Brown, qui a étudié les nombreuses marques de lecture et les commentaires de Giono sur certains volumes de la *Somme Théologique*, situe leur lecture entre 1926 et 1928[4]. Dans sa nouvelle de 1936 « La Ville des hirondelles », recueillie en 1943 dans *L'Eau vive*, Giono évoque la mort de son père et se souvient avoir lu avec lui plusieurs fois Les Évangiles, la Bible, et dans saint Thomas d'Aquin, les traités de dieu et de la vie humaine. Aucun autre texte de Giono sur ses lectures d'enfance et de jeunesse ne mentionne saint Thomas.

THÉRÈSE D'AVILA (1515-1582)

THÉRÈSE D'AVILA, *Œuvres très complètes*, tome 1 et 2, Paris, Migne Éditeur, 1840.
THÉRÈSE D'AVILA, *Œuvres très complètes*, tome 3 et 4, Paris, Migne Éditeur, 1845.
(Les quatre volumes édités chez Migne sont envoyés à Giono par Henri Pollès en février 1947.)
THÉRÈSE D'AVILA, *Œuvres*, Marcel Bouix s.j. trad., tome 1 : *Vie de Sainte Thérèse écrite par elle-même*, Paris, Victor Lecoffre, 1904.
THÉRÈSE D'AVILA, *Œuvres*, Marcel Bouix s.j. trad., tome 2 : *Le livre des fondations*, Paris, Victor Lecoffre, 1904.
THÉRÈSE D'AVILA, *Œuvres*, Marcel Bouix s.j. trad., tome 3 : *Œuvres mystiques*, Paris, Victor Lecoffre, 1904.
THÉRÈSE D'AVILA, *Œuvres complètes*, tome 1, RP. Grégoire de Saint-Joseph, carme déchaussé trad., Paris, Seuil, 1957.
THÉRÈSE D'AVILA, *Correspondance*, Marcelle Auclair trad., « Bibliothèque européenne », Bruges, Desclée de Brouwer, 1959.

4 Llewellyn Brown, « Giono, lecteur de saint Thomas ou Dans les marges de saint Thomas avec Giono », *Bulletin Giono* n° 31, 1989, p. 58-69.

JUAN DE YEPES ÁLVAREZ,
DIT JEAN DE LA CROIX (1542-1591)

SAINT JEAN DE LA CROIX, *Le Cantique spirituel de Jean de la Croix, docteur de l'Église*, notes et texte critique de dom Chevallier, Bruges, Desclée de Brouwer, 1930. Édition bilingue.

FRANÇOIS DE SALES (1567-1622)

SAINT FRANÇOIS DE SALES, *Œuvres*, préface et chronologie par André Ravier, textes présentés et annotés par André Ravier avec la collaboration de Roger Devos, Paris, Gallimard, « Bibliothèque de la Pléiade », 1969.

L'inventaire des années Vingt mentionne une édition de l'*Introduction à la vie dévote*, qui ne se trouve plus dans la bibliothèque. Giono écrit, le 27 juillet 1952, dans son carnet de travail, parmi des notes sur *Port-Royal* de Sainte-Beuve : « Saint François de Sales et son lyrisme d'images douloureuses se comporte avec les femmes de Port-Royal comme un amant ordinaire, platonique mais très attaché à séduire et qui *sait comment* et en profite suivant son état (voir son souci avec les femmes dites *belles* – qu'il appelait *spécieuses*). »

VIE DE SAINTS

DE VORAGINE, Jacques, (1228-1298), *La Légende dorée*, Teodor de Wizewa trad., Paris, Perrin, 1917. (Ce volume apparaît dans l'inventaire des années Vingt.)

STEINMANN, Jean, *Saint Jean-Baptiste et la spiritualité du désert*, Paris, Seuil, « Maîtres spirituels », 1955.

FAWTIER, Robert et Canet, Louis, *La Double expérience de Catherine Benincasa (Sainte Catherine de Sienne)*, Paris, Gallimard, « Bibliothèque des idées », 1948.

MAÎTRE ECKHART (1260-1328)

MAÎTRE ECKHART, *Sermons-Traités*, Paul Petit trad., Paris, Gallimard, « Les classiques allemands », 1942.

LUTHER (1483-1546)

LUTHER, Martin, *Propos de table*, trad. et préface de Louis Sauzin, Paris, Éditions Montaigne-Aubier, 1932.

LUTHER, Martin, *Traité du serf arbitre*, trad., présentation et notes de Denis de Rougemont, Genève, Éditions Labor, Paris, « Je sers », 1936.

ARMAND JEAN LE BOUTHILLIER DE RANCÉ (1626-1700)

BRÉMOND, Henri, *L'Abbé Tempête, Armand de Rancé, réformateur de la Trappe*, Paris, Hachette, « Figures du passé »,1929.

CHATEAUBRIAND[5], François-René de, *La Vie de Rancé*, exemplaire sur vélin, Paris, René Hilsum, 1933.

Giono demande à Pollès de lui procurer le livre de Brémond fin 1967. En octobre 1968, il lui écrit encore : « Je cherche la *Vie de Rancé* de Chateaubriand. »

MYSTIQUES ALLEMANDS

CHUZEVILLE, Jean, *Les Mystiques allemands du XIII*^e^ *au XIX*^e^ *siècle*, Paris, Grasset, 1935.

Théâtre de Hrotsvita, la religieuse allemande du Xe *siècle*, traduit pour la première fois en français avec le texte latin revu sur le manuscrit de Munich précédé d'une introduction et suivi de notes par Charles Magnin, à Paris chez Benjamin Duprat, 1845.

En 1969, Giono écrit à Pollès : « Je cherche Hrotsvitha (Vierge et religieuse allemande de race saxonne), *Œuvres dramatiques*, traduction littérale d'après le manuscrit de Munich, avec une étude historique de Coecilia Vellini, 1907. » Demande réitérée le 16 mars 1969 : « J'ai toujours besoin de la sainte allemande Hrotsvitha. Ce n'est pas une sainte c'est

5 Également de Chateaubriand dans la bibliothèque, *Les Martyrs ou Le Triomphe de la religion chrétienne par Chateaubriand*, nouvelle édition revue avec soin sur les éditions originales, Garnier, 1870.

une nonne. Je n'arrive pas à la trouver. » Pollès s'interroge sur l'intérêt que Giono porte à la nonne allemande : « Vous ne m'avez jamais parlé de Hrotsvitha ; bien entendu, aimant communier avec vos curiosités, je me suis précipité sur elle quand je l'ai trouvée, et j'ai été à peu près aussi déçu que pour *Le Roman de la rose* ; à part deux ou trois endroits où les sens semblent travailler la nonne catéchismale, c'est schématique, squelettique au possible, non ? » Question restée sans réponse de la part de Giono, dont nous ne savons pas pourquoi il avait tant « besoin de la sainte allemande Hrotsvitha ».

PORT-ROYAL

MÈRE ANGÉLIQUE ARNAULD, *Relation écrite sur Port-Royal*, Paris, Grasset, 1949.

Chroniques de Port-Royal : relations et portraits des religieuses et des solitaires, préface de François Mauriac, introduction et choix de textes par Hélène Laudenbach, Vevey, Éditions de la Table ronde, 1946.

Relation de la captivité de la mère Angélique de Saint-Jean Arnaud d'Andilly, avec une introduction de Louis Coignet, Paris, Gallimard, 1954.

SAINTE-BEUVE, C.-A., *Port-Royal*, édition en 6 volumes éditée à Paris par la Librairie de L. Hachette et Cie, 1867, à laquelle s'ajoute le volume VII, « Table », paru en 1871.

L'ouvrage de Sainte-Beuve occupe beaucoup Giono au cours de l'hiver 1951-1952. Il y revient au cours de l'été 1952, comme le montrent les nombreuses notes qu'il prend alors dans son carnet de travail, où il fait aussi allusion à son récent voyage en Écosse. Une carte postale, reproduction d'un tableau représentant le Moor de Ranoch, est d'ailleurs insérée dans le tome I. À la fin du même été, il parle à Amrouche de la lecture qu'il a faite du livre « énorme » de Sainte-Beuve : « Je suis passionné. Je ne vois dans le *Port-Royal* de Sainte-Beuve qu'une aventure de l'esprit qui me plaît. J'aurais pu aller à Port-Royal. Je pourrais maintenant entrer au couvent, j'ai souvent envie d'entrer au couvent, précisément pour rechercher cette solitude. » (*Amr.*, 128). En lisant *Port-Royal*, qu'il rapproche dans son carnet comme dans les entretiens avec Amrouche de *Robinson Crusoé*, Giono poursuit sa méditation sur l'ennui et le divertissement : « Il y a vraiment un moment où la religion a servi de *divertissement* à tout prix. Se *divertir* (selon Pascal) ; le chapelet remplaçait le cinéma (copier *PR* I, page 184, paragraphe*. » Le 19 août 1952, il note : « Rechercher le bonheur dans la religion (la sainteté, l'amour de dieu) ressemble à rechercher le bonheur dans la gloire. D'un côté comme de l'autre, que d'orgueil ! » Giono a alors un projet de livre intitulé *Les Vies*, qu'il nourrit de sa lecture de Sainte-Beuve. Il écrit le 24 août : « *Les vies.* Tout au moins pour une, se souvenir que tout ce qui se fait de grand et de saint s'est toujours fait malgré le siècle, au scandale du siècle et sous son injure[6]. »

AUTRES OUVRAGES[7]

DE LA VIERGE, Simon, *Actions chrétiennes ou discours de morale pour tous les jours de Caresme*, tome 1, Lyon, Ant. Boudet, 1719.

VAUGIRAULD, Mgr Jean de, *Conférences ecclésiastiques sur la grâce*, tenues en 1739, tome 1, Avignon, Delorme et Giraud, 1745.

VAUGIRAULD, Mgr Jean de, *Conférences ecclésiastiques sur les cas réservez*, tenues en 1732-1733, Tome 1, Avignon, Delorme et Giraud, 1746.

MANGIN, M. l'abbé de, *Annonces dominicales ou modèles d'instructions sur les Évangiles de tous les dimanches de l'année*, tome 2, Paris, Rollin, 1753.

Le Pèlerinage d'un nommé Chrétien écrit sous l'allégorie d'un songe, traduit de l'Anglois, chez Savoye, avec le privilège du Roi, 1783.

BEAUZÉE, Nicolas, *De Imitatione Christi*, Liège, Barbou, 1789.

VEUILLOT, Louis, *Les Odeurs de Paris*, Paris, Victor Palmé, Bruxelles, G. Lebroquy.

VEUILLOT, Louis, *Le Parfum de Rome*, tomes 1 et 2, Paris, Victor Palmé, 1871.

MÉRAY, Antony, *La Vie au temps des libres prêcheurs ou les devanciers de Luther et de Rabelais*, tomes 1 et 2, Paris, A. Claudin éditeur, 1878.

OLLIVIER, Émile, *L'Église et l'État au Concile du Vatican*, tome 2, Paris, Garnier Frères, 1879.

6 *Revue Giono* n° 4, 2010, p. 40-45.

7 Dans l'ordre chronologique de leur publication.

Missel des sept sacrements, Limoges, Marc Barbou éditeur. (Non daté, début XXe siècle.)
S.S. Pie XI, *Encyclique « Quadregesimo anno » sur la restauration de l'Ordre Social, en pleine conformité avec les préceptes de l'Évangile*, Paris, Maison de la Bonne Presse, 1931.
Le Journal de Jean Burchard, évêque et cérémoniaire au Vatican, traduction et notes de Joseph Turmel, Paris, Éditions Rieder, « Les textes du christianisme », 1932.
S.S. Pie XI, *Encyclique « Divini redemptoris »* sur le communisme athée, Paris, Maison de la Bonne Presse, 1937.
MICHELET, Marcel et DAYER, Isaac, *Un prêtre du Vieux Pays, le Prieur Bourban*, Saint Maurice, Œuvre St Augustin éditeur, 1937.
Chronique du Patronage espagnol de saint Paul, Madrid, 1952.
OTTAVIANI, Monsignore Alfredo, *Luce di Roma cristiana nel diritto*, [Roma], Tipografia Poliglotta Vaticana, 1943. (Envoi de d'Alfredo Ottaviani à Jean Giono.)
OTTAVIANI, Alfredo, Cardinal, *Non siamo insensibili alle soffrenze del Corpo Mistico*, Roma, 10 pages, 1960. (Envoi de d'Alfredo Ottaviani à Jean Giono.)

C'est au cours de l'été 1957, que Giono fait la connaissance du cardinal Alfredo Ottaviani, qui est en train de devenir l'une des figures importantes du Vatican : fait cardinal par Pie XII, il occupe le poste de pro-secrétaire du Saint-Office au moment de l'élection de Jean XXIII, en octobre 1958. Il participe à la préparation du concile Vatican II et couronnera le nouveau pape, Paul VI, en juin 1963. Il sera pro-préfet de la Congrégation pour la doctrine de la foi jusqu'en 1968. Giono le reverra au cours de ses voyages suivants à Rome.

Florilège de la poésie sacrée, textes choisis et présentés par Jean-Pierre Fouché, Paris, Club du Meilleur Livre, 1961.
COLLIN, Bernardin, *Les Lieux saints*, Paris, PUF, « Que sais-je ? », n° 998, 1962. (Envoi de l'auteur, évêque du diocèse de Digne.)
ERBETTA, Mario, « Il Vangelo della Verita », *in Euntes docete XX*, Roma, Pontificia Universita urbaniana della propaganda fide, 1967.
(Tiré à part des pages 411-444. Envoi de l'auteur. Page 426, est inséré l'article de M. Erbetta, « L'obelisco di Ofra in piazza della Minerva

a Roma » in *Bibbia e Oriente, Rivista bimestrale per la conoscenza della Bibbia*, 4, 1962, tiré à part des pages 128-131.)
KOLAKOWSKI, Leszek, *Chrétiens sans Église ; la conscience religieuse et le lien confessionnel au* XVIIe *siècle*, Anna Posner trad., Paris, Gallimard, « Bibliothèque de Philosophie », 1969.

Jacques MÉNY
avec la complicité de Francine CHAROY

DEUXIÈME PARTIE

GIONO PROPHÈTE DE LA PAIX

JEAN GIONO ET LE VERBE PROPHÉTIQUE DANS LES ÉCRITS PACIFISTES

Si Jean Giono centrait nombre de ses fictions sur des personnages animés par un verbe lyrique qui semblait venir d'ailleurs, c'est à l'orée de la Seconde Guerre mondiale que la nature et la portée de cette dimension du langage devinrent problématiques dans la volonté de l'auteur de diffuser des discours de vérité faisant l'éloge de la paix, et exprimant son inquiétude devant ce qu'il imaginait être l'imminence d'une destruction, qui serait répandue par un soulèvement en masse des paysans. Il s'agit donc d'étudier la nature de cette parole et de cette croyance dans son caractère hallucinatoire.

Dans un article capital publié en 1942 à la sortie de *Triomphe de la vie*, Maurice Blanchot explique comment, pour Giono, « le contact de la terre a représenté une expérience de caractère presque mystique[1] ». On connaît l'intense lyrisme caractérisant la prose poétique de ses romans, dont l'action se déroule sous le signe de Pan et de Dionysos, la profonde communion que ses personnages éprouvent avec des forces cosmiques, et dont *Le Poids du ciel* (écrit de 1937 à 1938) représente un point culminant. Les personnages privilégiés sont ceux qui non seulement connaissent cette expérience, mais qui la communiquent aussi : qui instituent une réalité renouvelée par la force de leur parole.

Devant l'intensité d'une telle expérience, il restait à Giono trois possibilités, qu'il a explorées à tour de rôle. Tout d'abord, il pouvait se limiter au seul domaine de l'écriture : considérer que ce qu'il vivait relevait avant tout de son rapport intime au langage, celui-ci restant néanmoins transmissible aux autres par le biais de l'écriture. Ou bien, il

1 Maurice Blanchot, « Le Destin de Jean Giono », *Chroniques littéraires du « Journal des débats » : avril 1941-août 1944*, textes choisis et établis par Christophe Bident, Paris, Gallimard, « Les Cahiers de la *NRF* », 2007, p. 153-158 (p. 154).

disposait de la possibilité d'adopter un discours conceptuel, didactique, pour diffuser sa pensée et, éventuellement, pour agir sur la collectivité et sur les événements. Enfin, dans un renversement qui apparaît comme un bouleversement radical de sa subjectivité, il pouvait voir la réalité céder devant la force de la vision qui l'habitait.

La première possibilité désigne le point de départ de son œuvre et de son action, tout autant que le point auquel il retourne durant et après la guerre. À ce titre, elle représente le choix le plus vrai, le plus probant, permettant à Giono de demeurer en adéquation avec la réalité de son expérience. La deuxième voie est celle qu'il emprunta dans ses divers écrits pacifistes : pour l'écrivain, elle pouvait s'entendre comme une concession nécessaire pour faire face à une situation collective effrayante. La troisième est celle où rien ne doit faire entrave à une subjectivité qui ne se reconnaît plus : en quelque sorte *acéphale*.

DES APOCALYPSES EN SÉRIE

Ayant connu les horreurs de la Première Guerre mondiale, Giono avait fait le choix de chanter les forces de la vie, pour faire triompher une forme de "contre-déluge" capable de noyer les forces de la mort. C'est donc habité par son expérience du charnier qu'il se résolut de combattre la nouvelle guerre qui se préparait, et la société capitaliste qui l'engendrait.

C'est ainsi que, dans une série de projets, Giono prévoyait le surgissement de forces de destruction émanant de la paysannerie. Ces événements apocalyptiques ne seraient pas seulement métaphoriques, comme le déluge de *Batailles dans la montagne*, mais réels. En 1936, il écrit à Pierre Scize :

> Je peux vous *certifier* avec *la plus entière assurance* qu'il faut désormais compter sur une terrible révolte paysanne ORGANISÉE au moindre geste communiste. [...] Vous êtes hypnotisés par une forme de révolution. Celle qui vous attend vous surprendra par sa nouveauté, sa violence (dans laquelle d'ailleurs je serai écrasé comme vous), son organisation, sa masse. C'est une guerre *Terre* contre *Usine*, voilà où ils en sont venus[2].

2 Fin novembre début décembre 1936 (*J*, VIII, 160).

Il en résulta des projets littéraires développant ces rêves d'une terrifiante certitude. Tel serait *La Révolte des paysans*, premier titre des *Fêtes de la mort*[3], dont le projet fut conçu en novembre 1936[4] et prit fin en 1938, devant l'imminence de la guerre, moment auquel Giono reconnaît : « il n'est peut-être plus possible d'écrire *Les Fêtes de la mort*, maintenant[5] ». Le titre connut une série de variations, comme « Premier cavalier de l'Apocalypse[6] », aboutissant à l'œuvre publiée, *Deux cavaliers de l'orage*, au 17 mai 1937.

Ces livres décrivaient la destruction du monde moderne par le soulèvement des forces de la nature, comme si celle-ci ne pouvait jamais tolérer les ravages semés par le monde industriel. Ainsi, Giono écrit : « la guerre qui commencera avec les moyens modernes et peu à peu en s'avançant redeviendra des temps anciens (ainsi que la vie) par destruction des usines par les armées paysannes, morts d'ouvriers spécialistes, goûts des combats et de l'aventure, famines (et à ce moment la suprématie des paysans)[7] ». Au sujet de *Révolte des paysans*, il déclare : « Le sens de cette révolte. Ce retour au Moyen Âge, aux grandes hordes. » (*J*, VIII, 162). Plus tard, en 1939 – durant la drôle de guerre –, il prévoit un autre roman initialement intitulé *Les Temps nouveaux*, puis *Chute de Constantinople*, dont il ne reste que deux extraits[8]. Les appréhensions ou les prévisions de Giono concernant une prochaine révolte paysanne empruntent donc les mêmes formes que les fictions de sa création littéraire. Dès 1931, dans « Destruction de Paris », il prévoit la destruction de la vie citadine :

> […] il n'y aura de bonheur pour vous que le jour où les grands arbres crèveront les rues, où le poids des lianes fera crouler l'obélisque et courber la tour Eiffel ; où devant les guichets du Louvre on n'entendra plus que le léger bruit des cosses mûres qui s'ouvrent et les graines sauvages qui tombent ; le jour où, des cavernes du métro, des sangliers éblouis sortiront en tremblant de la queue. (*SP*, I, 526)

---

3 Voir la chronologie fournie dans l'appendice, « Note sur un projet de Giono : Les Fêtes de la mort » (III, 1267-1268).

4 Jean-Paul Pilorget, « *Fêtes de la mort (Les)* », p. 383 *in* Mireille Sacotte et Jean-Yves Laurichesse (dir.), *Dictionnaire Giono*, Paris, Classiques Garnier, « Dictionnaires et synthèses ; 9 »), 2016.

5 12 octobre 1938 (*J*, VIII, 277).

6 24 décembre 1936 (*J*, VIII, 165).

7 21 décembre 1937 (*J*, VIII, 231).

8 Dans *L'Eau vive* : *Promenade de la mort et départ de l'oiseau bagué le 4 septembre 1939* (III, 289-379) et « Description de Marseille » (III, 380-402).

La nature – décrite sur un ton d'exaltation lyrique – est conçue comme capable de détruire la vie citadine, réconciliant ainsi l'homme avec son être profond. Plus tard, le déluge de *Batailles dans la montagne* – qui fait chavirer la montagne – décrit un désastre naturel qui s'apparente aussi au motif de la forêt[9] qui se met « en marche » dans *Les Vraies Richesses*. Les paysans y incarnent ce mouvement qui, dans ce dernier texte, est porteur du renouveau : « Nous sommes une immense forêt en marche. [...] À toutes les grandes époques, quand il a fallu lutter contre les mauvaises forces, l'imagination paysanne a chaque fois inventé la forêt en marche. » (*VR*, VII, 238). Cependant, la même image est annonciatrice d'une destruction contre laquelle Giono se hâte de mettre les paysans en garde, dans *Lettre aux paysans* : « Et cette forêt d'hommes que vous êtes [...], si vous la laissiez s'enflammer des flammes de la violence, non seulement elle dévorerait tout dans un incendie qui éclairerait de la mort les coins les plus secrets du monde, mais elle laisserait après elle des déserts où rien ne pourrait plus recommencer. » (*LP*, VII, 531).

Si ces visions traduisent une force vitale, il est clair qu'il ne s'agit pas d'une vitalité univoque : elles témoignent certes du même flux lyrique qui imprègne bon nombre de célébrations de la nature, mais elles portent aussi une force qui menace le monde d'une destruction totale, comme celle que promet la guerre que Giono désire éviter. La vie se trouve ancrée dans la mort, et c'est à cet endroit que nous pouvons situer le « mysticisme » gionien.

VISION MYSTIQUE ET JOUISSANCE

L'emploi du terme *mystique* par Blanchot nous met sur la voie de ce que Jacques Lacan nomme la *jouissance*, terme qui remplace, au cours de ses élaborations, celui de *désir*. Il s'agit là non du simple plaisir – destiné à se confiner dans des limites très circonscrites – mais du point où celui-ci se renverse en extrême déplaisir. La jouissance signale alors que chacun se trouve enfermé dans l'enceinte du langage qui cause sa division constituante, en sorte qu'aucun signifiant ne saurait identifier

9 Voir la Notice (II, 1390).

le sujet de manière adéquate : une part ne cesse d'échapper. Pour cette même raison, la jouissance de la parole cause la recherche d'une nomination qui serait enfin adéquate.

D'un autre côté cependant, apparaît l'idée qu'il y aurait une jouissance située au-delà de la parole, une « jouissance autre » qui se tiendrait « au-delà du phallus[10] ». Cette dernière, cependant, ne peut s'énoncer que de manière hypothétique, au moyen de… la parole qui en exclut, paradoxalement, la réalisation, celle-ci relevant de l'impossible, que Lacan associe au *réel*. Cette jouissance autre est ce qui serait « La Femme ». En effet, la jouissance est toujours autre, puisqu'elle contient une faille[11] : jamais elle ne saurait prendre consistance. Ainsi, Lacan explique que les femmes[12] et les mystiques[13] jouissent, mais ils sont incapables de transmettre leur expérience aux autres, au moyen du langage. Lacan note aussi que l'être – élevé à la dignité de catégorie centrale par l'ontologie – demeure intégralement un produit de la parole[14]. Maurice Blanchot décrit avec précision la manière dont Giono rejoint la dimension mystique : « C'est donc une certaine manière d'approcher l'absolu qu'il trouve dans la grande communication naturelle, et le *Triomphe de la vie* exprime ce mouvement extatique, loin de toutes les règles de l'existence banale, telles que les imposent les modes de l'action et de l'intelligence abstraites[15] ».

Cette qualité mystique dépasse donc ce que l'on attribue généralement à l'imaginaire, celui-ci relevant de la multiplication des images qui, en tant que telles, sont labiles et changeantes, fonctionnant comme un écran trompeur. On voit quelque chose de la *réelle* dimension en cause – au sens de Lacan – dans un épisode où Giono perçut la foudre :

---

10 Jacques Lacan, *Le Séminaire*, Livre XX, *Encore*, Paris, Seuil, « Champ freudien », 1975, p. 69.

11 « […] la jouissance est toujours autre, en ce sens qu'elle contient en elle-même une faille […]. » (Christian Fierens, *Lecture de « Encore » : cours de 2005 sur le livre XX du Séminaire de Lacan*, Fernelmont, E.M.E., « Documents du CEPSY ; 2 », 2018, p. 254).

12 « Il y a une jouissance à elle, à cette *elle* qui n'existe pas et ne signifie rien. Il y a une jouissance à elle dont peut-être elle-même ne sait rien, sinon qu'elle l'éprouve – ça, elle le sait. » (Lacan, *Encore*, *op. cit.*, p. 69).

13 « Il est clair que le témoignage essentiel des mystiques, c'est justement de dire qu'ils l'éprouvent, mais qu'ils n'en savent rien. » (Lacan, *Encore*, *op. cit.*, p. 71).

14 […] Kojève qui dit que l'être dont il est question dans l'ontologie, c'est toujours l'être dont on parle, il n'y a pas d'être dont on ne parle pas […]. Ainsi, on ne peut dire quelque chose de la jouissance autre qu'à partir de la parole […]. » (Fierens, *Lecture de « Encore »*, *op. cit.*, p. 160).

15 Blanchot, « Le Destin de Jean Giono », art. cité, p. 156.

> Rapide à un point que l'intelligence n'avait même pas le temps de fonctionner ; je comprenais cependant tout dans le silence le plus total. C'était exactement je crois *divin*, c'est-à-dire la connaissance des choses avant qu'elles arrivent. J'étais de l'autre côté de l'événement, *du côté du bois de la flèche*. Cela a duré un quart de seconde mais je n'oublierai jamais plus ce quart de seconde, pendant lequel j'ai été *dégagé de toutes les dimensions* et conscient à un point qu'on ne peut pas dire. (*J*, VIII, 322)

Cette brève description – réalisée après coup, le lendemain – montre l'intrusion d'un réel qui non seulement annule tout esprit critique, mais donne l'impression de basculer de l'autre côté de tout enchaînement signifiant[16]. Or, cette expérience est paradoxale dans la mesure où elle apporte une conscience qui demeure réfractaire à toute mise en parole, provoquant le désir de prolonger cet état afin d'en extraire la vérité : « Si cela pouvait durer quelques secondes ou une minute, je crois qu'on éclaircirait beaucoup de mystères. Connaissance d'un monde tangent. » (*J*, VIII, 322).

Or, la première erreur de Giono fut sans doute d'avoir cru qu'en écrivant, il évoquait une réalité référentielle – la nature – au lieu de simplement jouir du langage, d'où ses élucubrations sur un retour à la nature. C'est un faux pas qu'Henri Michaux, par exemple, ne fit pas : pour lui, la jouissance contenait toujours une faille, une inadéquation, y compris dans les expériences extatiques ou avec des hallucinogènes[17]. Cet égarement se manifeste dans les oscillations de Giono entre le verbe poétique et l'idéologie d'un retour à la nature. Or c'est assurément la grande force de cette jouissance qui le poussait à vouloir la partager avec d'autres.

Cette dimension s'éprouve comme ce qu'il y a de plus extérieur, et de plus intime (que Lacan nomme *extime*, donc). Elle s'impose aussi avec une force incontrôlable, raison pour laquelle elle fait l'objet d'une méconnaissance. Elle apparaît certes comme une vérité, mais qui demeure dépourvue de tout contenu signifiant. Cependant, vouloir arrimer cette jouissance à la réalité entraîne le risque de la figer sous une forme

16 Cet épisode fait écho à l'expression *temps d'un éclair*, qui se retrouve dans plusieurs œuvres (*EV*, III, 325 ; *Roi*, 494 ; *Noé*, 618, 841, 860 ; IV, 1130 ; *J*, VIII, 232, 324).

17 « J'ai l'air de rédiger non pas afin de m'approcher de la chose à dire, mais afin de m'en éloigner. Écrivain avec la plus grande application, j'aboutis invariablement à côté. » (Henri Michaux, *Œuvres complètes*, t. III, Paris, Gallimard, « Bibl. de la Pléiade », 2004 : *Les Grandes épreuves de l'esprit*, p. 332).

imaginaire – comme une instance extérieure, stabilisée –, au lieu de la voir comme un processus engageant une part non (in)quantifiable de cet être parlant qu'est l'homme, et qui fait exister ce dernier en dehors toute identification. C'est supposer que la nature qui prend forme dans la parole littéraire – entre les couvertures d'un livre – est celle que chacun peut retrouver dans le monde, dans une harmonie retrouvée sur le plan communautaire, politique. Or, les deux domaines, faudra-t-il dire, sont séparés par un *littoral*[18], et ne sauraient se compléter mutuellement si ce n'est au sein du sujet qui en vit l'expérience. Toutefois, c'est la force de ce lyrisme de la nature qui attira à Giono de nombreux lecteurs, qui voyaient en lui un « professeur d'espérance » (*J*, VIII, 195).

ADRESSE AUX AUTRES
Du didactisme au prophétisme

La force de cette expérience mystique poussa Giono à adopter une posture didactique, dans ses écrits pacifistes. Maurice Blanchot en note l'articulation :

> Ce n'est pas par une prétention accidentelle qu'il s'est chargé de cette mission prophétique, de cette évangélisation qui l'a conduit à grouper, surtout à l'étranger, beaucoup de disciples. Une destination fondamentale l'oblige à être quelque chose de plus ou quelque chose d'autre qu'un écrivain. S'il perd alors une partie de son éclair, il ne lui est pas permis de se soustraire à la nécessité qui la lui fait perdre. Il se sent profondément contraint d'aller jusqu'au bout de ses possibilités et il ne peut y parvenir qu'en se détachant de sa vraie puissance. Il est tout à fait lui-même à ses yeux, quand il n'est déjà plus lui-même pour les autres qui jugent son talent. Il s'accomplit dans l'ordre intérieur par une certaine diminution dans l'ordre artistique[19].

Si ses pamphlets témoignent d'une extinction de la verve et du souffle de ses romans lyriques, c'est que Giono se sentait poussé par une

18 « [...] un domaine tout entier fait pour l'autre frontière, de ce qu'ils sont étrangers, jusqu'à n'être pas réciproques [...]. » (Jacques Lacan, *Autres écrits*, Paris, Seuil, « Champ freudien », 2001, p. 11-20 : « Lituraterre » [p. 14]).

19 Blanchot, « Le Destin de Jean Giono », art. cité, p. 154.

force qui réclamait la diffusion de cette expérience, pour la partager avec le plus grand nombre. Le didactisme exerce donc une influence apaisante voire anesthésiante sur la position de l'auteur, en sorte que Giono fait « de cette réalité bouleversante une petite apologie où les raisons de commodité sont en bonne place et cherchent l'adhésion la plus pratique[20] ».

Cependant, l'impérieuse nécessité que Giono éprouvait de diffuser sa vision représente peut-être un autre facteur qui le poussa à croire à ses visions d'une destruction universelle. Nous pouvons alors soulever la question portant sur l'identité de l'Autre à qui il s'adressait, puisque Giono trouvait un auditoire prêt à relayer ses perceptions. En effet, il semblerait qu'il s'adressait à l'humanité entière. Au sujet de *Batailles dans la montagne*, il déclare être en avance sur le siècle entier : « Je suis en train de construire une sauvage explication des termes de la vie. Je reconnais cette fois que c'est loin en avant des choses faites dans ce siècle. C'est loin en avant de tout. Mais l'humanité suivra. Gros mot. Gros orgueil ! Non : connaissance[21] ! » Une ambition extraordinaire le tenaille et l'emporte, comme il l'écrit un mois et demi plus tard : « D'ici cinq ans, je veux qu'on ne puisse plus rien faire sans qu'on soit obligé de prévoir et de compter avec mes réactions. Alors, un grand pas sera fait[22] ». Ses allocutaires sont alors non seulement ses amis du Contadour, mais la paysannerie tout entière, et les grands dirigeants politiques : « Je ne peux aller voir Hitler que pour lui proposer *en tout et pour tout* qu'il prenne *l'initiative d'un désarmement général, universel.* [...] je ne peux entrer dans des discussions de droit des peuples ou de politique des peuples. Je ne peux qu'être celui qui, ne *sachant* pas dénouer le nœud gordien le *tranche*[23] ». La dimension épique de certains romans s'étendait ainsi, pour engager le destin des peuples de l'Europe : son allocutaire était l'époque entière, un « grand Autre », garant de la vérité de son dire. Il déclare :

> Je viens de voir clairement que ma voie m'éloigne de plus en plus des chemins ordinaires et des tribunes vulgaires, et qu'il faut que je parle à mon temps du haut d'une position au-delà des positions humaines. Peu à peu se confirme la

20 *Idem*, p. 156.
21 25 janvier 1937 (*J*, VIII, 170).
22 13 mars 1937 (*J*, VIII, 178).
23 24 novembre 1938 (*J*, VIII, 288).

> nécessité du message et des messages. Que seulement la vie et le temps me soient donnés et je construirai, au milieu du désordre des temps présents, l'habitation de l'Espoir[24].

La réalité sociale et politique se trouvait pliée à sa vision lyrique, envahie par l'*énargeia* de son verbe.

LA VÉRITÉ

Ce qui l'emportait dans ces circonstances était l'impression de détenir une vérité qui serait généralisable. C'est-à-dire que l'expérience profonde que Giono connaissait serait non définitivement logée dans un au-delà du langage, et conditionnée par celui-ci, mais pourrait se loger dans un dit signifiant.

Or Lacan démontre que la vérité est un effet du discours[25], c'est-à-dire qu'elle est conditionnée – et limitée dans sa portée – par ses conditions d'énonciation. Il en va ainsi pour le langage performatif dans l'exemple de celui qui – en tant qu'agent de l'État – proclame un couple mari et femme, ou qui déclare la guerre. Dès lors, la vérité n'a pas de contenu fixe et universel, mais relève seulement d'une *place* au sein de ce même discours. Par conséquent, cette place est destinée à changer, au lieu de rester stable : la vérité sera toujours divisée entre deux signifiants[26]. Au fond, dans cette structure, le produit d'un discours – c'est-à-dire, sa condition d'énonciation – demeure impuissant à rejoindre la vérité qui en demeure la cause dissimulée[27] : la vérité ne peut que se « mi-dire ». Ainsi, selon la prosopopée de Lacan, « Moi, la vérité je parle[28] », à quoi on peut ajouter : « la vérité ne parle pas en fonction des circonstances,

24 24 décembre 1936 (*J*, VIII, 165).

25 « C'est parce qu'il y a du langage, comme chacun peut s'en aviser, qu'il y a de la vérité. » (Jacques Lacan, *Mon enseignement*, Paris, Seuil, « Champ freudien », 2010, p. 41).

26 Christian Fierens, *Lecture [de :] D'un discours qui ne serait pas du semblant : cours « Lire-en-psychanalyse » de 2009-2010 sur le livre XVIII du Séminaire de Lacan* [2012], Bruxelles, E. M. E. & Intercommunications, « Lire en psychanalyse », 2013, p. 102.

27 Fierens, *D'un discours qui ne serait pas du semblant*, *op. cit.*, p. 106.

28 Jacques Lacan, *Écrits*, Paris, Seuil, « Le Champ freudien », 1966, p. 855-877 : « La science et la vérité » (p. 866-867).

mais uniquement à partir d'elle-même[29] ». La vérité se loge dans le dire de celui qui parle.

L'impression que Giono éprouvait de détenir la vérité n'est peut-être pas indifférente à son choix d'être conteur. Au XXe siècle, les écrivains commençaient à mettre en cause la capacité du langage à signifier une réalité reçue de tous, où l'on fragmentait les mots dans un processus de *unwording*[30], afin que ces derniers soient capables de cerner quelque chose de l'expérience des hommes, à une époque où la capacité de destruction s'était montrée illimitée. Samuel Beckett, par exemple, fit le choix de ne pas suivre l'aspiration joycienne à la maîtrise, mais de travailler, au contraire, à produire une forme de faiblesse. On a pu noter aussi que le XXe siècle a marqué la rencontre avec l'impossible à dire et à montrer[31]. Conter signifie construire des récits qui aient un sens, qui soient ordonnés par une syntaxe garantie par la grammaire. En effet, la syntaxe est éminemment politique et éthique, comme Giono le reconnaît dans ce vœu : « De nouveau acquérir un style, qui soit également un style de vie. » (*J*, VIII, 332).

En 1936, Giono écrit : « Je ne lutterai plus que par mes œuvres. Naturellement je pense au roman qui suivra *Batailles*. Il serait intitulé : *La Révolte des paysans*. Ce sera le récit un tout petit peu anticipé de cette révolte. Sujet – noir et or – qui a tant de ressources poétiques et épiques que j'en suis ébloui quand j'y pense[32] ». Encore une fois, en nourrissant l'idée qu'il allait annoncer des événements futurs, Giono révèle son hésitation entre la lutte dans l'arène politique, et celle qui passe par la littérature. Or c'est le registre épique – voire cosmique – qui s'y annonce, c'est-à-dire un cadre où la parole est soutenue par un grand Autre qui, par la garantie qu'il offre, confère sur les nations entières la noblesse d'un grand destin, d'une adéquation supposée avec la dignité de leur être. C'est supposer une corrélation entre la grandeur épique et la vérité, que nous pourrions formuler comme ceci : « la vérité est grande, et la grandeur est la vérité ». Par ailleurs, Giono marque la place de sa

29 Fierens, *D'un discours qui ne serait pas du semblant*, *op. cit.*, p. 113.

30 Beckett parle, en 1937, d'une « *Literatur des Unworts* » (littérature du non-mot ; Samuel Beckett, *The Letters of Samuel Beckett*, t. 1, *1929-1940*, Martha Dow Fehsenfeld, Lois More Overbeck (dir.), Cambridge UP, 2009, p. 515). Voir aussi Shane Weller, *Language and Negativity in European Modernism*, Cambridge UP, 2019.

31 Voir, par exemple, Gérard Wajcman, *L'Objet du siècle*, Lagrasse, Verdier, « Philia », 1998.

32 30 nov. 1936 (*J*, VIII, 159).

propre parole, puisque c'est lui-même qui s'en trouve « ébloui » : il jouit de concevoir de tels tableaux. Cependant, il ne s'attarde pas sur ce qui *cause* en lui cet éblouissement, mais persiste à raccrocher ses rêves à la réalité politique. Il est ainsi séduit, fasciné, par la vision qui émane de sa propre parole.

L'IDÉAL

Dans cette préoccupation avec l'épique, c'est une fonction d'idéal qui est maintenue, et encore avec la confusion entre le romanesque ou lyrique et la réalité. Il s'agit malgré tout – quand Giono quitte ses positions didactiques – de « traverser les batailles une rose à la main[33] », c'est-à-dire d'avoir son regard fixé sur les valeurs comme le pacifisme, l'espérance, la guérison, la liberté, comme il le déclare le 14 mars 1937 au sujet de *Batailles dans la montagne* : « écriture, poésie, rectitude, pureté, puissance. » (*J*, VIII, 178). Or ces valeurs ne sauraient s'imposer à une situation nationale ou politique, et ne peuvent que révéler leur impuissance. Ainsi, au sujet de ce même roman, Giono exprime l'idée qu'une déclaration d'amour, mise en valeur par l'accumulation de catastrophes, serait porteuse du salut pour l'humanité : « si j'ai accumulé les catastrophes sur les cataclysmes, c'est pour que, brusquement, parce qu'un homme et une femme qui s'aiment parlent ensemble, tout soit éclairé et plein d'enseignements magiques. » (*J*, VIII, 174). Le cœur humain devient soudainement « plus grand que la montagne et que toutes les montagnes » : « C'est lui qui est Léviathan. / Le bon Léviathan – L'Invincible ! » Ainsi, la vérité serait non limitée, non effrayante, mais nécessairement grande et exaltante, capable de terrasser tous les monstres qui menacent l'humanité.

Face à cette vision éblouissante, Giono ne peut que dénigrer la condition bassement matérialiste des instances étatiques, comme il le fait le 17 février 1944 : « Impuissance des hommes. Vanités de tous leurs moyens de puissance, de toute leur volonté de puissance. Il faut que ce soit un grand poème. » (*J*, VIII, 400). L'exaltation lyrique doit dépasser

33 Préface des *Vraies Richesses* (II, 1356).

en force les limites qui frappent ceux qui exercent de simples pouvoirs d'ordre « masculin ». Son expérience de l'autre jouissance le conduit à voir en celle-ci l'expression d'une puissance bien supérieure qui, dans certaines fictions, sera exemplifiée par des figures maternelles, forme palpable de « La Femme[34] ». Devant une telle source de puissance, les hommes sont à ranger sur le même plan, tels, dans le contexte de la guerre, les Anglo-Américains et les Allemands (435). La puissance de l'idéal s'incarne dans l'héroïsme :

> Il fallait répondre à la victoire matérielle en s'élevant par l'esprit au-dessus de notre vainqueur, et au-dessus de ce que nous-même nous avions été, au lieu de désirer être vainqueur à notre tour (la chaîne des guerres). Cela devait être le moment des grandes visions. Mais il n'y a pas eu de riches cervelles. Nul n'est plus capable de voir les monstres qui montent des champs, des arbres, des bêtes et des océans. Parmi ceux qui s'imaginent sauver le monde et cuisiner le bonheur. Mais ils n'ont confiance que dans le *matériel*. Comme c'est le matériel qui gagnera la guerre. De chaque côté le matériel tue l'héroïsme[35].

Encore donc, en 1943, Giono fait l'éloge d'un héroïsme, d'une générosité et d'une attitude qui seraient capables de porter les hommes au-delà de leur condition terrestre, de leur asservissement aux conditions matérielles. Ce qu'il dénonce n'est pas simplement le registre du besoin – l'obsession d'un réalisme réducteur –, mais également l'affrontement indispensable aux contingences qui s'imposent à chacun. Il fait comme s'il suffisait d'être capable, comme lui, de nourrir ces visions splendides d'un univers rempli de « monstres » pour que, magiquement, les difficultés historiques, les obstacles et les souffrances soient balayés. Il témoigne d'une croyance dans la supériorité de l'idéal, dans un héroïsme dédaigneux du registre bassement matériel, décrit comme une succession ininterrompue de rencontres entre bourreaux et victimes. Son erreur était donc de croire pouvoir s'excepter de cette condition humaine. Il déclare adhérer au « *dernier romantisme* » (*J*, VIII, 316), qui se voit congédié par la modernité industrielle : il est « l'individu » face aux masses (« les partis et la passion des partis »).

---

34 On peut trouver un exemple de la suprématie maternelle dans le personnage d'Ariane, mère des frères jumeaux dans *Deux cavaliers de l'orage*. Dans l'épilogue non publié, elle déclare à ses deux fils désormais morts : « Toi, ma force ! / Et toi, ma force ! / Mes deux forces ! » (VI, 905).

35 21 septembre 1943 (*J*, VIII, 315-316).

UN RETOUR DU RÉEL

À ces facteurs d'ordre symbolique et imaginaire, il faudrait peut-être ajouter le retour dans le réel de la destruction que Giono avait vue lors de la Première Guerre mondiale, et que Lacan décrit comme « le mécanisme qui fait revenir du dehors ce qui est pris dans la *Verwerfung* soit ce qui a été mis hors de la symbolisation générale structurant le sujet[36] ». C'est ainsi que Giono explique sa décision dans *Refus d'obéissance*, d'abord en affirmant son choix inébranlable : « Il n'y a pas un seul moment de ma vie où je n'aie pensée à lutter contre la guerre depuis 1919. » (*RO*, VII, 263). Puis, il énonce la manière dont sa décision doit se réaliser :

> Puis j'ai commencé à écrire et tout de suite j'ai écrit pour la vie, j'ai écrit la vie, j'ai voulu saouler tout le monde de vie. J'aurais voulu pouvoir faire bouillonner la vie comme un torrent et la faire se ruer sur tous ces hommes secs et désespérés, les frapper avec des vagues de vie froides et vertes, [...] les déraciner de l'assise de leurs pieds à souliers et les emporter dans le torrent. (*RO*, VII, 264)

Ayant vu l'horreur des charniers, le réel inassimilable, il voyait leur retour avec des moyens de destruction accrus, apportant la possibilité d'un cataclysme universel. Toutefois, on comprend que sa décision de lutter du côté de la vie plongeait ses racines bien plus profondément que dans le simple souci de la préservation de soi, et qu'il craignait, simultanément, l'imminence d'un « contre-déluge », d'une force égale au déluge de feu et de fer qui se préparait.

Cette force de renouveau marque son ancrage dans le réel par sa capacité de destruction. C'est ainsi que le pacifisme de Giono était habité d'une grande violence qui se traduisait par les visions d'apocalypse. Dans *Refus d'obéissance*, il écrit : « Il n'y a qu'un seul remède : notre force. Il n'y a qu'un seul moyen de l'utiliser : la révolte. » (*RO*, VII, 269). Cette révolte pourrait n'être pas simplement métaphorique ou individuelle, comme le manifestent les visions d'une destruction à la fois dans ses fictions, et ses craintes d'une révolte paysanne. Ainsi, un chapitre de *Lettre aux paysans* assume le paradoxe dans son titre « La paix par la violence ».

Certes, pour le pouvoir d'État, le révolté gionien est invisible, réduit à un état de faiblesse, mais c'est précisément ce caractère insaisissable

36 Jacques Lacan, *Le Séminaire*, Livre III, *Les Psychoses*, Paris, Seuil, « Le Champ freudien », 1981, p. 58.

qui confère sur l'« individu[37] » gionien toute sa force incommensurable, à la dimension de la jouissance qui l'habite. C'est ainsi que Giono écrit à Jean Paulhan en 1938 :

> Cher Paulhan, vous n'y êtes pas. C'est beaucoup plus grave que ce que vous imaginez et ce ne sera pas arrêté par des avions ou des tanks, ou des gaz. D'ailleurs, trois ou quatre ans après « l'ouverture des hostilités » il n'y aura plus un seul avion ou tank ou gramme de gaz. Il n'y aura non plus l'aide de l'étranger. Trois ou quatre ans après il n'y aura plus d'étranger. Vous commettez l'erreur de tous : la paysannerie n'est pas une *classe* ; c'est une *race*[38].

Si les paysans formaient une classe, ils participeraient à un mécanisme purement social. Étant une « race », ils tiennent leur existence du cosmos d'où ils puisent leur force implacable, celle-ci étant parfaitement inaccessible aux raisonnements humains. Par conséquent, la race universelle des paysans demeure invincible.

On entend ainsi que ce que Giono exprime dans ces passages se situe au-delà de l'idéal héroïque et de l'Autre conçu comme auditoire élargi. Il n'y a rien ici de narcissique mais la perspective selon laquelle le sujet lui-même sera effacé. Giono explique ainsi à Jean Paulhan le rôle subalterne qu'il imagine être le sien, par rapport aux paysans révoltés : « Mon travail, je vais continuer à le faire humblement, ici, avec eux. S'ils me faisaient la grâce de me garder vivant et de me permettre d'être un soldat de leur rang, vous n'imaginez pas, cher Paulhan, avec quelle joie sauvage je me jetterais dans le massacre qu'ils piétineront sous leurs pieds[39] ». La race paysanne apparaît comme un grand Autre, dont Giono veut se faire l'objet. Ce rêve se développe en parallèle avec le projet de *Fêtes de la mort*, où il imagine une destruction intégrale, effaçant définitivement la civilisation, réputée cause du malheur de l'existence humaine.

Dans *Fêtes de la mort*, les armées sont menées par l'« aveugle vêtu de blanc » (*J*, VIII, 250). Ce personnage est aveugle parce que rien dans ce monde commun n'est susceptible de représenter pour lui un objet de désir : il ne voit que l'écran « blanc » de son fantasme, à partir de quoi faire un nouveau monde nettoyé du moderne. Giono explique « [...] il ne connaît que les objets assez petits pour tomber entièrement sous le

---

37 Giono précise que l'individu est, étymologiquement, « indivisible, et, par corruption politique : inutilisable » (*VC*, 80).

38 23 mai 1938 (*J*, VIII, 248) ; cité aussi III, 1268.

39 23 mai 1938 (*J*, VIII, 249).

sens de son toucher. Le mystère commence plus près de lui que pour les autres hommes ; un arbre est déjà pour lui un objet cosmique qu'il ne peut comprendre qu'en le supputant[40] ». Ce personnage ne connaît pas le monde du conceptuel et de l'universel : il reste dans un contact intime avec la dimension cosmique, au-delà des mots.

UN DÉMENTI SALUTAIRE

Ainsi, la dimension du réel en jeu dans ces rêves d'une destruction universelle, prête à s'abattre sur la société capitaliste, voire sur l'humanité entière, nous conduit à qualifier ces élaborations comme le produit d'une hallucination, celle-ci étant intégralement réfractaire à la rationalité, aux justifications[41]. L'hallucination ne doit pas s'entendre comme la manifestation d'une réalité moindre mais, au contraire, comme la mise en branle de ce qui fait le socle de notre réalité subjective ; comme relevant, par conséquent, du réel.

Or on le sait : la jacquerie paysanne ne se réalisa jamais, aucun soulèvement ne mit un arrêt aux préparatifs de guerre, aucune destruction du monde moderne n'eut lieu. Il faut voir en ce démenti des prévisions gioniennes l'effet d'une opération salutaire. L'arrivée de la guerre apporta une indispensable coupure, mettant fin aux rêves de bouleverser le monde par la force du verbe et à son expansionnisme délirant. Il s'agit, non pas d'un changement de position de la part de Giono, mais d'une opération efficace, de fait, qui intervint malgré lui et sur laquelle il n'avait aucune influence.

En effet, Giono conservait par la suite l'idée d'être en retrait et en surplomb à l'égard du monde, mais sans vouloir emporter une victoire. Il persistait dans sa méconnaissance de la réalité matérielle, qui affectait chacun et avait des effets catastrophiques sur la vie de tant d'autres, tels les Juifs. Il croyait encore en sa propre supériorité, celle-ci étant justifiée par son exaltation spiritualiste, lyrique. Son penchant pérenne consistait à faire de sa vision mystique une assertion à valeur métaphysique.

40 8 août 1938 (*J*, VIII, 259).

41 « Une telle expérience, dans la mesure même où elle défie les prétentions du savoir et où elle se place sur un plan tout différent, échappe à la contestation. Elle a pour celui qui l'éprouve une valeur inexprimable et elle passe au-delà des critiques et des justifications dont elle ne peut en aucune manière accepter le recours. » (Blanchot, « Le Destin de Jean Giono », art. cité, p. 156).

Ainsi, après l'annexion de l'Autriche, il écrit : « Il me faut rejustifier en moi-même toutes les tendances de mon œuvre. [...] il me faut en toute hâte reconsidérer tout ce que j'ai fait. Je crois toujours avoir raison. Je le crois encore maintenant[42] ». Il doit tout reprendre de ses raisonnements, mais dans l'objectif d'adapter sa vision profonde à la nouvelle situation. Quelques jours plus tard : « Continuer à combattre contre le militarisme et forcément commencer par lutter contre celui de ma patrie. Si les autres ne suivent pas ? Ils finiront par suivre si demain à la place d'être seul je suis cent à écrire, à penser et à dire comme moi[43]. » Il croit que le combat pacifiste demeure valable, et qu'il faut continuer à convaincre d'autres de le suivre. Encore en 1943, il s'affirme pacifiste (*J*, VIII, 356). Bien plus tard, à la fin de la guerre, c'est avec amertume qu'il reconnaît son tort, mais seulement eu égard à la pensée ambiante : « Il faut voir clairement et reconnaître que j'ai eu tort de croire au pacifisme. Cela n'est pas fait pour l'homme. Il faut exalter la guerre. Alors on est "bien vu". Car cela est profondément humain. C'est ce que chacun réclame et désire. Quand il y a de grands massacres, ne pas s'indigner ; se contenter de formules de politesse envers les survivants[44] ».

CONCLUSION

Ainsi, Giono aura passé successivement par la position d'écrivain, celle de pamphlétaire, et celle de visionnaire halluciné. Seul l'événement de la guerre aura mis un arrêt à cette dernière lancée, le forçant, malgré lui, à reprendre sa plume en tant que conteur, inventeur d'histoires. Il continuera à s'affirmer pacifiste, quelles que soient les nouvelles horreurs ayant été perpétrées en France au cours de l'Occupation, notamment avec la Shoah. Comme l'explique Nicole Racine : « C'est dans cette illusion persistante, et non dans la volonté passionnée de faire reculer la guerre, que réside le drame de Jean Giono pacifiste[45] ». Dans ce même

42 11 mars 1938 (*J*, VIII, 235).
43 16 mars 1938 (*J*, VIII, 235).
44 29 août 1944 (*J*, VIII, 477).
45 Citée par André-Alain Morello, « PACIFISME, PACIFISTE », p. 685-687 in Sacotte et Laurichesse (dir.), *Dictionnaire Giono*, *op. cit.*, (p. 687).

esprit, il continuera à regarder les agissements des agents du pouvoir d'un point de vue suprêmement élevé, sans s'affronter aux contingences humaines qui poussent parfois à en venir aux prises avec la complexité des événements et à y apporter des réponses partielles, insuffisantes. Il avait voulu influer sur l'Histoire avec sa seule plume et son verbe, mais devant l'échec de ses aspirations dans le domaine concret, sa pratique de l'écriture finit par se teinter d'une rhétorique plus noire et tranchante[46]. La force mystique de son expérience, adossée à sa croyance inébranlable en la possibilité de la conjuguer à une concrétisation signifiante, face aux événements de l'Histoire, témoigne d'un retour du réel qui donna toute son ampleur à cette expérience hallucinatoire qui représente un point-limite de la création gionienne.

Llewellyn BROWN
Université Paris 3
Lycée international
de Saint-Germain-en-Laye

46 Voir Sophie Milcent-Lawson, « MANIÈRES », p. 558-561 in Sacotte et Laurichesse (dir.), *Dictionnaire Giono*, *op. cit.*,

PROMENADE DE LA MORT

Fin ou renouvellement du prophétisme gionien ?

À Christine.

L'écrivain ne peut revendiquer la profession d'écrivain que s'il est prophète[1].
Jean GIRAUDOUX (1942).

Les messages des essais de Giono dans les années 1935-1938 ont souvent pris un aspect prophétique. La grande révolte paysanne que l'écrivain entrevoit et annonce sur un ton apocalyptique nourrit aussi un projet de roman intitulé les *Fêtes de la mort*, conçu en novembre 1936 et abandonné en octobre 1938 en raison des événements historiques récents, en particulier la crise de Munich[2]. Le plan très précis qu'il rédige dans son *Journal* du 19 août 1938, et qui fait état d'une marche des armées paysannes conduites par un chef aveugle sur Paris, ville promise à la destruction comme les villes maudites dans l'imaginaire biblique[3], se termine par la mention « Fin du monde moderne ». Cette idée de la destruction des temps modernes marque aussi le projet de roman suivant, intitulé successivement *Les Temps nouveaux* ou *Conquête de Constantinople* puis *Chute de Constantinople*. Commencée le 9 mars 1940, la rédaction de ce roman est abandonnée en août, Giono se heurtant de

1 Jean Giraudoux, *Souvenir de deux existences*, Paris, Grasset, 1975, p. 90.

2 On pourra se référer pour ce point à Pierre Citron, *Giono 1895-1970*, Paris, Seuil, 1990, p. 264-273.

3 On retrouve cette idée dans *Promenade de la mort* dans les pressentiments d'Orlanda et de Giacometti, deux italiens que le père Génin prend avec lui sur sa charrette : « [...] tout va être détruit et démoli : Marseille, Paris, Bordeaux, et tout [...]. » (*EV*, III, 312).

nouveau à l'Histoire, à la débâcle de juin 1940 et à l'Occupation. Il ne reste du roman que deux fragments, le premier assez long, *Promenade de la mort et départ de l'oiseau bagué le 4 septembre 1939*, et le second intitulé « Description de Marseille », qui seront publiés dans *L'Eau vive* en 1943.

Giono choisit la date de l'entrée en guerre pour le récit de *Promenade de la mort.* Les quelques signes avant-coureurs, au fil des jours qui ont précédé cet événement dans le village où se situe l'action, sont perçus dans la forêt par une vieille laie : d'abord la fin subite de la chasse, le silence, puis dans la nuit du 31 août au 1er septembre, le bruit d'« un grand charroi dans tout le pays » (*EV*, III, 347), celui des moteurs et d'« innombrables pas » dont le retentissement dépasse ici le monde des hommes. Le dialogue entre le marquis et son frère, Monseigneur, évêque en disgrâce devenu curé de Saint-Robert, dans les deux derniers chapitres du récit, est daté du 3 septembre 1939, date de la déclaration de guerre, mentionnée par deux fois (362, 372). L'inscription du récit dans l'Histoire n'en annihile pas pour autant la dimension prophétique présente jusque dans le titre qui oppose à la mort en marche l'espoir lié à l'envol de l'oiseau de ses « grands coups d'ailes paisibles » (379). Nous aimerions montrer que l'abandon du projet de *Chute de Constantinople* marque la fin du prophétisme d'avant-guerre lié aux luttes idéologiques de l'écrivain, même si l'idée de l'écroulement du monde moderne sera reprise dans certaines pages de *Triomphe de la vie* en 1941. Le récit de « Promenade de la mort » annonce par contre la reconfiguration à venir de l'œuvre en faisant entendre une voix poétique nouvelle.

« QU'IL N'Y AIT JAMAIS EU CETTE NUIT[4] ! »

La vision de la fin du monde moderne, sur laquelle se concluait le plan de *Fêtes de la mort*, revient de façon insistante dès le début de *Promenade de la mort*, même si l'image de la révolte paysanne n'apparaît plus que de façon incidente : par exemple les hommes qui attendent, à proximité de la gare dans un bois de tilleul, leur départ pour la guerre sont vus « comme une avant-garde d'armée paysanne » (*EV*, III, 333) ; le comte,

4 *EV*, III, 317.

neveu de Monseigneur et du marquis, est parti quant à lui à la gare en motocyclette, avec Chon, un paysan voisin, tous deux coiffés d'un étrange casque de cuir, d'où cette remarque de Monseigneur qui n'est pas exempte d'ironie : « Il faut toujours craindre le moment où le paysan casqué sort du bois. » (373). Mais ce qui marque avant tout la vision de l'écroulement du monde moderne dans « Promenade de la mort », aussi bien dans la narration du premier chapitre que dans le dialogue entre Monseigneur et son frère le marquis dans le chapitre final, c'est l'idée d'une régression historique, d'un retour aux temps mythiques.

Le début de *Promenade de la mort* correspond à l'annonce de l'embrasement du conflit et à l'angoisse qu'elle génère[5]. La première phrase du récit installe un porteur de mémoire, un narrateur témoin habitant le village, garant d'une histoire collective puisque l'annonce de la déclaration de guerre ébranle le monde entier : « Cela commença en même temps de différentes façons dans tous les endroits de la terre, mais là où j'étais témoin, ce fut un nommé Moutte qui nous apporta la nouvelle. » (*EV*, III, 289). Le début du récit, en prise avec l'événement, insiste sur les effets produits par l'imposition du couvre-feu : « Ce fut une extraordinaire nuit sur toute l'Europe. Il n'y avait plus aucun feu ni aucune lumière. C'était nouveau [...] C'était en réalité très ancien : la nuit reprenait ses vieilles habitudes d'avant l'invention du feu. » (290). Ou dans une variante : « Peut-on continuer à appeler civilisation cet ensemble d'efforts humains qui nous a amenés là où nous sommes, cette nuit semblable aux nuits d'avant l'invention du feu ? » (1233). Si l'annonce de la déclaration de guerre ravive pour beaucoup le souvenir du premier conflit mondial, une différence s'impose d'emblée dans l'esprit des personnages. Ramassés dans l'angoisse et invisibles dans la nuit, ils parlent à voix basse près des maisons aux fenêtres barricadées, ayant perdu tout espoir : « On ne pouvait pas vraiment s'imaginer que le jour allait de nouveau sortir d'un endroit pareil. On n'était pas sûr d'être encore vivant en novembre. Demain ne signifiait plus rien. On ne languissait plus du tout d'entrer dans l'avenir. » (296). Cette transformation essentielle est particulièrement explicite dans une des variantes du manuscrit : « De tous les coins de l'Europe, cette nuit-là beaucoup d'hommes retrouvèrent ainsi leurs souvenirs de la précédente guerre et se mirent à y penser en repartant vers les armées. On ne pouvait pas dire que c'était pareil, c'était tout à fait autre chose : un départ pour

5 « Plus de paix nulle part », lit-on dans une variante du manuscrit (*EV*, III, 1229).

on ne savait pas quoi. » (1233). L'espoir de retourner, vivace en 1914, fait place ici à un désarroi accentué par les ténèbres de la nuit. Un peu plus loin dans le récit cette différence est de nouveau marquée dans le dialogue entre le père Génin et sa sœur : « Il me semble que pour l'autre guerre ça n'était pas pareil [...]. » (341). L'attente anxieuse des hommes qui les renvoie au temps mythique « d'avant l'invention du feu » rappelle que la guerre qui vient d'éclater marque la fin des temps modernes : « Tout ce que l'on connaissait allait disparaître ; d'ailleurs cette guerre allait tout changer. C'est la première nuit de la civilisation (un mot commode) qui va remplacer celle qui nous a menés jusque-là. » (293).

LA PAROLE DU PROPHÈTE

« Quand la parole devient prophétique, ce n'est pas l'avenir qui est donné, c'est le présent qui est retiré et toute possibilité d'une présence ferme, stable et durable[6] », à l'opposé du cours ordinaire de la durée, rappelle Maurice Blanchot dans *Le Livre à venir*. Elle fait « de l'avenir qu'elle annonce et parce qu'elle l'annonce quelque chose d'impossible, qu'on ne saurait vivre et qui doit bouleverser toutes les données sûres de l'existence[7] ». Mêlée au fracas de l'Histoire, « il semble qu'elle soit liée à une interruption momentanée de l'histoire, à l'histoire devenue un instant l'impossibilité de l'histoire[8] ». Dans le texte de Giono, c'est au moyen des mythes anciens qu'elle parvient à se dire : « Le guetteur qui aperçoit dans l'aube les voiles de la flotte d'Agamemnon crie au-dessus de la ville : "Ça va finir ; ça arrive ; tout commence." » (*EV*, III, 293-294). La bouche allumée du poste de T.S.F. dans le petit atelier de mécanique de Joseph « est ouverte en trou mort comme la bouche des masques. Cette bouche qui parle pour tout le monde du haut des remparts de Thèbes pendant que le destin s'approche de la ville endormie » (292). Pour M. Roche l'instituteur cette bouche rappelle les masques en carton

6 Maurice Blanchot, *Le Livre à venir*, « la parole prophétique », Paris, Gallimard, « Idées », 1959, p. 118.

7 *Ibid.*

8 *Idem.*, p. 120.

« crevés d'une bouche violente » qu'il avait fait fabriquer un jour par ses élèves et le début du prologue de l'*Hécube* d'Euripide qu'il avait fait répéter à l'un d'entre eux quand celui-ci avait appliqué le masque sur son visage[9] : « *Je viens, quittant la caverne des morts et les portes des ténèbres où s'étend l'Adès loin des Dieux, moi Polydore, né de Hécube…* » (292).

Au début de la pièce d'Euripide, le fantôme de Polydore se montre en songe à sa mère Hécube, avant que son corps ne soit retrouvé sur le rivage, ce que sa mère considèrera plus tard comme un présage. Le trou mort qui fait entendre l'« énorme voix sans corps » (*EV*, III, 291) des mots d'ordre de la mobilisation générale et des discours patriotiques a donc revêtu l'ancien masque des grands tragiques grecs et c'est à travers leur voix que se dit la fin du monde moderne. On trouve dans la bouche de Monseigneur à la fin de *Promenade de la mort* une autre référence antique, à la Bible cette fois et à la violence du déluge qui engloutit tout : « Ils se sont précipités tête première dans le déluge. » (362). Monseigneur, qui tient à ce que « les plus grands se courbent sous [s]on saint ministère » (357), est un personnage qui par sa marginalité, sa parole libre et scandaleuse, subversive[10], rappelle les prophètes de la Bible : « C'était une sorte de vieux colosse entièrement brûlé et d'une maigreur très coupante. » (357). Son frère le surnomme d'ailleurs « le brochet des eaux de l'Église », émergeant « des saints abîmes avec une solide férocité » (358). Mais alors que les autorités ecclésiastiques lui défendent de parler ou d'écrire, il devient « lumineux » (363) par sa parole habitée qui déchiffre et révèle l'effondrement du monde moderne[11]. C'est ainsi qu'il prophétise : « Les temps viennent, les temps viennent […][12]. » (366).

> Ne vois-tu pas que les temps modernes sont finis ; que les temps nouveaux commencent ? On croit partir dans une guerre, on est dans les premières convulsions d'un changement de civilisation […] Depuis quatre ou cinq ans, tout chavire, tout chaloupe, tout s'affaisse, s'incline, se renverse, tombe ;

9 « La prophétie est une mimique vivante », explique encore Maurice Blanchot commentant les prophètes hébreux dans le *Livre à venir* (*idem*, p. 126).

10 Monseigneur qui d'après sa tante a jeté « la mitre aux orties » déclare par exemple : « J'ai souvent parlé du royaume des cieux et tout ce que j'ai à vous dire, c'est qu'à force d'en parler j'en suis arrivé à ne plus pouvoir vivre un jour de plus sans que ce royaume m'appartienne » (*EV*, III, 361).

11 La parole prophétique est une parole « hors norme » que le prophète « porte tout entier ». « Il déchiffre dans le présent ce qui (du futur) est déjà là. » (Sylvie Barnay, *La Parole habitée : les grandes voix du prophétisme*, Paris, Éditions Points, 2012, p. 27).

12 Cette expression est fréquente dans les textes prophétiques de l'Ancien Testament. Voir par exemple Jérémie 30, 3 et Amos 8, 11.

> à chaque instant la terre nous manque sous les pieds, elle n'est plus que le halètement d'un abîme [...]. (*EV*, III, 375)

De nouveau l'accent est mis dans le texte sur la différence avec la première guerre mondiale : « Mais cette fois, je n'ai plus pitié, ce n'est pas un grand troupeau de malheureuses bêtes [...]. » (*EV*, III, 379), allusion claire au titre du roman de 1931. Monseigneur ne comprend pas en effet que les hommes aient pu déclarer la guerre qui va les déchirer et qui lui apparaît comme « une guerre fabriquée » (377), un « sommet de l'artifice », avec son matériel technologique sophistiqué. Il prédit qu'elle va s'achever de façon sauvage, primitive, pour « les derniers guerriers de cette apocalypse », que les « gourdins » finiront par remplacer les machines : « Ce qu'ils appellent la guerre, c'est la première tranchée de la grande colique. » (375). « Ça va être le plus formidable écobuage du monde », après quoi, comme dans un nouveau Moyen Age, de nouvelles forêts s'élèveront et réenchanteront le monde, où même « une table finira par s'arrondir encore au milieu de quelque blanc rassemblement » (376).

LES SIGNES DANS LE CIEL

L'aspect prophétique de *Promenade de la mort* est rendu plus sensible par l'écriture elle-même et la récurrence de tout un réseau d'images. Les signes dans le ciel, dans lequel surgissent des « choses terribles » (*EV*, III, 1232), comme dans les prophéties qui annoncent la fin des temps, indiquent qu'une « chose nouvelle [vient] de commencer ». Comme nous l'avons vu, la présence impérieuse de la nuit marque de son empreinte tout le début du récit. C'est une nuit de profondeur et de mystère où la terre s'éteint, une nuit d'attente, « extraordinaire ». L'incipit « C'était une nuit extraordinaire. » (*Q*, II, 416) de *Que ma joie demeure*, devient « Ce fut une extraordinaire nuit sur toute l'Europe. » (*EV*, III, 290). Mais à la différence de Jourdan, sollicité au début de *Que ma joie demeure* par la clarté inhabituelle et la pureté de la nuit, les habitants du village sont frappés dans *Promenade de la mort* par la profondeur de l'obscurité : « Il n'y avait plus aucun feu ni aucune lumière. » (*EV*, III, 290). Le texte lie ici étroitement l'angoisse des hommes aux éléments cosmiques et prend nettement une tonalité apocalyptique : « La terre tomba comme une lie et le déroulement noir des horizons se mit à tourner sous le clair d'étoiles. » (291[13]). La descente menaçante des avions fait craindre partout les bombardements ou le lâcher des gaz asphyxiants. Ainsi la guerre est toute entière placée sous le signe des oiseaux, ici métaphore des avions de combat : « la guerre qui allait se déclarer, tout le monde la voyait, pendant cette première nuit, comme un immense lâcher d'oiseaux » (294), « éléments magiques », « anges carbonisés, raidis ailes ouvertes, s'écroulant de la hauteur du ciel », regroupés en « nids d'avions partout dans l'Europe », anges de la mort qui menacent leurs proies « le bec en avant » (variante, 1228[14]). Le manuscrit du premier chapitre se terminait originairement sur l'image d'un avion abattu : « Ici, dans la nuit, il y avait un ange noir entièrement carbonisé. Il portait ses ailes rejetées derrière son dos comme un manteau de cavalier. Son corps couvrait la moitié des étoiles. » (1235). L'expression rappelle ici l'Apocalypse et le thème de la chute des anges[15]. La terre se « redivinis[e] en effet sous la menace de ces oiseaux enchantés qui vont poursuivre leurs attaques "jusqu'au moment où la mort elle-même installer[a] de nouveau sur la terre le vieux théâtre des dieux, dans la brume imperceptible qui flotte au-dessus des massacres" » (294). Messagers de mort, leur action se poursuit encore au-delà de leurs frappes qui écrasent tout. Par « le plus étrange des enchantements » (295), ils empoisonnent l'air de leurs gaz asphyxiants qui tombent « lentement comme de longs fantômes translucides ». Ainsi, dans le premier chapitre du récit, les motifs de la nuit et des étoiles, « extraordinairement piquantes et grosses comme des châtaignes sur l'arbre » (291), entrent fortement en résonance avec ceux des anges et des oiseaux[16].

---

13 La nuit est un motif essentiel de l'imaginaire gionien. Dans *Noé*, l'écrivain évoque, avec les personnages de *Noces*, la menace d'une nuit « pour tout le reste du temps », une nuit « où tout est possible ! » (*Noé*, III, 859).

14 La métaphore de l'avion oiseau, systématisée dans « Promenade de la mort » était annoncée dans certaines comparaisons de *Le Grand Troupeau*. Par exemple : « Quatre avions à croix noire sortent des nuages. Ils descendent comme des hirondelles jusqu'à raser la terre avec leurs ventres. Ils tirent à la mitrailleuse quelques coups comme des claquements de bec. » *GT*, I, 710).

15 Voir par exemple Apocalypse 12,4 : la queue du dragon « entraînait le tiers des étoiles du ciel » (trad. Segond).

16 Le motif des oiseaux est l'objet d'un riche développement dans le texte de *Promenade de la mort*. En témoigne aussi ce passage d'un Carnet préparatoire où Giono fait part d'écrire « le poème des oiseaux » : « Quand je vois que le nouveau pain du monde va être pétri en mélangeant à notre poussière la poussière des nations / Je sens dans mon sang des colères, des rages, des joies, des tristesses et des désespoirs d'oiseaux. / Mon désespoir, c'est le poème des oiseaux. » (*Notice* de *L'Eau vive*, *EV*, p. 1169).

Si Giono adopte souvent un ton prophétique ou des images qui rappellent parfois les grandes visions apocalyptiques, la régression historique, le renouveau des temps qu'il imagine, se heurtent comme nous l'avons déjà dit à la réalité de la guerre. Comme l'écrit Jacques Chabot, « [l]a nuit des temps est un déni de réalité présente et un refus de toute la civilisation moderne et de son histoire[17] ». La parole prophétique, portée par une attente, ouvre toutefois sur un espoir comme le montre l'image finale du lâcher de l'oiseau, un rollier trouvé sur la tombe du père Génin et soigné par la Bioque qui se prénomme en réalité Blanche. « Je le ferai revivre » avait-elle simplement dit (*EV*, III, 364). C'est le nom de Blanche qui est marqué au poinçon sur la bague fixée à la patte de l'oiseau à la fin du récit : « Un très beau nom pour ceux qui attendent un monde blanc », dit Monseigneur (379). « Quand tout est impossible, quand l'avenir brûlé au feu, brûle, quand il n'y a plus de séjour qu'au pays de minuit, alors la parole prophétique qui dit l'avenir impossible, dit aussi le “pourtant” qui brise l'impossible et restaure le temps[18] », écrit de son côté Maurice Blanchot. Le geste du lâcher de l'oiseau redouble la parole à la fin du récit de Giono, porteur d'un possible espoir.

LE REPLI DANS L'IMAGINAIRE

Le motif des oiseaux réinvestit d'ailleurs le texte dans les deux derniers chapitres du récit, opposant aux oiseaux de mort du premier chapitre une vision plus salutaire. En même temps, à travers le dialogue des deux aristocrates, Giono campe le retrait tout intérieur de l'individu face au déchaînement extérieur de la violence. Le monde neuf qu'il appelle de ses vœux prend alors un tout autre visage. Monseigneur est un singulier prophète en ce que son message n'est dévoilé qu'à son frère, le marquis, « un petit vieillard blanc » (*EV*, III, 301[19]), qui a la passion des oiseaux qu'il collectionne et empaille : « C'est du verre de couleur sur lequel Dieu a marché » dit-il à la Bioque ; « Dieu ne cesse jamais de travailler dans les oiseaux. » (304). L'esprit des hommes est d'ailleurs selon lui

17 Jacques Chabot, « Mémoire de la nuit des temps, *Giono : la mémoire à l'œuvre*, Presses Universitaires du Mirail, 2009, p. 251.

18 Blanchot, *Le Livre à venir*, *op. cit.*, p. 120.

19 La blancheur est aussi une marque du marquis : il salue la Bioque de « sa main blanche » (*EV*, III, 301), parle d'une « voix blanche », est désigné comme « l'oncle blanc » (302).

semblable à « des volières d'oiseaux », en ce que sous l'effet d'une passion, « nous avons immédiatement la tête pleine de couleurs, pleine de naissance d'oiseaux ». Les personnages du marquis et de Monseigneur s'aventurent dans un univers intérieur qui les emporte loin du fracas de la guerre. Monseigneur justifie ainsi le plaisir de plus en plus vif que son frère prend avec ses « armées d'oiseaux » (373) : « Ne sens-tu pas qu'une aile, une plume nouvelle, tout ce que tu découvres alors dans les gésiers, ces petits bouts de papier où tu écris le poème des oiseaux te transportent à travers toutes les batailles du monde ? » (360). Les espaces intérieurs qu'ils enchantent, leurs forêts profondes, restent « invisibles aux autres » (372) qui les prennent pour de vieux fous : « Il n'y en a pas beaucoup, non plus, vieux frère, pour mettre comme toi tout l'espoir de leur vie à acquérir les vraies gloires du monde : la connaissance des oiseaux, des passions, ou n'importe quel secret de la création. » (362). Le repli dans l'imaginaire devient ainsi pour ces « *condottieri* de rêve » (374), occupés de « merveilles intérieures », le seul refuge face à la folie meurtrière des hommes, d'où l'image de l'arche qui permet d'échapper au déluge : « C'est pourquoi aujourd'hui, 3 septembre 1939, nous sommes seuls, toi et moi, à déambuler paisiblement sur les hauteurs avec nos petites arches de Noé dont personne ne veut. » (362). Le texte de la Genèse, auquel Monseigneur se réfère explicitement[20], inscrit l'image de l'arche comme symbole du retrait de l'artiste face au désespoir engendré par la crise de l'Histoire et l'effondrement du monde.

> Frère, il s'agit là d'autre chose que d'un charpentier démerdard. Ce n'est pas ici la Chanson de Roland du système D. C'est l'arche, dont il a été dit : « La fin de toute chair est venue devant moi. Car la terre est pleine de violence. Je vais les détruire ainsi que la terre. Fais-toi une arche de bois résineux. » (*EV*, III, 360)

« Il n'y a pas deux arches de Noé, il n'y en a qu'une » (*EV*, III, 379), dit encore Monseigneur au moment où il lâche l'oiseau bagué comme Noé la colombe, dans l'espoir qu'il revienne « ou bien qu'il disparaisse » ! Ne nous y trompons pas toutefois. Il ne s'agit pas pour Giono en reprenant l'image de la colombe, devenue ici rollier, de faire preuve d'angélisme ; « le colombier sent le fauve » remarque Monseigneur (365), qui précise ; « Tes oiseaux, mon vieux frère, sont déjà des oiseaux apocalyptiques »,

20 Genèse 6, 13-14.

annonciateurs cruels de la vengeance divine[21] ! Quant à l'odeur « terrible » de la fiente des chauve-souris, elle transforme le château en une « porcherie héroïque » (364) qui convient tout à fait à des aristocrates qui savent « trouver des raisons individuelles de grandeur » (378). Elle devient même « leur blason odorant », comme si elle proclamait leurs noms « à la porte d'un tournoi » (364) ! reprenant le motif de la chute des anges mais pour un tout autre usage, Monseigneur l'applique de façon singulière et quelque peu sacrilège à la fiente des chauve-souris : « cela sent l'ange rebelle » (365) ! Quant à ces créatures « foudroyées », « aux ailes de peau », avec « leurs dents pointues comme des aiguilles », elles apparaissent résolument comme des anges féroces.

LA BATAILLE

Les deux aristocrates de *Promenade de la mort* revendiquent par ailleurs hautement le souvenir héroïque de la chronique familiale incarnée dans un tableau qui représente la bataille où Chéri de R. d'A..., leur ancêtre, surnommé « le sanglier de Pistoie » (*EV*, III, 367), en raison d'un « effroyable fumet de bête fauve » a vengé sa sœur Éléonore, dont la Bioque a dégagé le visage en le nettoyant. Ce tableau de Thaddeus Zuccharo ne représente pas une simple bataille mais « LA BATAILLE », celle des passions individuelles poussées jusqu'à leur paroxysme, passions qui animent aussi le jeune comte parti la veille pour la guerre. « Celui-là aussi est sur la piste [...]. » (366), même s'il cherche encore « ses raisons de vivre. » (372). Loin de la médiocrité des hommes, il est lui aussi de cette race altière des *condottieri* ou conducteurs. C'est du moins ce que prédit Monseigneur en tenant compte de la « passion féroce » et de la violence qu'il porte en lui (369). Comme ces chefs de mercenaires superbes et farouches, il affiche ostensiblement sa singularité, par exemple quand il part à la chasse revêtu d'un casque qui lui donne l'air d'un guerrier de la Renaissance. Alors qu'il en a fourni un semblable à son ami Chon, il se révèle déjà un conducteur d'hommes. Chon ne peut faire en effet qu'un « étrange soldat » : « [...] cela ne fait pas du tout penser à la

21 Il est peu question des oiseaux dans l'Apocalypse sinon pour évoquer « le grand festin de Dieu » auquel sont conviés « tous les oiseaux qui vol[ent] par le milieu du ciel » afin de « manger la chair des rois, la chair des chefs militaires, la chair des puissants, la chair des chevaux et de ceux qui les montent, la chair de tous, libres et esclaves, petits et grands. » (Apocalypse 19, 17-18).

mobilisation générale, à l'armée de quelqu'un ou à l'armée de quelque chose. Cela donne seulement l'idée d'un pouvoir et d'une force à la fois personnelle et immense [...]. » (373). Loin de ressembler à la plupart des hommes qui esquivent « l'obligation de grandeur », à la recherche de « petits trucs pour vivre » (378), le comte trouvera lui aussi dans le cœur, comme ses ancêtres, l'instrument « qui rend la vie grande ». Ce sont là désormais les batailles des condottieri. Comme l'écrit Jean-François Durand, « [l]a seule façon de préserver l'héroïsme dans une époque sans héros, c'est de le transposer dans l'univers intérieur de la création, dans l'espace profond et réenchanté du cœur[22] ».

En poursuivant sur le plan romanesque la réflexion menée dans les essais d'avant-guerre et en annonçant la fin des temps modernes, Giono confère au texte de *Promenade de la mort* une dimension prophétique. Le narrateur se fait le messager du malheur en liant étroitement l'angoisse générée par l'entrée en guerre aux éléments cosmiques dans une tonalité apocalyptique. Le personnage de Monseigneur perçoit par ailleurs dans la folie destructrice des hommes ce que va entraîner la guerre, « les premières convulsions d'un changement de civilisation » (*EV*, III, 375). Mais le message qu'il délivre ne s'adresse plus qu'à lui-même et à son frère, tous deux « *condottieri* de rêve » (374). Le texte est d'ailleurs marqué comme nous l'avons vu par des tensions et des ambivalences jusque dans le traitement des motifs et des images. Si l'abandon du projet de « Promenade de la mort », dont l'écriture était trop étroitement liée à l'actualité immédiate, marque l'échec du prophétisme gionien, la réponse que l'écrivain apporte à la crise de l'Histoire est désormais d'ordre esthétique.

Le texte de *Promenade de la mort* préfigure l'univers des *Chroniques romanesques* d'après-guerre[23], avec ses passions féroces, ses personnages de dynastes et d 'âmes fortes, et même dans le paysage que parcourt le père Génin sur sa charrette, quand la mort « se promène avec [lui]

22 Jean-François Durand, *Les Métamorphoses de l'artiste : l'esthétique de Jean Giono de Naissance de l'Odyssée à L'Iris de Suse*, Aix-en-Provence, Publications de l'Université de Provence, 2000, p. 200.

23 Le mot *chronique* est d'ailleurs utilisé dans *Promenade de la mort* pour évoquer la famille du marquis et de Monseigneur et le rictus qui les caractérise : « La gueule de brochet, comme disent les chroniques. » (*EV*, III, 358). Deux des épigraphes prévues pour *La Chute de Constantinople* étaient par ailleurs extraites des œuvres de deux chroniqueurs du Moyen Âge, Villehardouin et Robert de Clari.

dans le pays[24] » (*EV*, III, 320), la nature malade du *Hussard sur le toit*. La lumière ayant usé toutes les couleurs, il ne reste plus en effet « qu'un blanc de craie écrasé partout » (*HT*, IV 325) : « Le ciel et la terre étaient comme de la farine. » (326).

Le récit de *Promenade de la mort* amorce ainsi un tournant dans l'écriture gionienne. En prônant le retrait dans l'imaginaire, il atteste que le romancier a déserté l'Histoire pour s'engager vers des voies poétiques nouvelles et dire avant tout LA BATAILLE de l'écrivain aux prises avec sa création.

Jean-Paul PILORGET
Université Paris 3
Lycée Blaise Pascal d'Orsay

24 Le regard du père Génin est obscurci par une « mouche » qui lui fait penser à « une faux qui aurait passé sur les choses » avant de tout faire disparaître (*EV*, III, 318).

QU'EST-CE QUI CHERCHE À SE RÉVÉLER DANS *PROMENADE DE LA MORT* DE JEAN GIONO ?

En hommage à Armand Robin.

Αὐτοὶ γὰρ ἀκριβῶς οἴδατε ὅτι ἡμέρα
κυρίου ὡς
κλέπτης ἐν νυκτὶ οὕτως ἔρχεται.
I Thessaloniciens, 5, 2[1].

Essayons de prendre au pied de la lettre la question qui forme le titre de cette contribution : qu'est-ce qui *cherche à* se révéler, à se dire, dans ce texte écrit par Giono, comme tant d'autres, dans un moment de profond désarroi où il est plus qu'incertain s'il savait vraiment ce qu'il voulait dire et faire ? Quelque chose – que le premier mot du texte désigne sans le nommer : *cela* – cherche à se dire, cherche son chemin à travers une parole quelque peu déracinée, errante ; se promène, si l'on veut, au rythme d'une narration qui ne trouve elle-même son propre rythme qu'à partir du moment où elle épouse le mouvement d'une authentique promenade à travers un pays progressivement vidé de ses habitants, et où, épousant ce mouvement, elle s'approche du point mouvant où, se libérant de son attache au sujet vivant qui lui servait de prétexte, elle devient véritablement « promenade de la mort », promenade d'une parole qui n'a d'autre *affaire* avec les vivants que de leur signifier un congé aussi ironique qu'inconfortable, comme le suggère, pour finir, le lâcher de l'oiseau bagué sur la tombe du Père. Qu'est-ce donc, *cela* ?

1 « Car vous savez bien vous-mêmes que le jour du Seigneur viendra comme un voleur dans la nuit. » (Première lettre de l'apôtre Paul aux habitants de Thessalonique incluse dans le Nouveau Testament sous la référence 1 Thessaloniciens, chapitre 5, verset 2. Traduction Segond).

MASQUE TRAGIQUE ET VOIX PROPHÉTIQUE

Écartons d'emblée que ce soit seulement l'affaire de Giono avec lui-même, aux prises avec les difficultés qui furent les siennes, dès le début de sa carrière sans doute, mais surtout à partir de la parution de *Que ma joie demeure*, parmi lesquelles celle de conjuguer avec les temps du verbe (être, vivre, aimer) les modalités d'une vie qui se partageait difficilement entre l'écriture, la relation aux autres et l'action. Admettons plutôt que *cela* soit, par-delà le divorce établi par l'acte d'écrire entre l'homme et lui-même, *l'affaire par excellence* (comme dirait Péguy[2]) de l'homme pris dans sa dimension d'habitant du monde et mis en question par quelque chose qui, sous le masque de la guerre, menace de contaminer, bien au-delà du champ de bataille ou du théâtre de la guerre, le monde entier des choses et des êtres et le lieu de la paix : le *cosmos*. Affaire de prophète, donc, ou, si l'on préfère (et malgré la différence des genres), affaire apocalyptique, où ce qui serait en cause ne serait plus la guerre, mais la *différence* elle-même, qui fonde la possibilité d'une paix qui ne soit pas la guerre déguisée en son contraire : la guerre dévoilée, révélée dans son essence, dans ce qui la constitue essentiellement, derrière les apparences qui la font ressembler si exactement à son contraire. Mais affaire, surtout, où il importe bien peu de savoir ce que l'auteur voulait exactement dire ou faire, le texte ayant été comme abandonné à lui-même, voué au destin paradoxal d'avoir à prendre part à un futur déjà passé, déjà perdu, comme le dit la formule de présentation mise en tête de ce récit (couplé avec un autre récit lui aussi abandonné). Formule on ne peut plus étrange et dérisoire, venant couronner toute une série d'essais et de romans censés s'inscrire dans le temps de l'histoire[3] la plus immédiate, au fur et à mesure d'une action destinée à empêcher la guerre, une guerre de plus en plus nettement identifiée à l'histoire ; à empêcher, donc, l'histoire elle-même de se poursuivre et par son développement inéluctable dans la guerre, toute action ayant pour principe

2 Charles Péguy, *Notre jeunesse*, *Œuvres en prose complètes*, t III, Paris, Gallimard, « Bibl. de la Pléiade », 1992, p. 85.

3 *Cf.* la première partie de notre thèse, *Jean Giono : le non-lieu imaginaire de la guerre*, Paris, Eurédit, 2016.

et moteur la paix : « Les deux textes suivants : *Promenade de la mort et départ de l'oiseau bagué le 4 septembre 1939* et *Description de Marseille le 16 octobre 1939* sont extraits d'un roman intitulé *Chute de Constantinople* qui paraîtra en son entier plus tard. » (*EV*, III, 289).

L'auteur, Giono, joue avec les mots d'un texte qu'il peut avoir écrit, comme celui de *Que ma joie demeure*. Il sait qu'il n'en est responsable que partiellement, parce qu'au-delà ou en deçà des textes écrits, il y a un méta-texte, plus ou moins imaginaire, dont l'écrivain ne peut, comme Jourdan déchiffrant ses lettres de lumière, que mimer ou imaginer la lecture, sans pouvoir en arrêter définitivement l'écriture – en attendant de pouvoir, comme par ruse, s'emparer de ce qui en lui dit vraiment quelque chose. L'acte prophétique est au cœur de ce jeu qu'est le travail de l'écriture, à la fois involontaire et prémédité. Toute l'écriture de Giono (du moins du Giono pris au piège de histoire, entre 1935 et 1944) est secrètement travaillée par ce tiraillement entre une parole qui se voudrait décisive (elle n'aura pas lieu, la guerre qui pourtant est là – et le prophète n'est-il pas celui qui proclame la désertion du camp des hommes par un dieu qui se réserve une autre victoire, dans une autre bataille, « La Bataille » ?) et l'indécision qui demeure, au cœur de toute parole, pour réserver la possibilité d'une décision. Ici, dans « Promenade », c'est une phrase de *Que ma joie demeure* qui advient curieusement déguisée : « C'était une nuit extraordinaire. Ce fut une extraordinaire nuit sur toute l'Europe. » (*EV*, III, 290).

Temps du verbe, place de l'adjectif, détermination d'un lieu, tout, dans le retour de ces mots, danse et joue avec le sens. La nuit qui avait fait apparaître Bobi sur le plateau Grémone, à l'écart de toute histoire et de toute géographie, entre brusquement dans l'entonnoir du temps réel, et si elle *demeure* extraordinaire, cette nuit, ce caractère prend un sens tout différent de celui qu'il pouvait avoir au moment où Jourdan, attelant son cheval à la charrue, allait au-devant de son propre rêve. Ici, un narrateur localisé se veut le témoin d'un événement qui, tout en ayant lieu partout en même temps, semble avoir besoin de la médiation d'une voix humaine pour s'annoncer comme une « nouvelle » (*EV*, III, 289), et c'est le mot *mobilisation* qui va d'abord retentir par la bouche de cet homme peut-être bien nommé, Moutte (le muet ?), qui crie comme un sourd, sans s'adresser à personne en particulier, peut-être mû par une violente angoisse, comme dans le tableau de Munch, ou répétant mécaniquement, comme une marionnette, une parole *dictée*.

À côté du narrateur, l'autre témoin, double du narrateur, n'est là, sans doute, que pour son nom, Abbolenus, dont la résonance biblique ne doit pas masquer l'origine germanique et qui désigne, déjà, *le père*. Mais est-ce bien cette nuit que veut annoncer cet homme qui, mettant « ses mains en cornet devant sa bouche » (*EV*, III, 290), crie, presque littéralement, dans le désert ? Ou n'est-il là, devant le silence qui s'installe avec la nuit sur la terre, que pour représenter, avec ses habits « du dimanche », l'ordre dérisoire auquel rien ne répond dans les profondeurs d'un monde secrètement travaillé par une autre puissance, elle invisible, silencieuse ? Le mot *extraordinaire*, qui arrive ensuite, doit être pris au sens d'une rupture, d'une sortie brusque et irréversible de l'ordre auquel la parole proférée s'efforce en vain de donner voix : la vraie nouvelle vient tout doucement, comme une voleuse, reprenant « ses vieilles habitudes d'avant l'invention du feu », pour envahir « avec sa lenteur géante » l'espace soudain désinvesti des nations bientôt plongées dans l'ombre où s'abolissent les frontières et en faire de « vastes pays » rendus à leur ancienne sauvagerie.

L'étrange, c'est que les hommes, dans cette nuit avec laquelle ils semblent vouloir se confondre, puisque après avoir « bouché les fenêtres » (*EV*, III, 291), ils éteignent tout « avant d'ouvrir les portes pour sortir » et, au lieu de s'éparpiller dans les « ténèbres », se rassemblent autour de l'unique point de lumière qui demeure allumé, celui du « cadran de la TSF », pour entendre « une énorme voix sans corps » qui, quand elle se met à parler, leur donne, tour à tour en français et en allemand, des « nouvelles » de la guerre. Qu'en attendent-ils exactement ? Rien, puisqu'elle n'a rien d'autre à dire que « ce que précisément on ne voulait pas entendre ». Est-ce là une voix prophétique ? Et alors, il semblerait que celle-ci, loin d'ouvrir sur le sens mystérieux de l'évènement, n'est là au contraire que pour manifester l'absence totale de sens, la nuit qui vient n'ayant pour parler d'elle, au lieu de la « bouche d'ombre » du poète, rien qu'une vaine « bouche allumée et ouverte en trou mort comme la bouche des masques ». Seul « monsieur Roche », l'instituteur que quelques brèves notations pourraient rapprocher du Jourdan de *Que ma joie demeure* si irrésistiblement attiré par Madame Hélène, semble trouver la force de s'éloigner du point lumineux et de « cette bouche qui parle pour tout le monde du haut des remparts de Thèbes pendant que le destin s'approche de la ville endormie », pour retrouver, dans le silence de la nuit, l'écho d'une parole lointaine qui paraît se retourner contre elle-même. C'est un souvenir qui lui révèle la *chose* étrange dont il s'agira en réalité de parler : celui d'un de ces « masques en carton » qu'il avait fait faire à ses élèves, et de leurs doigts « il était sorti [...] des visages ainsi crevés d'une bouche violente ». Troublant résultat qui donne à imaginer que ces enfants pourraient avoir partie liée avec ce qui, dans la tragédie d'Euripide, *Hécube*, monte du fond des ténèbres : « *Je viens, quittant la caverne des morts et les portes des ténèbres où s'étend l'Hadès loin des Dieux, moi, Polydore, né de Hécube...* » (292). Phrase que l'instituteur, bizarrement inspiré, s'était hâté de faire dire au « gosse » qui n'avait pu s'empêcher de s'appliquer un masque sur le visage, afin que, malgré cette « voix qu'ils ont pour réciter les fables de La Fontaine », apparût brusquement « le spectre même du petit enfant de reine assassiné par l'hôte étranger sur les rivages trékiens ».

Ce souvenir ouvre dans le présent de cette nuit, très ordinaire en un sens (même si c'est l'ordinaire d'une liturgie monstrueuse et barbare comme la civilisation qui *ordonne* la guerre, fait d'elle un ordre), la porte par où une autre nuit, vieille comme le monde, se faufile à la faveur du geste enfantin : une nuit littéralement extra-ordinaire dans laquelle les choses revêtent une apparence nouvelle, comme sur la scène d'un théâtre éclairé par une lumière étrangère au monde. C'est l'envers du masque, son côté intérieur, nécessairement caché sous et derrière le côté extérieur qu'on peut voir sur la hauteur des remparts (de Troie, de Thèbes, de Constantinople, peu importe) et qui, de là-haut annonce une guerre en réalité déjà présente dans l'imagination de tous. Dédoublement vaguement monstrueux dont Hugo s'était déjà avisé dans *Ce que dit la bouche d'ombre*, évoquant « le dedans du masque [qui] est encore la figure[4] », mais auquel Giono ajoute quelque chose, qu'il faut examiner ici d'un peu plus près, car cela nous dit quelque chose d'essentiel au sujet du travail de l'écrivain dont l'instituteur Roche est peut-être à ce moment le discret représentant :

> Quand le masque fut dégagé de tous ces visages de gosses qui l'essayèrent l'un après l'autre, M. Roche le prit dans ses mains et il regarda du côté en creux et du côté en relief. Du côté en relief il y avait cette apparence de visage humain, et tout de suite, avant qu'on en comprenne l'étrangeté des yeux vides

4 Victor Hugo, *Les Contemplations*, XXVI, 1855.

> et de la bouche violente, cela faisait penser à un être humain un peu pâle ; mais du côté en creux, c'était comme l'empreinte d'une force. Cela faisait penser à la force qui oblige les visages à être ce qu'ils sont. (*EV*, III, 292-293)

Si, pour Hugo, « le dedans du masque[5] » ne fait que répéter la « figure », il en va ici tout autrement, puisque d'un côté on ne voit qu'une « apparence de visage humain » (*EV*, III, 292) dont « l'étrangeté » se trouve précisément masquée par cette ressemblance « un peu pâle », tandis que « du côté en creux » se révèle aussitôt quelque chose qui fait penser à « la force qui oblige les visages à être ce qu'ils sont », et qui est « comme l'empreinte d'une force ». La dissociation de l'intérieur et de l'extérieur est totale, et l'on ne peut passer de l'un à l'autre : l'intérieur se dissimule derrière un extérieur qui ne fait que simuler une apparence qui empêche de voir « l'étrangeté des yeux vides et de la bouche violente » d'une figure qui est exactement le contraire d'un visage, comme si une autre force intervenait entre l'intérieur et l'extérieur pour empêcher précisément les visages d'être ce que la « force » du dedans les « oblige [...] à être ». N'est-ce pas là ce que le travail de l'écrivain devrait révéler ? C'est en tout cas bien ce que l'auteur de la *Lettre aux paysans* voulait signifier à ceux à qui il écrivait, en les flattant pour éveiller, ou tromper, l'imagination d'hommes simples tout à fait capables de cacher sous cette apparence humaine (un peu trop « cornélienne », donc théâtrale) l'étrangeté d'une violence capable de tout détruire, mais ruse, aussi, destinée à obliger à se manifester une force intérieure, différente de tout ce qui, sur la scène du monde, joue la comédie de la paix et de la guerre, la force même de la paix qui est le vrai visage de la terre :

> Vous avez tout le temps qu'il faut d'accumuler tous les bons arguments qui viendront de votre mauvais côté. N'en ayez pas honte ; au contraire, entassez-en le plus que vous pourrez. Donnez à votre mauvais côté une liberté totale. Vous êtes seul. Personne ne vous voit ; que vous-même. Cette lettre est faite, précisément pour que vous soyez debout devant vos propres yeux. Quand vous aurez gagné sur vous-même, aucune puissance au monde ne sera capable de vous faire perdre. (*Lettre aux paysans*, VII, 526)

Le lien entre les deux textes apparaît évident si l'on songe que le paysan auquel s'adresse la *Lettre aux paysans* se trouve aussi, au moment de la lire, à côté de son poste de TSF, en train de méditer sur des paroles

5 *Ibidem*.

de mensonge qui lui disent, comme dans « Promenade », « ce que précisément on ne voulait pas entendre » (*EV*, III, 292). Et si les hommes qu'on reverra un peu plus loin dans *Promenade* se laisser passivement embarquer pour une aventure dont tout laisse à penser qu'elle dépassera en horreur toutes les guerres précédentes, ont l'air de n'avoir aucune envie de s'opposer à l'ordre de mobilisation, il faut se souvenir que les paysans de la *Lettre*, eux non plus, n'avaient l'air de rien, qu'ils étaient « comme [s'ils ne projetaient] rien » (*Lettre aux paysans*, VII, 533), alors même que, « penchés sur [leurs] champs solitaires », ils avaient le cœur alourdi par « toute cette grande révolte paysanne » capable de tout détruire, si rien ne l'arrête. C'est d'ailleurs bien de cette « révolte » que, pour finir, Monseigneur parle à son frère, pour l'opposer à « cette guerre qu'ils croient avoir déclarée » :

> Ça va être le plus grand écobuage du monde, et à travers les cendres chaudes, l'enfance des nouvelles forêts crèvera le sol de lances vertes plus serrées que le blé dans les champs. Et ce sera l'ère des bois ténébreux, des routes sylvestres, des carrefours solitaires dans les chênaies, du silence où sonne le pas d'un lointain cheval. (*EV*, III, 376)

Comment ne pas penser à ces passages, si nombreux, de la *Lettre aux paysans* qui évoquent la violence que les paysans pourraient opposer à la guerre ? N'en citons qu'un, où l'image forestière est évidemment ce à quoi fait écho le texte précédent :

> Et cette forêt d'hommes que vous êtes et qui ombrage si délicieusement la terre, si vous la laissiez s'enflammer des flammes de la violence, non seulement elle dévorerait tout dans un incendie qui éclairerait de la mort les coins les plus secrets du monde, mais elle laisserait après elle des déserts où rien ne pourrait plus recommencer. (*Lettre aux paysans*, VII, 531)

Ces rapprochements (qu'il faut étendre à l'autre roman abandonné, *Les Fêtes de la mort*), dont Robert Ricatte, dans la notice de *Promenade*, comme Pierre Citron dans celle de la *Lettre*, tire argument pour souligner combien Giono confondait, dans cette période troublée, les plans du réel et de l'imaginaire romanesque), ne doivent pas nous servir seulement à comprendre pourquoi ces essais d'écriture intermédiaire entre le roman et l'histoire n'aboutirent finalement à aucune œuvre achevée. Sans doute est-on en droit de considérer que ces « œuvres rêvées, non écrites » (*EV*,

III, 1181), comme dit Ricatte, se sont brisées au contact de la réalité de l'histoire, qui imposait silence à Giono et l'obligeait à renoncer à ses rêves. D'où son choix de ne plus faire, désormais, que de la littérature et de n'être plus qu'un écrivain, un homme qui n'oppose au monde réel que ce que ses moyens d'écrivain peuvent lui opposer : des fictions, faites pour offrir aux hommes, à côté du monde réel, un autre monde, réel aussi à sa façon, mais dans lequel le moi peut se projeter, en bien, en mal, peu importe – par-delà bien et mal, par-delà vrai et faux –, et s'ouvrir à toutes les métamorphoses possibles.

SILENCE ET IRONIE PROPHÉTIQUE

L'autre hypothèse consiste à envisager ce silence de la parole à prétention prophétique ou apocalyptique, non pas comme un renoncement (« il ne faut renoncer à rien » [*VR*, VII, 150]) mais comme la continuation sur un autre mode d'une même politique, d'une même poétique – d'une stratégie qui se veut à la fois poétique et politique, faisant de l'écriture adossée au silence de la parole prophétique comme « le côté en relief » (*EV*, III, 293) d'un masque dont « le côté en creux », invisible, est « l'empreinte d'une force [qui] oblige les visages à être ce qu'ils sont ». Sans cette force, essentiellement muette, volontairement silencieuse, l'œuvre écrite ne serait qu'une « apparence de visage humain, un peu pâle » dont on ne pourrait comprendre « l'étrangeté des yeux vides et de la bouche violente », alors que la vérité est que cette œuvre renvoie d'abord le lecteur au silence d'une voix qui vient, au cœur de l'œuvre, doubler la voix audible du narrateur (voix narratrice, voix narrative, comme l'enseigne bien la critique la mieux autorisée) et se faire entendre en elle, sous la forme négative de ce qu'elle empêche d'entendre.

Et c'est bien cela qui est prophétique, d'une façon que la Bible confirme de la manière la plus troublante qui soit, si du moins on la lit autrement que comme un livre ordinaire, simplement religieux, c'est-à-dire univoque, comme André Neher nous invite à le faire dans un beau livre écrit en 1970 qu'on pourrait considérer, avec le recul de cinquante ans dont nous disposons aujourd'hui, comme un bel hommage à Jean Giono, *L'Exil de la parole*[6].

Dans ce livre, il nous est proposé de considérer « la création[7] » comme « silence » et même d'envisager « que le silence [soit] *la forme métaphysique du cosmos* », d'un cosmos qui, la plupart du temps, « ne présente à l'homme que la face éloquente de son être physique », mais dont une « autre face existe, en un revers *silencieux* qui, pour l'homme physique, est, lui aussi, littéralement métaphysique ». Ainsi, déjà, la création elle-même est une parole qui ne se laisse véritablement entendre que si, « pour éviter d'y *mal entendre* », on s'efforce aussi, en elle, d'« entendre le silence[8] ». Rien d'étonnant, alors, si la parole apparaît si souvent dans la Bible étrangement accolée, liée à, prolongée ou même dissimulée dans, ou encore pénétrée du silence. Parmi les nombreux exemples que fournit Neher, retenons ici celui de Job où la parole (même divine) se révèle si obstinément le masque d'un silence qui laisse cruellement la rhétorique accuser l'innocent :

> Les amis de Job parlent comme s'ils étaient les substituts de Dieu. [...] Structuralement, l'homme Job n'est plus ici, dans la solitude, en face d'un Dieu qui se tait, mais en face d'un Dieu qui tolère [...] que des hommes parlent à sa place.
>
> [...] Dieu a beau déclarer, tout à la fin du livre, que les amis ont tort et que Job a raison ; tant de rhétorique a été déployée entre les chapitres 3 et 38, durant un intervalle tellement long Job a dû lutter contre la tentation et l'illusion d'entendre la Voix de Dieu à travers celle des hommes, que lorsque retentit enfin la Voix divine, Job est soumis à la tentation inverse de rechercher la voix des hommes dans la Voix de Dieu[9].

Ailleurs, c'est Élie à qui Dieu fait comprendre que, derrière le vacarme d'une Parole destinée à réduire à néant les idoles muettes du mont Carmel, il fallait surtout entendre ce qu'un tel vacarme recouvrait, la vraie Parole qui est comme le silence d'un souffle d'air, tel qu'il se fera entendre au chapitre suivant, au mont Horeb (1 Rois 19).

---

6 *Cf.* Jacques Ellul, *La Parole humiliée*, Paris, Le Seuil, 1981. Jacques Ellul, *L'Espérance oubliée*, Paris, Gallimard, 1972 ; (rééd. La Table ronde, « Contretemps », 2004). Au début du chapitre 3 de ce livre, Ellul cite différents ouvrages auxquels il s'est référé dont celui d'André Neher, *L'Exil de la Parole*.

7 André Neher, *L'Exil de la parole : du silence biblique au silence d'Auschwitz*, Paris, Seuil, 1970, p. 13.

8 *Idem.*, p. 14.

9 *Idem*, p. 37.

Mais ce qui doit nous intéresser plus particulièrement, dans cette exploration stimulante à tous égards, c'est ce qu'un petit détour par l'étymologie des mots servant à désigner le silence dans la Bible permet à l'auteur de découvrir. Parmi les trois couples de mots qui montrent que le silence oscille constamment entre les deux pôles opposés d'un mutisme plus ou moins passif ou inerte et d'une parole qui choisit de ne pas se dire ou ne se dit vraiment qu'en se taisant, le dernier, qui met en vis à vis deux racines, *alâm* et *haster panim*, « pose le silence en neutralité ouverte », en sorte que « le silence est à la fois une gamme de probabilités infinies et une difficile mais nécessaire option ».

Selon nous, à travers *Promenade de la Mort*, Giono est passé d'un prophétisme qu'on pourrait dire parlant[10] à une attitude apparemment anti-prophétique, mais qui peut tout aussi bien s'assimiler à un prophétisme muet (dont, selon Neher, Jonas et Ézéchiel sont de bons exemples), correspondant à un moment de l'histoire où la parole se trouva confrontée à un double d'elle-même qui menaçait de l'annihiler et face auquel elle ne pouvait s'affirmer que dans le silence. Ce moment serait en même temps celui où, devant l'effacement ou le recul du religieux proprement dit, la littérature se serait trouvée sommée d'assumer le rôle désormais vacant du prophétisme religieux.

Il est frappant en effet de remarquer que l'image du masque se trouve appliquée, dans *Promenade de la mort*, à trois reprises, au poste de TSF. Une première fois, c'est Roche qui, en sortant de l'endroit où tout le monde se retrouve pour écouter cette « énorme voix sans corps » (*EV*, III, 291), qui devient ensuite « une bouche allumée et ouverte en trou mort comme la bouche des masques », se souvient des masques de ses élèves. Un peu plus loin, « étendu sur son lit de célibataire », l'instituteur se met à penser à une femme bien réelle en regardant, pendu à son mur, « ce masque » qui lui représente « la violence de la passion », celle même d'Électre, avec son « visage de bête », « ce visage troué, crevé par l'extraordinaire sensualité de ce qu'il désire, sans yeux, sans lèvres et sans langue », « quand elle aboie à voix basse, frappe, frappe ». Image assurément effrayante, mais qui l'est surtout par ce qu'elle a d'attirant, concernant cette femme bien réelle, « Mme de

10 Albert Camus, « *Lettre aux paysans sur la pauvreté et la paix*, par Jean Giono » *Alger Républicain*, 3 janvier 1939, O.C. T. 1, Paris, Gallimard, « Bibl. de la Pléiade », 2006, p. 809.

Saint-Julien », que l'instituteur imagine ennuyant « là-bas dans ses ormeaux centenaires, dans ses corbeaux que le vent écrasait contre les vitres », pour s'avouer bientôt, par un « oui, mais » très éloquent, que « c'était terrible ». Quoi ? Cela même qu'il imaginait : « [...] ces lueurs d'argile humide qui coulaient dans la coiffure à la catogan, un peu lourde, retombant sur des épaules de mésange et ces yeux verts comme la mousse [...]. » Mais là-dessus la pensée de la guerre qui « allait tout changer » introduit un changement complet de plan, puisque on voit revenir l'image de « la nuit », à présent associée au mot « civilisation », sans que change le décor de remparts et de guetteur apercevant « dans l'aube les voiles de la flotte d'Agamemnon » et criant « au-dessus de la ville : ça va finir ; ça arrive ; tout commence » (*EV*, III, 293). Et à nouveau s'opère l'assimilation de cette bouche qui crie avec « ce visage d'acajou mort et cette bouche vide et violente de l'appareil de TSF ».

Puis la figure d'Électre, qui « passe avec son extraordinaire lenteur de folle sur les chemins entre les labourages fumants » (*EV*, III, 294), ramène celle de « Mme de Saint-Julien », tout aussi inquiétante quand « on la voit passer pas à pas, haletante comme une renarde enragée », avec un visage « imputrescible » (comme celui de l'enfant masqué plus haut évoqué, lequel est précisément ce que veut « le destin ») et « cette bouche large ouverte dont l'ombre est sanglante ». Aussitôt revient l'assimilation au poste de radio : « Quand on avait allumé l'appareil de TSF chez Joseph la bouche s'était ouverte. Tout le monde avait ainsi un masque tragique particulier pendu chez soi ; un trou mort par lequel à chaque instant pouvait passer le destin. »

Nous avons un peu longuement cité le texte pour faire nettement apparaître le glissement qui s'opère d'un plan à l'autre : celui de l'histoire immédiate et celui de la narration proprement romanesque. Il est évident que Giono s'efforce là de faire entrer l'une dans l'autre, coïncider deux dimensions temporelles en principe hétérogènes l'une à l'autre, ce que confirme la référence à Don Quichotte et à Morgane passant « sous le ventre de Rossinante » (*EV*, III, 294) et continuant à « enchanter les temps », ceux que précisément la parution de « la première partie de *Don Quichotte* [...] à Madrid en 1605 » avait « suffi, disait-on, [... à] désenchanter ». Peu importe (nous en avons pris le parti en entrant dans cette réflexion) ce que l'auteur Giono voulait exactement dire par là, car il est très incertain s'il voulait vraiment dire quelque chose. Seul nous importe de comprendre ce qui, là, « cherche à se dire », cherche à se révéler, silencieusement. Un changement qui concerne « les temps », assurément. Quels temps, exactement ? Les temps modernes, d'un côté, et les temps d'avant et d'après, qui sont les mêmes, revenant de part et d'autre des temps modernes, « par dessous Rossinante », c'est-à-dire par là même où les temps modernes se croyaient assurés de ne plus jamais voir « la forêt de Brocéliande [...] se planter sur la terre » (*EV*, III, 295).

Curieuse perspective (plan vraiment cavalier, pour reprendre une expression chère à Giono) que cette inversion du travail de désenchantement qu'on n'a pas vraiment l'habitude de voir opérer dans le sens que Giono nous propose, faisant du lieu même de la guerre moderne (la plus désenchantée qui soit) le lieu d'un ré enchantement synonyme d'un retour (dira pour finir Monseigneur) aux temps des *Robins* et des *Condottieri*, où l'on ne se battra plus « avec des machines » (*EV*, III, 375) mais avec des bâtons et où les hommes, « les derniers, un contre un, se déchireront comme des loups dans la nuit des corridors forestiers ». Mais peu importe, encore une fois, ce que veut dire Giono, exactement. Car ce n'est pas là que se situe le caractère prophétique, mais dans ce qu'il entrevoit, comme malgré lui, à travers la vision de Roche, voyant, sur le mur de sa chambre, ce masque avec son « trou mort par lequel à chaque instant pouvait parler le destin » (*EV*, III, 294).

Le masque tragique, en effet, renvoie au silence de ce qui, dans le corps d'un être vivant, peut se mettre en mouvement, avec une force qui oblige à être ce qu'on est. Chose terrible, assurément, au sens où le chœur d'*Antigone* dit que l'homme est la plus terrible des choses parmi tout ce qui existe, *deïnov ti.* Et alors, oui, le destin est bien cette terrible tension qui écartèle l'homme et lui fait endurer « le poids du ciel » comme une joie qui est en même temps une terrible souffrance. Mais encore faut-il qu'entre les deux côtés du masque, en relief et en creux, s'établisse un jeu qui est précisément le jeu du silence et de la parole et qui est aussi le dialogue par lequel l'homme libre se confronte avec un ordre à lui étranger, dans lequel le silence prophétique dit ce qui est indicible, dit ce que Dieu veut dire à l'homme et qu'il ne peut lui dire qu'autant que celui-ci accepte d'entendre dans sa propre parole autre chose qu'une parole d'homme qui pourrait être dite en même temps à tout le monde.

GIONO, ARMAND ROBIN ET BERNANOS VISIONNAIRES DU TOTALITARISME MODERNE

Or, c'est bien ce silence que menace la parole radiophonique, ce masque à jamais séparé de toute intériorité, cette voix dont les propagandes, dira Armand Robin, « sont justement celles qui échappent le plus ironiquement aux propagandistes, [parce qu'elles] acquièrent une permanence, une constance, voire une substance telles qu'il est bientôt de toute évidence inutile qu'intervienne un cerveau humain pour les maintenir ou les remettre en circulation, [en sorte que] si le dictateur possédait selon son rêve l'univers entier inconditionnellement, il établirait un gigantesque bavardage permanent où en réalité nul n'entendrait plus qu'un effrayant silence[11] ». Il s'agit là bien d'une sorte d'enchantement, en effet, « quelque chose de fascinant, d'ensorcelant, dit Robin, car

> dans ce surgissement d'un non-langage, il y a comme la promesse d'une nouvelle façon d'être, laquelle, tel le vide, attire et fait chuter ; si affreux que cela puisse paraître, nous irions jusqu'à dire qu'à des millions et des millions d'hommes, cette biblique extermination du langage peut apparaître comme un repos inespéré, comme la Terre Promise ; le silence totalitaire, parfaitement réalisé sous forme de fausse parole imposée à toutes les lèvres, a ses chances de réussir à hypnotiser une humanité harassée[12].

Vision qui confirme bien le caractère prophétique de ce qui, dans les tâtonnements narratifs de *Promenade de la Mort*, se cherche à l'autre bout de la planète. Un autre romancier-prophète, Georges Bernanos, voyait à peu près la même chose, comme l'atteste un texte que Giono ne pouvait avoir lu, puisqu'il ne fut publié qu'après la guerre :

> Nous avons fini par mettre au point l'appareil de TSF fourni par un Syrien. [...] L'espace est plein maintenant de cette vermine, une seule bouche à Londres, à New-York, à Paris, une seule bouche appuyée contre le microphone, [...] l'espace se remplit de haut en bas, [...] le ciel grouille de voix comme un cadavre d'asticots. [...] on trouvera bien le moyen de supprimer vos postes électriques, les voix comme l'aigrette électrique un jour d'orage, se poseront

11 Armand Robin, *La Fausse parole* [Minuit, 1953], Paris, le Temps qu'il fait, 1979, p. 50-51.
12 *Ibidem.*

> partout, [...] la moindre rupture d'équilibre déchaînera des tonnerres. [...] Et puis après ? Hé bien, imbéciles, vous connaîtrez encore une autre musique, ils inventeront de vous tuer par le bruit, comme ils vous tuent déjà par les gaz[13].

Nous avons déjà eu l'occasion de signaler combien pouvaient se rapprocher, malgré leur apparent éloignement, les deux anciens combattants romanciers à vocation prophétique que sont Bernanos et Giono[14], mais il faut y insister, car il ne s'agit pas de simples rencontres ou d'emprunts passagers, mais bien d'une profonde affinité, très importante quand il s'agit de cerner le problème du prophétisme littéraire, inséparable du thème de la propagande comme expression réelle de ce qu'on appelle le totalitarisme, sans toujours très bien savoir de quoi l'on parle alors exactement. Il est bien certain qu'en ce moment crucial qui va de 1938 à 1945, sans se concerter ni se rencontrer (sauf une fois, comme le prétend Giono dans un entretien avec Jean Carrière), et malgré de profondes différences à la fois idéologiques et de tempérament, les deux auteurs partagent si intimement la même conviction et la même horreur qu'on est en droit de parler d'une commune vocation prophétique. C'est pourquoi nous nous permettons de citer encore ce long passage du livre de Bernanos que, nous le soulignons, Giono ne pouvait absolument pas avoir lu quand il écrivait *Promenade de la mort* :

> Quoi ! Depuis cinquante ans, il n'est pas une découverte de la science qui n'ait finalement servi la guerre, et lorsque à l'autre bout du monde vous vous jugez, momentanément au moins, à l'abri de toute entreprise de l'ennemi, voilà que vous apprenez brusquement que sa voix, sa propre voix, est quelque part dans l'air auprès de vous, jour et nuit, [...] que rien ne vous défend d'elle qu'un petit assemblage de pièces d'horlogerie, [...] et cette surprenante nouvelle ne vous émeut nullement, vous trouvez la plaisanterie excellente ? Hé bien, cette voix-là, demain, vous l'entendrez malgré vous. Vous entendrez le maître et, pourquoi pas ? vous le verrez aussi. [...] à ce moment, il y aura déjà belle lurette que vous serez devenus trop lâches pour vous tuer, chiens[15] !

Et pour qu'on sente bien que ce prophétisme-là a un rapport étroit avec ce qu'on appelle la sensibilité romanesque :

---

13 Georges Bernanos, *Les Enfants humiliés*, Paris, Gallimard, 1949 (écrit en 1939-1940), p. 239-240.

14 *Cf.* Edouard Schalchli, *Jean Giono : le non-lieu imaginaire de la guerre*, Paris, Eurédit, 2016, t. 1 p. 280-292 ; t. 2 p. 294-297 et 379-380.

15 Bernanos, *Les Enfants humiliés*, *op. cit.*, p. 240.

> Chaque soir nous nous rassemblons autour de la boite magique. Parfois je l'entends de loin, de très loin, car le bruit qu'elle fait ne ressemble à aucun autre, dans la nuit si douce. [...] Nous avons posé la boite dans la salle commune, sur notre plus beau meuble, [...]. Je vois se pencher un peu plus sous la lampe la tête brune de ma femme, les nuques blondes de mes filles, et le hideux poumon mécanique commence à débiter sa leçon d'une voix si savamment timbrée qu'elle semble réellement être la sienne, ne sortir d'aucun gosier humain, – non pas une voix, mais une imitation parfaite de la voix, et les choses qu'elle dit, hélas ! ont l'air aussi d'être imitées, elles ne sont ni vraies, ni fausses, le dosage du vrai et du faux y est aussi savant que le timbre impersonnel de l'orateur automate.

C'est l'homme retiré dans la nuit, à l'écart, qui seul peut voir, peut entendre ce qui, dans « l'énorme voix sans corps » (*EV*, III, 291), parle réellement : le masque, « trou mort par lequel à chaque instant pouvait parler le destin » (294). Giono-Roche ou Bernanos voit la figure du dictateur, non pas celle de Charlie Chaplin, mais celle qui, comme le dira pour finir Blanchot, s'impose quand, après la mort du « dernier écrivain », menace de se faire entendre cette voix qui est la voix même du silence :

> Le dictateur, nom qui fait réfléchir. Il est l'homme du *dictare*, de la répétition silencieuse, celui qui, chaque fois que s'annonce le danger de la parole étrangère, prétend lutter contre elle par la rigueur d'un commandement sans réplique et sans contenu. [...] Mais ce parfait adversaire, l'homme providentiel, suscité pour couvrir par ses cris et ses décisions de fer le brouillard de l'ambiguïté de la parole spectrale, n'est-il pas, en réalité, suscité par elle ? N'est-il pas sa parodie, son masque plus vide encore qu'elle, sa réplique mensongère, quand, à la prière des hommes fatigués et malheureux, pour fuir la terrible rumeur de l'absence [...], on se tourne vers la présence de l'idole catégorique qui ne demande que la docilité et promet le grand repos de la surdité intérieure[16] ?

Comment le dire mieux ? Blanchot était un bon lecteur, et il avait lu, outre Giono et Bernanos, Armand Robin, auquel il faut donner une dernière fois la parole, pour rendre hommage à celui qui fut sans doute le plus authentique et méconnu prophète de nos temps de déréliction, mort sous les coups de la police dans les circonstances les plus troubles en 1961, après avoir passé une grande part de sa vie à écouter, seulement écouter, les radios du monde totalitaire, pour s'unir et souffrir avec les peuples écrasés par la propagande :

---

16 Maurice Blanchot, *Le Livre à venir*, Paris, Gallimard, « Idées ; NRF », 1959, p. 322.

> Il est donc possible, l'écoute des émissions radiophoniques conduit à le penser, qu'une bonne partie de l'humanité actuelle ne désire plus du tout de vraie parole, qu'elle aspire à être entourée quotidiennement des bruissements des oiseaux de proie psychiques ; il se peut qu'elle aide de tout son pouvoir à la mise à mort du Verbe. [...]
>
> C'est effrayant et je souhaite de tout mon cœur me tromper. Mais comment éviter, prostré sous l'appareil à recouvrir la planète de fantômes verbaux rapaces, de songer que des millions d'esprit pillés sont devenus fanatiquement amoureux de leur épervier pilleur et se sentent en un péril mortel, selon les lois d'un règne métaphysique inversé, sitôt qu'ils ne seront plus mangés[17] ?

Cela, à la lumière de quoi s'éclaireraient bien des passages obscurs de *Promenade de la Mort*, notamment ceux où il est question d'oiseaux, pourrait aussi éclairer l'étrange allégorie que constitue, à tant d'égards, *Le Hussard sur le Toit.* On peut en tout cas considérer le silence grandissant de Giono après 1945 comme un bon exemple de prophétisme muet dans lequel il faut entendre, cachée derrière le silence tonitruant qu'une civilisation engendrée par la guerre nous impose, la parole assassinée de *quelqu'un.*

Edouard SCHALCHLI
Université de Bordeaux
Lycée d'Egletons

17 Robin, *La Fausse parole*, *op. cit.*, p. 52-53.

PRÉSENTATION DE *JE VOUS RECONNAIS TOUS*

Cantate pour chœur à quatre voix mixtes et violoncelle sur *Refus d'obéissance* de Jean Giono

En 2014, l'Ensemble vocal « Variation », chœur orléanais, me commanda une composition pour commémorer le centenaire de la guerre. Ce projet me captiva. J'avais lu, très jeune, *Les Éparges* de Maurice Genevoix, puis les ouvrages de Barbusse et de Dorgelès ; mon adolescence en fut profondément marquée. Peu après, je découvris avec enthousiasme les œuvres de Giono. Ces rencontres ont ancré en moi une détestation de la guerre et de ceux qui la légitiment. *Je vous reconnais tous*, cantate pour chœur à quatre voix et violoncelle est un acte de reconnaissance, de gratitude, un hommage au pacifiste Jean Giono. Cette cantate, écrite avec humilité, est un manifeste.

La voix de Giono pacifiste fut-elle prophétique ? Le prophète est l'interprète du dieu, celui qui en transmet la volonté, celui qui peut annoncer l'avenir. Giono écrivait dans son *Journal*, le 23 décembre 1943 : « Que dieu nous débarrasse des patriotes de tous les pays. Jamais aucune idée ne fera plus de mal que l'idée de patrie. » (*JO*, VII, 381). A-t-on le droit aujourd'hui de prononcer ces phrases ? C'est ce que disait, déjà, Cyrano de Bergerac, grand auteur du XVIIe siècle : « Un honnête homme n'est ni français, ni allemand, ni espagnol. Il est citoyen du monde et sa patrie est partout. » Les patriotes ont-ils disparu comme le désirait Giono ? Non, sans doute, puisqu'on demande aujourd'hui aux enfants de souhaiter « qu'un sang impur abreuve nos sillons ! » Pourtant, en 1615, dans « Misères », le premier livre des *Tragiques*, Agrippa d'Aubigné affirmait : « La Terre n'aime pas le sang ni les ordures. »

Je vous reconnais tous... met en musique les deux derniers paragraphes de *Refus d'obéissance*, texte publié par Giono en 1937 :

> Je vous reconnais tous, et je vous revois, et je vous entends. Vous êtes là dans la brume qui s'avance. Vous êtes dans ma terre. Vous avez pris possession du vaste monde. Vous m'entourez. Vous me parlez. Vous êtes le monde et vous êtes moi. Je ne peux pas oublier que vous avez été des hommes vivants et que vous êtes morts, qu'on vous a tués au grand moment où vous cherchiez votre bonheur, et qu'on vous a tués pour rien, qu'on vous a engagés par force et par mensonge dans des actions où votre intérêt n'était pas. Vous dont j'ai connu l'amitié, le rire et la joie, je ne peux pas oublier que les dirigeants de la guerre ne vous considéraient que comme du matériel. (*RO*, VII, 270)

Grand merci au chœur des étudiants de l'Université de Metz, dirigé par David Jacquard, qui a interprété avec ferveur cette cantate le 21 novembre 2019 ; Cameron Voos tenait la partie de violoncelle.

La partition a été publiée en 2018 par « La Sinfonie d'Orphée », éditeur.

Claude-Henry JOUBERT
Compositeur

TROISIÈME PARTIE

FIGURES DE RÉFÉRENCES BIBLIQUES

JEAN GIONO ET LE « BON BERGER »
À L'ÉPREUVE DE LA GUERRE

S'agissant de la figure du berger dans la vie et dans l'œuvre de Giono, l'affaire paraît entendue : sur la foi de *Jean le bleu* (1932) et de la biographie de Pierre Citron, elle apparaît comme *originelle*. Le berger Massot, auquel le jeune Jean est confié durant plusieurs mois à l'âge de six ans, prend en effet d'emblée le visage d'un père par délégation. Chargé par le père-patriarche de fortifier l'enfant et de l'ouvrir au monde, il le fera entrer dans « la vaste patrie des vents » (*JB*, II, 73).

À partir de cette source, la révélation dont le berger est l'agent prend de l'ampleur et gagne l'ensemble de l'œuvre. En 1933, *Le Serpent d'étoiles* fait des bergers les garants de l'harmonie cosmique, dépositaires d'un récit des origines dont la profération périodique permet aux hommes de retrouver leur juste place dans le monde et d'entrer dans un nouveau cycle de vie. Les bergers s'imposent donc comme une figure prophétique collective et vont porter la bonne parole de roman en roman : du Thomas du *Grand Troupeau* (1931) au Louiset de l'œuvre testamentaire qu'est *L'Iris de Suse* (1970), en passant par Élzéard Bouffier (*L'Homme qui plantait des arbres*, 1953), ou l'oncle Simon d'*Hortense* (1958), la haute silhouette du pâtre se dresse comme un repère au centre de l'univers romanesque.

La réalité semble pourtant plus complexe que ne le suggère ce survol. Comment expliquer tout d'abord, si le berger a été pour Giono cet initiateur et s'il souhaite lui rendre hommage dans son œuvre, son absence quasi-totale des premiers romans, pourtant tout entier consacrés à la vie rurale ? Ne prenant véritablement corps qu'avec *Le Grand Troupeau*, la figure du berger semble avoir fait l'objet d'un refoulement et d'une occultation comparables à ceux de l'expérience guerrière.

Nous nous proposons donc d'interroger ce lien paradoxal de la figure du bon berger avec la guerre et de tenter d'expliquer de la sorte la présence discontinue et ambivalente qui est la sienne dans l'œuvre de Giono.

LES PROPHÉTIES DU BON PASTEUR

Le berger, tout d'abord, est par excellence l'homme des hauts pays ; sa silhouette familière, composante si naturelle du paysage rural traditionnel qu'elle a donné naissance tant au « pâtre promontoire » de Hugo qu'à la « bergère tour Eiffel » d'Apollinaire, dans *Zone*, se détache sur les sommets : le narrateur de *L'Homme qui plantait des arbres*, arpentant des terres « hautes dans le ciel » (*L'H*, V, 758), prend d'abord pour un arbre solitaire la silhouette dressée du berger, seul élément de verticalité dans la désolation du pays. Et la tentation est forte de faire de cette inscription singulière dans l'espace le signe de quelque élection : « Ma vie solitaire est proche des dieux », dit le berger des premiers poèmes (« Le Berger[1] », 1938). Comprendre le berger, c'est donc le saisir aux estives, lorsqu'il règne sur des terres où l'on ne s'aventure guère. Juché « sur les plus hauts gradins de la montagne » (*IS*, VI, 387) dans les pâturages du Jocond ou « sur les toits du monde » (*SÉ*, VII, 80) il est en prise directe avec les « grandes forces » (c'est en se présentant lui-même comme enfant « livré aux grandes forces », en vertu de quelque divination paternelle, que Giono revient, dans *Le Serpent d'étoiles*, sur son séjour auprès du berger Massot).

Dressé comme une antenne au centre du cosmos, le berger capte donc des avertissements éoliens comme telluriques, et peut les faire entendre au commun des mortels. C'est tout le sens du concert du pin-lyre et de la harpe éolienne qui sert d'ouverture au grand drame cosmique joué par les meneurs de troupeaux dans *Le Serpent d'étoiles*. Dans cette scène dont se souviendra à n'en pas douter Michel Tournier lorsqu'il prêtera à son Vendredi de 1967 une initiative en tous points analogue, le berger qui caresse les neuf cordes tendues entre les branches recourbées du pin-lyre fait résonner le « chant aux trois vies » (*SÉ*, VII, 81) qui met en harmonie « l'ample vie du vent », « la sourde vie des troncs gonflés de résine » et « la vie toute saignante de l'homme ». Révélateur des harmonies cosmiques et du chant du monde, donnant « une voix à la joie et à la tristesse » de ce même monde, le berger apparaît bien comme une figure prophétique, d'autant plus que, comme le Christ, il parle par paraboles, ainsi que le soulignera dans son récit l'apprenti du grand baïle Bouscarle :

---

1 Jean Giono, *Premières Proses et premiers poèmes*, Aux Cahiers du Contadour, s. d. (1938), p. 37.

> Dans ma vie d'après, j'ai longtemps pesé, soupesé, et fait passer d'une main dans l'autre tous les mots de Bouscarle, et j'ai compris que chacun de ces mots voulait dire deux choses : une chose qu'on comprenait tout de suite, une autre chose qu'on comprenait avec le temps, tout doucement. (*SÉ*, VII, 90)

Au berger « accoucheur d'images » (*SÉ*, VII, 107), poète autant que prophète, incombe donc la mission d'apporter la bonne nouvelle de l'unité d'un cosmos dans lequel chacun a sa place ; et c'est par la métaphore, tissant ses fils entre deux éléments éloignés, que s'exprime cette unité. Comme l'Orion fleur de carotte de Bobi dans *Que ma joie demeure* (*Q*, II, 424), le grand serpentement des moutons ordonné par le berger, reflet terrestre de la voie lactée, devient métaphore vive d'un monde dont l'unité est désormais révélée.

Car outre la figure du berger appuyé sur sa crosse et veillant au milieu du troupeau, Giono met en valeur le « chef des bêtes », la tête du grand serpent. C'est dans cette fonction que la proximité avec la figure évangélique du Bon Pasteur est la plus évidente : « Quand il conduit dehors toutes ses brebis, il marche à leur tête et elles le suivent, car elles connaissent sa voix », dit l'Évangile de Jean (10, 4). *Le Serpent d'étoiles* reprend le motif en l'amplifiant :

> Et le chef a dit le mot, un seul, pas plus, puis il tourne le dos, croche bien sa main sur le bâton et il s'en va, et les moutons sortent, et les moutons marchent derrière lui ; c'est comme une ceinture qu'il aurait attachée à ses flancs et qu'il déroulerait sur le pays. (*SÉ*, VII, 79)

Ce bon berger meneur de troupeau, dépositaire d'une science inaccessible au commun des mortels, a toutes les caractéristiques requises pour conduire les hommes dans la voie du salut en se montrant conforme au modèle évangélique du pasteur qui donne sa vie pour ses brebis (Jean 10, 11 et 17). C'est dans *Le Grand Troupeau* (1931) que Giono s'emploiera à développer pleinement ce motif.

Ce grand roman engagé et pacifiste, que l'auteur qui, jusque-là, avait totalement occulté son expérience combattante, se résout à écrire lorsqu'il comprend que la menace d'un retour de la guerre n'est pas écartée assigne en effet aux bergers la fonction de porter aux hommes le message de vie dont ils sont détenteurs afin de les aider à triompher des forces de mort déchaînées par une guerre qui ramène le monde au chaos. La longue description initiale de l'interminable troupeau de moutons descendant à marche forcée des montagnes alors que la plupart de leurs gardiens ont été happés par la mobilisation est l'occasion d'offrir des bergers, l'un porteur et protecteur d'un agnelet, l'autre rayonnant « de sueur comme un saint » (*GT*, I, 550), des portraits mélioratifs en dépit de la rudesse des temps. À cette valorisation par la description s'en ajoute une autre par les discours du vieux Burle, ancien patron berger qui, malgré l'âge et la maladie, sera chargé par l'auteur de faire entendre une parole de vérité en des temps de folie. C'est dans sa bouche que Giono place la formule « C'est gâcher la vie » (546) qui est l'une des clefs du roman, la guerre étant représentée, selon une image empruntée à *La Paix* d'Aristophane, comme un immense mortier dans lequel sont broyés indistinctement objets, bêtes et soldats. La guerre selon Giono ne produit donc qu'une bouillie informe, dans laquelle on peine à distinguer « de la cervelle d'homme sur une jante de roue » (711). C'est Burle encore qui, au cercle des travailleurs, sermonnera les vieillards assemblés, qui s'accommodent de la guerre, en leur reprochant de « marcher sur [leurs] fils avec [leurs] souliers pleins de fumier » (618). La guerre gâche la vie ; on y piétine par milliers de jeunes hommes en pure perte, et ce sont les bergers qui se voient assigner la mission de déciller les yeux des hommes pour leur révéler ce scandale.

C'est à un berger encore qu'incombera la remise en ordre du monde après le chaos de la guerre. Dans un roman explicitement frappé des sceaux de l'Apocalypse, à laquelle les références sont constantes tant par les titres des chapitres que par la volonté affirmée de Giono de faire succéder une trilogie romanesque de l'Apocalypse à sa trilogie de Pan, l'*explicit* est tout entier consacré à une adoration des bergers, ou plutôt du berger, puisque c'est le vieux Thomas qui sera chargé d'accueillir, à sa venue au monde, le premier enfant mâle destiné à sauver l'univers de la stérilité à laquelle le voue la guerre et de lui faire présent d'une nature sauvée de l'anéantissement. Une nouvelle alliance se noue ainsi autour de l'enfant-agneau qui demeure innommé, mais qui pourrait bien porter, bien des indices le suggèrent, le prénom de l'auteur lui-même.

Mais les références religieuses omniprésentes dans cette conclusion ne doivent pas occulter la nature profondément polémique du roman. Si Giono s'emploie ainsi à construire dans son texte la figure collective d'un « bon berger » salvateur, c'est que le discours officiel qui triomphe pendant la guerre et perdure par la suite en fait lui-même un usage surabondant. La presse, en effet, ne cesse de mettre en garde contre les « mauvais bergers », dénoncés par exemple à la une de la revue *Le Mot* datée du 6 février 1915, un berger-Kronprinz y menant sous sa houlette un troupeau de cochons figurant l'ennemi abhorré.

le mot.

N° 9 — 1re Année 10 Centimes Samedi 6 Février 1915

DESSIN DE PAUL IRIBE.

LE MAUVAIS BERGER.

FIG. 1 – Journal *Le Mot* 10 février 1915. Collection particulière.

À l'inverse, l'officier ou le chef de guerre français sont toujours présentés comme les bons bergers conduisant leurs ouailles à la victoire en se montrant constamment soucieux de préserver la vie des hommes qui leur sont confiés. L'exemple le plus fameux est offert par une carte postale sans date de l'illustrateur O'Galop, passé à la postérité pour être le père du Bibendum Michelin.

FIG. 2 – Carte postale d'O'Galop (sans date). Collection particulière.

On voit sur ce document, dont la diffusion se poursuit après la guerre, un régiment défiler en bon ordre, sous un arc en ciel présage de victoire, devant une silhouette de dos, au premier plan, que l'on devine être celle du maréchal Pétain. La légende, « Le bon berger », qui fait du chef celui qui n'hésitera pas à se sacrifier pour ses soldats, est précisément ce à quoi Giono s'oppose de toutes ses forces dans un roman qui ne cesse de présenter les officiers (à l'exception notable d'un capitaine Viron compatissant, mais impuissant, qui sombrera dans la folie avant d'être tué à la tête de ses troupes) comme méprisants, incompétents ou irresponsables, incarnation parfaite de ces « mauvais bergers » qui, à l'époque, ne se conçoivent que revêtus de l'uniforme de l'ennemi. *Le Grand Troupeau* tente donc de se constituer en contre-discours dans un monde où le mensonge officiel règne en maître : aux prétendus « bons bergers » qui conduisirent en fait leurs hommes à la boucherie, il oppose les seuls qui puissent valablement prétendre à ce titre : les pasteurs de troupeaux.

L'ÉTOILE DU BERGER TREMBLOTE

Ainsi, *Le Serpent d'étoiles*, paru deux ans après *Le Grand Troupeau*, pourrait sembler son pendant exact : après le roman fondé sur la correspondance, dans l'ici-bas, entre le troupeau des moutons et le grand troupeau des hommes, le premier conduit par un berger juste et compatissant, le second par des chefs impitoyables, vient l'essai qui ouvre les yeux sur l'harmonie de l'univers, le grand serpent des moutons étant indissolublement animal, fleuve et constellation.

Pourtant, même dans cet essai tout entier à la gloire des bergers, certains éléments semblent apporter une ombre au tableau. Même si on laisse de côté son caractère de fiction qui tente de se donner pour vérité, l'œuvre est introduite par la surprenante formule « C'était au temps où je recherchais les bergers » (*SÉ*, VII, 67), qui semble donner cette fréquentation comme révolue. Le lecteur se rappelle alors qu'on ne compte guère de moutons, et moins encore de bergers, dans les romans que Giono publiera à ses débuts, à partir de 1929. Pas de moutons dans *Colline*, situé pourtant dans des espaces qui se prêteraient à leur élevage mieux encore qu'à l'agriculture ; si *Regain* détaille bien la manière dont Panturle renonce à la sauvagerie du chasseur-cueilleur pour accomplir son humanité, c'est en occultant toute activité pastorale (la pauvre chèvre des débuts est associée à l'état primitif du personnage) au profit des seuls efforts du laboureur. Ainsi, la silhouette fièrement campée dans les premiers romans n'est-elle jamais celle du berger, mais bien celle du cultivateur, fiché comme une colonne dans des labours que le velours à côtes de son pantalon semble prolonger.

On conviendra que cette absence est étonnante si l'on considère tant les liens entretenus par le jeune Giono avec les pasteurs que les espaces ruraux de Provence dans lesquels il situe exclusivement ses premiers ouvrages : de la plaine de la Durance aux plateaux de l'arrière-pays, nulle trace d'ovins, guère plus de caprins dans un territoire où leur élevage est partout attesté. Même dans *Jean le bleu*, dont les chapitres VI à VIII pourraient être un hymne à la gloire des bergers et de la révélation qu'ils apportent à l'enfant, on est surpris de voir l'accent mis beaucoup plus sur les vendanges ou « l'Iliade rousse » de la moisson

(*JB*, II, 95) ; et ce sont les aires où l'on vanne qui, dès l'arrivée du petit Jean, valent à Corbières son statut de « vaste patrie des vents » (73). Bergers et moutons n'apparaissent qu'en toile de fond d'une vie rurale dans laquelle les seules activités dignes de ce nom semblent s'organiser autour de la vigne et du blé. L'activité pastorale y est en outre marquée d'une étrange ambivalence : si la brebis a comme attribut premier la fécondité, la vision que retient l'enfant, et qui frappe le lecteur à travers lui est celle d'une brebis pourrissante, dont l'agneau tente vainement de téter le ventre violet dans une terrible puanteur. De même, le sage et patriarcal Massot, qui n'est quasiment jamais représenté dans ses activités d'éleveur, se verra éclipsé par le sauvage et séduisant berger des Conches, batailleur et suborneur de boulangères, qui met en péril l'équilibre de toute la petite société.

Il est tentant de rapprocher cette surprenante occultation de celle de la guerre, avec laquelle elle se superpose exactement. L'action de *Colline*, on s'en souvient, englobe les années de la Première Guerre mondiale, mais l'événement n'existe pas : lorsqu'un habitant des bastides blanches est appelé sous les drapeaux, il accomplit son temps de service à la caserne avant de revenir paisiblement au pays. Giono a expliqué ce silence par sa volonté d'écrire la vie, et elle seule, après avoir traversé douloureusement les territoires de la mort de masse. Peut-être le berger, trop étroitement associé au discours de la propagande, se voit-il refoulé dans le même mouvement par lequel l'auteur se refuse également à rendre compte d'une expérience guerrière que son caractère paroxystique rend de toute façon intransmissible. Toujours est-il qu'il faudra attendre 1931 et la conscience que se taire est désormais devenu impossible pour voir surgir dans l'œuvre la figure du berger avec les souvenirs de l'ancien combattant. Mais malgré cela, la figure du berger ne parviendra pas à s'imposer dans le combat pacifiste des années qui suivront. Solitaire et contemplatif, largement en marge des circuits économiques, le berger, s'il est bien chef de bêtes, ne semble guère meneur d'hommes et n'a pas, comme la cohorte des laboureurs, le pouvoir d'affamer les peuples tentés de succomber aux sirènes du bellicisme. Aussi est-ce aux planteurs de blé, jugés seuls capables de rivaliser avec une classe ouvrière à l'égard de laquelle Giono ne cache pas sa méfiance, que s'adressera presque exclusivement la *Lettre aux paysans sur la pauvreté et la paix* (1938). On se prend à rêver que le vieillard aveugle, vêtu de laine blanche, qui descend de Saint-Véran pour prendre la tête de l'insurrection paysanne victorieuse des *Fêtes de la mort* (projet que Giono développera de 1936 à 1938 sans le mener à son terme) est un ancien berger, mais rien ne permet de l'affirmer avec certitude.

Par la suite, jamais la figure du berger ne retrouvera l'évidence lumineuse et sereine qui était la sienne dans *Le Grand Troupeau* ou *Le Serpent d'étoiles* : même dans les dialogues du film *L'Eau vive*, écrits avec Alain Allioux entre 1955 et 1956 et dans *Hortense*, que Giono rédigera en 1958. Pour leur servir de préambule, le personnage de l'oncle Simon, berger de son état, est sans doute le seul qui, avec l'héroïne éponyme, attire la sympathie du lecteur, mais il est marqué, déjà, par une très nette ambivalence. Ce docteur Pascal égaré dans une famille Rougon plus sordide encore que son modèle, pas Fabre pour un sou, est en même temps le seul à être allé au front lors de la Grande Guerre. Il est à la fois proche de Giono par ce dernier trait de sa biographie, mais aussi par son amour de la liberté et de l'indépendance, et analogue au berger Massot, puisque c'est lui qui accueillera Hortense dans les estives pour que l'enfant un peu pâlotte y respire le bon air. Ami des errants et des vanniers dans leurs roulottes, l'homme qui rit « en parlant gentiment à un chien » (*H*, V, 839) refuse toute forme de sujétion et remercie son patron pour reprendre sa liberté. Il constitue dans l'œuvre une de ces incarnations de la bonne manière par opposition à tous ceux qui sont d'abord « attentifs aux sous ». Mais il est aussi adversaire de l'ordre établi, méprisé par sa famille et suspect aux autorités : « casier judiciaire, braconnage, coups et blessures à deux gendarmes[2] ». Si ces traits ne sont pas de nature à le déconsidérer, la violence qu'ils impliquent l'éloignent de la figure initiale, et il est le premier à ironiser sur son statut de « Bon Berger » et à se connaître pour ce qu'il est, un homme qui parfois « aurait peur de [s]e rencontrer au coin d'un bois[3] ». *L'Iris de Suse*, en 1970, ne fera que porter à son paroxysme cette ambivalence. Le berger y est toujours l'homme des cimes, mais Giono sait, au moins depuis *Un roi sans divertissement*, qu'à trop côtoyer le ciel, le risque est grand de se prendre soi-même pour Dieu. Dans des espaces si élevés

2 Jean Giono et Alain Allioux, *Hortense ou l'eau vive*, LGF, « Le Livre de Poche », [s.d.], p. 103.

3 *Idem*, p. 77.

et si solitaires que la justice des hommes ne s'y exerce plus, chacun est soumis à la tentation de la cruauté, et les mécanismes de régulation que Giono imaginait quelque trente-sept ans plus tôt (les moutons se révoltent périodiquement et piétinent impitoyablement les bergers et les chiens qui se sont montrés cruels sans raison) ne semblent plus de mise dans un monde où hommes des cimes et hommes des crimes ne se distinguent guère.

LE CRÉPUSCULE DES BERGERS

Il semble en fait que le Giono de l'après Seconde Guerre mondiale s'emploie à faire disparaître de son œuvre la figure du berger, ou à lui conférer un visage profondément nouveau. Tout d'abord, Élzéard Bouffier, l'homme qui plante des arbres, abandonne presque complétement l'activité pastorale durant la première guerre mondiale pour se consacrer à l'apiculture, et le choix de cette période n'est sans doute pas indifférent, tant la justification invoquée (il s'aperçoit que les moutons mettent en péril ses plantations) apparaît artificielle et tardive. De même, le Louiset de *L'Iris de Suse* quitte la scène en fort piteux état, et redescend en Crau pour n'en plus revenir. La comparaison avec le Thomas du *Grand Troupeau* est instructive dans la mesure où les situations pourraient paraître similaires : des bergers vénérables, leur mission accomplie, n'ont plus à attendre que la mort, annoncée à la fin de chacun des deux romans. Le mouvement de chacun est cependant bien différent : tandis que Thomas monte une dernière fois dans les estives pour y « mourir propre » (*GT*, I, 720), Louiset subit un douloureux rapatriement vers les basses terres qui, humiliante concession à la modernité, lui est de surcroît infligé en chemin de fer : l'un connaît l'assomption, l'autre la déchéance.

Mais c'est sans doute avec *Ennemonde* (1968) que la figure du berger connaît une transformation qui l'éloigne définitivement de toute mission prophétique. Le berger tirait jusque-là l'essentiel de son prestige de son lien privilégié avec les forces de vie : accoucheur de brebis comme il est accoucheur d'images, meneur de bêtes qui, le plus souvent, ne lui appartiennent pas et protecteur de l'agneau, il se trouvait soigneusement maintenu à l'écart de toute préoccupation économique. Une concession à la modernité se dessine déjà à la fin de *L'Eau vive*, l'argent de l'héritage d'Hortense étant destiné par la jeune fille à l'achat d'une bergerie dans une Crau rendue fertile par les travaux d'aménagement de la Durance. Mais, dans *Ennemonde*, le commerce est roi : le refus de vendre ses agneaux apparaît chez Honoré comme un rétrécissement, une forme de folie qui justifiera son élimination physique, laissant le champ libre à une Ennemonde qui s'impose comme une redoutable femme d'affaires. Quant au rêve des bergers, il n'est plus révélation d'un univers harmonieux, mais désir de meurtre et de cruauté de la part de celui qui se sait hors d'atteinte de la justice des hommes et n'a pour compagnie que des animaux au regard vide, incarnation même de la bêtise. Non plus le prophète qui annonce un monde meilleur, mais le berger Gengis Khan, qui s'emploie à la destruction de ce monde-ci dans une débauche de têtes coupées. Ainsi, la figure du sage et prudent chef des bêtes et celle de l'officier qui sacrifie gaillardement la vie de ses hommes à ses rêves de grandeur, opposées jusque-là, se rejoignent en une seule, et le manichéisme du *Grand Troupeau* n'apparaît plus de mise. Pire encore, la sagesse des « grands chefs des bêtes », leur capacité à percevoir et à déchiffrer des avertissements cosmiques inaccessibles au commun des mortels, (*SÉ*, VII, 80) se déplace vers le tueur, l'errant solitaire qui hante le pays avec ses couteaux pour aller tuer le cochon de ferme en ferme. Dans *Le Serpent d'étoiles*, le « mangeur de viande » ne pouvait devenir un berger accompli, car « trop imbibé de sang » (91). Trente-cinq ans plus tard, c'est l'homme du sang qui est devenu l'herméneute, et c'est de lui qu'on est en droit d'attendre, désormais, des révélations prophétiques.

Sans doute faut-il voir dans ce renversement l'effet du pessimisme croissant d'un Giono désabusé, qui ne croit plus aux sauveurs et sait de quoi est faite l'humanité, mais des raisons plus précises, qui tiennent vraisemblablement à l'utilisation de la figure du berger dans l'histoire et dans le discours officiel peuvent être invoquées. En effet, la tentative conduite par le Giono du début des années Trente pour redonner au berger sa fonction de prophète d'un monde de paix et d'harmonie et l'arracher au discours officiel se solde par un évident échec et le discours de vérité qu'il tente de faire entendre est manifestement inaudible. La propagande de l'État français va en effet exploiter dans des proportions inconnues jusque-là le motif du berger en opposant au « bon berger » placé au sommet de l'État tous les mauvais bergers qui ont égaré les Français en leur faisant perdre le sens des vraies valeurs. Lorsque Giono dénonce dans *Ennemonde* le cliché du berger en « homme qui rêve, appuyé sur son bâton » (*Enn*, VI, 261), il paraît décrire l'une des faces du billet de cinq francs qui circule en 1943 et s'employer à révéler toute la violence dissimulée par cette image rassurante.

FIG. 3 – Billet de banque français des années Quarante.
Collection particulière.

Surtout, il s'est trouvé personnellement impliqué dans ce processus d'exploitation politique de la figure du berger à travers le numéro de *La Gerbe* du 19 mars 1942. L'article signé Marius Richard et intitulé « Jean Giono, berger » utilise les souvenirs de l'auteur pour en tirer des conclusions critiques sur tous les politiciens qui n'ont pas su « reconnaître le berger et sa mission » ni déclarer « Je suis le bon pasteur ». On comprend que cette tentative d'annexion pousse Giono à renoncer à un thème qui apparaît désormais faire l'objet de toutes les suspicions et à abandonner la figure du berger prophète aux oubliettes de l'histoire.

Jean Giono, berger

FIG. 4 – Revue *La Gerbe*, 19 mars 1942. Collection particulière.

Alain TISSUT
Lycée Blaise Pascal de Clermont-Ferrand

ÉSAÏE ET LA PROMESSE DU PROPHÈTE GIONO DANS *REGAIN* ET *L'HOMME QUI PLANTAIT DES ARBRES*

« Le désert refleurira »

> Le désert et le pays desséché s'égayeront ; la plaine aride tressaillira d'allégresse et fleurira comme le narcisse ; elle se couvrira de fleurs et tressaillira avec chants d'allégresse et cris de joie [...] de l'eau jaillira dans le désert.
> Ésaïe 35, 1 et 6.

Mettre en lien des fictions et une prophétie biblique[1], ici la promesse donnée par Ésaïe[2] que le désert refleurira pour la « joie éternelle » (Ésaïe 35, 10) et « débordante » d'un peuple d'Israël qui a gravement dysfonctionné, semble vouloir donner à Giono le rôle d'ambassadeur d'une Parole d'autorité venue d'ailleurs, autrement dit de prophète. Giono s'affiche comme un quêteur de joie, d'une joie qui « demeure » selon le titre de son roman, au point que Maurice Chevaly, dans sa définition du gionisme en quatre principes parle de « culte de la joie[3] ».

Pourtant, établir une filiation entre la Bible et l'annonce gionienne peut paraître une entreprise audacieuse voire de récupération. En effet, Giono a été plusieurs fois très clair sur sa position personnelle à l'égard du christianisme. Il écrit le 28 avril 1938 dans son journal : « Le Christ

1 Cette prophétie est aussi devenue un mot d'ordre politique de l'État d'Israël qui conquiert son espace sur le désert de Néguev (<https://www.aviv.fr/actualites/actus-israel-aviv/1740-neguev-israel-un-objectif-de-faire-fleurir-50-du-desert-en-2030> ; Consulté le 15 novembre 2019).

2 Ésaïe 35 / 1-10.

3 Maurice Chevaly, « Le Gionisme », in *Giono à Manosque*, Le Temps parallèle éditions-Var matin, 1986, p. 296.

n'est pas mort pour moi. Avant le mythe du rachat par les gouttes de sang. [...] Il n'y a rien à racheter. » (*J*, VIII, 242). Dans des entretiens, il déclare « Je suis indifférent[4] », « je n'ai pas besoin de la foi ».

Pourtant, en dépit de ce refus catégorique qui ne se démentira pas, il ne cesse de combattre un modernisme matérialiste prétendument progressiste au nom de l'importance des « vraies richesses », autre expression empruntée à Jésus qui les oppose aux richesses « trompeuses du monde » (Luc 16, 11) et à Paul qui parle des richesses « incertaines » (1 Timothée 6, 17). Réfutant la vie spirituelle, il ne cesse en même temps de rappeler le rôle de l'âme, depuis le titre du roman *Les Âmes fortes* (1950) jusqu'à cette surprenante déclaration : « C'est de l'âme que vient la puissance d'évocation des bruits, et l'architecture des sons. Ce bonheur ne dépend pas du social, mais purement et simplement de l'âme. » (« La chasse au bonheur », *Chas.*, 102). Giono s'oppose à l'économique normatif en réclamant pour son pays « une grande richesse spirituelle[5] ». Enfin, dans ses dernières chroniques, il en arrive à ces conclusions : « Nous avons tellement besoin de matières spirituelles ! » (« Le laitier », *Chas.*, 108) ou encore : « Mais l'homme a besoin aussi de confort spirituel. » (88).

Deux textes, *Regain* (*R*, I, 1931) et *L'Homme qui plantait des arbres* (*L'H*, V, 1953) ont particulièrement retenu notre attention par leur constante intertextualité biblique et leur message apparent toujours compris, conformément à ces professions de foi, comme aux antipodes des prophéties. Nous nous proposons de faire émerger un texte-source soigneusement camouflé pour ensuite analyser les diverses opérations que Giono effectue dans cette réécriture avant d'avancer quelques hypothèses d'interprétation de cette apparente contradiction.

Regain et *L'Homme qui plantait des arbres* n'appartiennent pas au cycle lyrique des œuvres du Contadour où Giono appelle à l'action et, selon les termes de Llewellyn Brown, « assume le rôle d'un prophète[6] » ou de « conseiller spirituel ». Le premier clôt le cycle dit « de Pan[7] » et le second est un texte de commande adressé d'abord à une revue

4 Maurice Chevaly, « Le Poids du Ciel », in *Giono à Manosque*, *op. cit.*, p. 292-293.

5 Entretien avec Maurice Chevaly en août 1965, in *Giono à Manosque*, *op. cit.*, p. 317.

6 Llewellyn Brown, *Giono et la Bible : intertextualité imaginaire*, Thèse de doctorat de Lettres, Paris IV, 1989, p. 151 et 153.

7 Dans une lettre à son éditeur, Giono mentionnait comme « surtitre » à *Regain* : Pan III. Citée par Luce Ricatte dans les notes, *Œuvres romanesques complètes*, Paris, Gallimard, « Pléiade », tome I, 1973, p. 992.

comme une histoire vraie, puis comme un conte qui a ensuite été publié, sans que Giono s'y oppose, dans des revues écologiques qui en font une lecture littérale à la gloire de la sylviculture[8]. Le texte est maintenant considéré comme destiné à la jeunesse et abondamment illustré[9]. Ils mettent tous deux en scène des paysages qui passent de la mort à la vie sous l'effet de personnages qui ont été auparavant profondément transformés.

Nous montrerons comment Giono reprend à son compte dans ces fictions souvent qualifiées de panthéistes donc païennes, les images et les schémas bibliques de la chute et de la rédemption qui aboutit à la renaissance après une conversion apparentée à une résurrection. Nous discernerons derrière ces procédés littéraires (les « trucs » dit Giono) une fidélité formelle et un détournement du message au profit d'un prophétisme, c'est-à-dire de l'énonciation d'un message qui annonce peut-être le triomphe de la vie et le bonheur, mais par une autre voie. Nous analyserons particulièrement les oppositions de sens des formes, des formules et des symboles qui reviennent d'œuvre en œuvre pour nous demander si le discret Giono ne se fait pas tout de même prophète sur le modèle d'Ésaïe pour dénoncer le désert physique et humain qu'il aspire à voir redevenir un espace verdoyant à l'image de la vie.

LE DÉSERT DU PLATEAU ET DU MONDE

DES ESPACES MÉTAPHORIQUES

Giono n'a cessé de laisser croire à ses lecteurs que son écriture était uniquement référentielle dans une dimension somme toute matérialiste. L'usage abondant des toponymes, des descriptions fidèles de lieux repérables, l'inscription dans le temps, l'affirmation de la dimension

---

8 Pierre Citron, *Giono*, Paris, Seuil, 1990, p. 485-488 et Jean Arrouye, « De l'imposture littéraire à la posture métaphysique : *L'Homme qui plantait des arbres* de Jean Giono », Presses universitaires de Rennes, 2011, p. 205-216 (<https://books.openedition.org/pur/12176?lang=fr> ; consulté le 4 septembre 2019).

9 Il est illustré par Willi Glasauer dans la collection « Folio cadet rouge », Gallimard, 1988, accompagné de jeux et d'un dossier sur la forêt et vient d'être réédité, en album cartonné, illustré par Olivier Desvaux (Paris, Gallimard, 2018).

autobiographique justifient dans un premier temps cette lecture. Le plateau de *Regain* est situé selon un itinéraire précis : « De Manosque à Vachères, c'est colline après colline, on monte d'un côté on descend de l'autre » (*R*, I, 324). Le « pays » de *L'Homme qui plantait des arbres* est géolocalisé lui aussi dès l'*incipit* :

> Cette région est délimitée au sud-est et au sud par le cours moyen de la Durance, entre Sisteron et Mirabeau ; au nord par le cours supérieur de la Drôme, depuis sa source jusqu'à Die ; à l'ouest par les plaines du Comtat Venaissin. Elle comprend toute la partie nord du département des Basses-Alpes, le sud de la Drôme et une petite enclave du Vaucluse. (*L'H*, V, 757)

Mais les références géographiques sont immédiatement associées à des caractéristiques qui sont des métaphores : le plateau est une « terre malade de lèpre » (*R*, I, 325), le chemin qui y monte est « tout mort » (329) et « les herbes poussent à travers lui comme à travers un serpent mort », un autre sentier « n'est plus qu'un petit ru sec jusqu'à l'os » (352). Le pays du berger-planteur est une succession de « déserts » (*L'H*, V, 757) où règne la « désolation ». L'eau manque partout : « le vent de novembre [...] a fait taire toutes les sources » (*R*, I, 326), « il y avait bien une fontaine, mais sèche » (*L'H*, V, 758). Le noir caractérise de manière paroxystique le paysage de *Regain* : le vent « noircit » le ciel (*R*, I, 326), les genévriers, des arbustes épineux forment une « houle » (352) dans la « mer toute sombre » d'où jaillissent des corbeaux muets.

Les rares signes de présence humaine semblent corroborer cette atmosphère crépusculaire : Aubignane, le village de *Regain*, est en ruines ; Panturle reste seul depuis qu'il a enterré sa mère (*R*, I, 330) avec près de lui, au début, la femme au poing, aux bras et au doigt « noirs » (338, 340) qui habite une maison « pas trop démolie » (333). Après sa disparition, sa maison semble être morte aussi : « Il y a une maison tout ouverte au-dedans noir et qui sonne comme une grotte dès qu'on met le pied sur le seuil : c'est la carcasse, pas plus. » (363). La métaphore du corps mort est reprise dans *L'Homme qui plantait des arbres* où le narrateur découvre un « squelette de village abandonné » où le clocher est « écroulé » (*L'H*, V, 758) et évoque plus tard le village « mort » (761).

La dimension humaine des rares vivants s'efface puisque Panturle paraît redevenir un végétal sous la forme d'« un morceau de bois qui marche » (*R*, I, 329) et d'un animal qui crie « han, han » (336). Il mange une pâtée faite de tous les aliments mélangés (« de l'eau et des pommes de terre, c'est tout à la fois, la soupe, le fricot et le pain » ; 332) ; il chasse et ses « longs poils roux » le couvrent « comme l'habit des moutons » (342). Il « renifle » pour savoir ce qui se passe (346) comme les bêtes sauvages, émet un bruit qui est celui « des sangliers surpris » (371) et semble ruminer quand il mâche du tabac mêlé à de l'herbe et des poils de bêtes (341). Chasseur, quand il est mu par le même instinct que la nature printanière, il va jusqu'à se griser du sang d'un renard (369). Tout juste rattrapé « de ce côté-ci du monde », quand il voit une femme au printemps (la saison « des amours » chez les mammifères), son instinct le fait bondir car « c'est la chasse » (370). Selon le même processus, la vieille femme a des pieds avec des « grands ongles » qui grincent « comme des griffes de bête » (337), elle tremble « comme une chèvre » (339) et laisse dans l'herbe une trace « comme sous le poids d'une bête » (361). Les hommes du village du plateau ensemencé par le berger, suivant exactement la même mutation régressive sont « sauvages » (*L'H*, V, 765) et « à peu près dans l'état physique et moral des hommes de la Préhistoire ».

Le constat s'impose et il est intradiégétique : le vieux évoque Aubignane « du temps où il y avait de la vie » (*R*, II, 330) ; quant au narrateur de *L'Homme qui plantait des arbres*, il conclut que « toute vie avait disparu » (*L'H*, V, 758). Ces deux récits sont bien organisés pour représenter, au-delà de villages inscrits dans des chronotropes, l'état de l'humanité quand la vie s'en retire.

UNE GÉOGRAPHIE PROPHÉTIQUE

L'analyse de l'organisation symbolique des espaces dans ces deux fictions permet d'accéder à une autre vision de cette géographie pour tenter d'en interpréter le sens.

Ces lieux, qui comportaient chacun un clocher du vertical de la spiritualité et bourdonnaient de vie, sont orientés vers le bas de la mort, du « temps néfaste et mortel[10] » selon Gilbert Durand : « Le côté gauche du bois est comme d'un coup tout effondré [...] il y a une maison qui s'est comme décollée, qui a coulé du haut en bas, toute seule [...]. »

10 Gilbert Durand, *Les Structures anthropologiques de l'imaginaire* [1969], Paris, Dunod, 1992, p. 145.

(*R*, I, 328-329). Cette présence constante de la mort renvoie à celle des personnages et des villages mais aussi à celle de la condition humaine qu'ils représentent. Dans cette perspective symbolique, nous comprenons que Giono trouve utile de préciser que « l'église est quasiment une bauge de loups » (337) et que « c'est le silence mais le vent n'est pas bien mort [...] le ciel est vide » (332). Ce souffle sur une matière encore informe et vide peut être compris comme une réécriture de la Genèse biblique qui s'ouvre ainsi : « La terre était un chaos, elle était vide ; il y avait des ténèbres au-dessus de l'abîme et le souffle de Dieu tournoyait au-dessus des eaux. » (Genèse 1, 2). Le romancier opère un renversement qui correspond à sa vision personnelle puisque c'est maintenant le ciel et non la terre qui est « vide » et que le vent n'est plus porteur de vie mais de mort.

Cette géographie du désert et de la mort correspond bien à la géographie, elle aussi physique et symbolique, de la vision du prophète Ésaïe qui décrit métaphoriquement la trajectoire du pays qui ne veut pas écouter le vrai Dieu. Avant le renouveau cité en ouverture, le paysage du pays qui sera dévasté comprend les mêmes éléments que ceux des romans, le chaos, le vide, le corbeau, les ruines et les arbustes épineux : « La chouette et le corbeau y demeureront. On y tendra le cordeau du chaos et le niveau du vide. [...] Les épines pousseront dans ses palais [...]. » (Ésaïe 34, 11 et 13).

La suite va voir resurgir la vie par l'action puissante de ce vent presque mort qui n'est plus, chez Giono, celui du Créateur. S'amorce dans les deux fictions le message que ce presque-désert serait livré à une mort certaine si des interventions ne venaient infléchir sa trajectoire jusqu'à la retourner, c'est-à-dire la convertir. Ce pronostic est énoncé dans la première partie de *L'Homme qui plantait des arbres* où les familles « exaspèrent leur égoïsme en vase clos » et « les femmes mijotent des rancœurs » si bien que la folie meurtrière et les suicides les gagnent (*L'H*, V, 759). L'analyse, donnée *a posteriori* est aussi radicale que lapidaire : « leur condition était sans espoir » (765). Cette anthropologie aux antipodes de l'humanisme auquel furent associés les premiers élans de Giono rappelle sa sentence en pleine guerre : « Les hommes sont si naturellement mauvais [...]. » (*J*, VIII, 382) et celle que Paul énonce à ses interlocuteurs d'Éphèse : « [...] nous étions par nature des enfants de colère [...]. » (Éphésiens 2, 3-4).

Giono met ainsi en place un dispositif narratif qui décrit une situation initiale mortifère pour la nature et pour l'homme avant de construire, dans un second temps qui fera l'objet de la démonstration des deux textes, un schéma qui permet d'échapper à cette triste condition. Il emprunte les modèles et la posture au prophète Ésaïe chargé d'annoncer les dangers mortels encourus par une société qui persévérait dans des mauvais choix. Comme lui, il ne s'en tient pas à une fatalité et choisit de mettre en scène le processus de conversion, en employant le terme de « formidable opération de réaction » (*L'H*, V, 762) de « transformation » continue (763) qui aboutit à ce que tout soit « changé » (765).

LES INTERVENTIONS SALUTAIRES

DEUX ANTI-HÉROS

Deux individus insignifiants, marginaux et présentés comme un peu fous, vont, selon des modalités comparables, devenir des figures messianiques.

La Mamèche, vieille veuve, qualifiée de « vieille cavale toute noire » (*R*, I, 327), rongée par le deuil et la rancœur a proposé au Panturle seul et ensauvagé de lui livrer une femme. Elle quitte à cet effet sa maison dans une scène où Giono crée un décor à la limite du fantastique. « C'est la nuit de ce jour-là qu'il y a eu la grande débâcle du ciel ». Son étrange silhouette noire reste en hauteur à regarder « quelque chose au ciel » (345) jusqu'à ce que dans la « nuit épaisse », elle pousse « un grand cri ». L'ensemble des détails de cette disparition forme un paradigme qui renvoie sans équivoque à la scène de la crucifixion du Christ où les ténèbres couvrent toute la terre tandis qu'il reste plusieurs heures sur la hauteur de la croix, elle-même sur la colline du Golgotha, avant de pousser un grand cri et d'expirer : « [...] il y eut des ténèbres sur toute la terre [...] Jésus poussa encore un grand cri [...]. » (Matthieu 27, 46 et 50). Dans une autre scène, des personnages apercevront quelque chose de « droit, tout noir, avec des bras » (*R*, II, 353) qu'ils prendront pour « un arbre mort », forme qui rappelle la croix dite aussi « bois du calvaire » et les bras du crucifié visibles de loin. Les détails du « drap tout neuf plié » (347) chez la Mamèche disparue renvoient, dans le texte, à l'annonce de sa mort si l'on prend le drap pour le linceul par elle préparé : « il est entendu que c'est dans celui-là qu'on les pliera, à la fin… » (*R*, I, 347. Si l'on poursuit le parallèle avec l'évangile, la mise en scène comme les termes sont les mêmes que pour le linceul de Jésus, lui aussi absent. On mentionne « un drap neuf » (Matthieu 27, 59) que Pierre trouve « plié dans un lieu à part » (Jean 20, 7) au matin de la résurrection. La démarche sacrificielle de ce premier sauveur féminin est efficace puisqu'une femme va, grâce à elle, arriver jusqu'à Panturle et lui redonner la vie dans une scène qui reprend les éléments génésiques du premier couple.

Le berger du second texte est, lui aussi, d'abord une « petite silhouette noire » que le narrateur associe à « un tronc d'arbre solitaire » (*L'H*, V, 758). Pierre Citron fait du berger un « apôtre et un démiurge » (*L'H*, V, 1405) en soulignant que Giono « a multiplié à son propos les notations religieuses et bibliques ». Nous irons plus loin en retrouvant dans ses attributs les références à ceux de Jésus. Il a ses brebis qui « se reposaient près de lui » (758) et dès son arrivée il fait boire le voyageur « à sa gourde » où il conserve une « eau excellente » tirée par lui. Seul, il demeure insensible à son milieu mortifère marqué par les ruines proches, les charbonniers et leurs femmes perdus dans « la mêlée générale des vices et des vertus » (759) et les guerres lointaines. Il mène un projet personnel, « son affaire », mu par « la générosité la plus magnifique » (763) au sein de l'histoire chaotique car il a évalué la situation et y répond : « Il avait jugé que ce pays mourait par manque d'arbres. » (761). Comme dans la première fiction, un « protocole d'intervention » va enrayer cette dégradation certaine ; les verbes expriment ce dessein motivé : « […] il avait résolu de remédier à cet état de choses. » Il plante donc sans se lasser, « imperturbablement » (762), « obstinément », des glands, des faînes et d'autres graines dont une part seulement germera pour donner, beaucoup plus tard, un écosystème propice au retour de la vie rurale où l'eau coulera à nouveau (762) et de manière « abondante » (765). Le planteur est présenté comme ne doutant jamais, en sachant plus que les professionnels envoyés pour le contrôler ce qui est le signe de son incontestable supériorité sur tous les humains en matière de diagnostic comme de mise en œuvre. Le texte ne s'en tient pas à son action mais s'attarde sur la personnalité de ce berger généreux au jugement si sûr. Il précise que sa présence « donnait la paix » (759), une paix perdue par le narrateur soldat d'infanterie qui revient vers lui de manière régulière quasi instinctive.

Ces références ramènent terme à terme à la figure christique puisque Jésus se pose en « bon berger » qui donne sa vie pour ses brebis (Jean 10, 11 et 15), une vie « en abondance » (Jean 10, 10), qu'il promet l'eau de la vie (Jean 4, 10 et 14) et donne la paix au monde troublé (Jean 14, 27 et 17, 33). Il use de paraboles pour comparer sa prédication au semis où seulement une part des grains germe du fait de diverses oppositions (Matthieu 13, 4 à 23) et annonce un royaume qui commence par être invisible pour finir par être un grand arbre abritant la vie :

> Voici à quoi le royaume des cieux est semblable : une graine de moutarde qu'un homme a prise et semée dans son champ. C'est la plus petite de toutes les semences ; mais quand elle a poussé, elle est plus grande que les plantes potagères et elle devient un arbre, de sorte que les oiseaux du ciel viennent habiter dans ses branches. (Matthieu 13, 31-32)

Giono a donc simplement transformé la moutarde en chêne en gardant le caractère pédagogique de la parabole qui tient dans la disproportion incroyable, au sens premier de « ce que l'on ne peut croire » (l'action est jugée « impressionnante » au point d'être « privé de paroles » ; *L'H*, V, 762), de cette évolution. Les deux paraboles montrent que la puissance de retour à la vie est contenue dans ce qui paraît infime et méprisable par le monde de la force et de la mort. Le paysage en herbe aperçu au retour de la guerre (« [...] une sorte de brouillard gris qui recouvrait les hauteurs comme un tapis. » [761]) manifeste le double passage de la mort à la vie du narrateur « sorti de la guerre » et de la nature.

Giono fait encore appel à un personnage biblique quand le narrateur parle du berger en disant « Lazare était hors du tombeau » (*L'H*, V, 766) au moment où il revient vivant des tranchées, le monde de la mort par excellence d'où est revenu Giono. Ce prénom rappelle l'épisode où Jésus a ressuscité son ami Lazare (Jean 11, 38-44) et annonce, encore, la victoire de la vie. Le terme à connotation évangélique est employé in fine quand le tilleul vigoureux près de la fontaine qui coule à nouveau est qualifié de « symbole incontestable d'une résurrection » (*L'H*, V, 766).

Enfin, l'identité du personnage, Élzéard Bouffier (*L'H*, V, 760), curieuse hors de Provence, peut être interprétée dans cette perspective, bien que Pierre Citron suggère « la réminiscence possible[11] » d'un réel Élzéard Rougier et qu'il puisse s'agir aussi d'un clin d'œil au personnage du

---

11 Citron, *Giono*, *op. cit.*, note 43, p. 636.

prêtre Élzéard du film *César* (1936) de Pagnol. Nous retrouvons dans ce réemploi un jeu sur la racine hébraïque *El* (Dieu) conformément à son surnom, « athlète de Dieu » (764) et la déformation de *Lazare* puisqu'il est assimilé à lui. Le bilan de son activité unique, discrète et persévérante finit par sauter aux yeux : la végétation repousse, « l'espoir est revenu » (766). Il a vaincu « l'adversité » (763), fait « surgir du désert ce pays de Canaan » (766) par une « œuvre digne de Dieu » (767). La périphrase renvoyant à Israël, appelé « le pays de Canaan » depuis l'arrivée d'Abraham (Genèse 12, 5), la référence à Ésaïe avec la végétation, le personnage messianique du berger qui transforme le monde permettent de qualifier ce texte de parabole et d'affirmer qu'elle est entièrement nourrie des deux testaments.

Les deux textes, dans leur dimension fortement prophétique, sont orientés vers un dénouement heureux qui peut être associé au relèvement ou, selon un terme plus connoté religieusement, au salut, parce qu'effectivement les mondes présentés comme morts se trouvent sauvés.

DEUX SALUTS

Les deux dénouements se ressemblent et se répondent : des jeunes couples s'installent, relèvent les ruines, retravaillent la terre qui portera à nouveau du fruit et les femmes porteront à nouveau des enfants : « ne gâtons pas le fruit » (*R*, I, 428) dit Panturle à sa femme enceinte, lui le chasseur redevenu agriculteur tandis qu'« une vie heureuse et confortable » pour une population « méconnaissable » est indéniablement le bilan du planteur (*L'H*, V, 766). Chaque fois, l'action sacrificielle d'un seul qui a sauvé une humanité perdue est manifestée par l'image de l'espace désertifié qui repousse et des familles qui se réinstallent.

Cependant, même si, au sujet du cycle dans lequel figure *Regain*, Pierre Citron emploie le terme de « romans de sauvetage[12] » là où nous dirions de "salut" et que Luce Ricatte parle de « résurrection » (I, 993) sous l'action du vent, il serait hâtif de prendre ces deux textes comme des annonces d'un évangile libérateur qui feraient alors de Giono un prophète, moderne certes, mais dans la lignée biblique. En effet, si un grand nombre d'indices renvoient bien à la Bible et qu'ils sont combinés de manière à produire un message prophétique dans

12 *Idem.*, p. 205.

la mesure où la fiction prend une dimension kérygmatique, ils sont introduits de manière cryptée mais inversée, faisant de Giono un prophète de la contestation.

UN CONTRE-DISCOURS OU LA VOIX DU PROPHÈTE GIONO

LA TRANSCENDANCE NIÉE

Giono associe systématiquement les allusions christiques, qu'il multiplie pourtant, au déni de transcendance, voire au déplacement du sacré.

Il semble avoir intentionnellement joué sur le nom qu'il donne au personnage Élzéard Bouffier qualifié d'« exceptionnel » (*L'H*, V, 763). Si le début peut être pris comme un préfixe, en cohérence avec le fait qu'il semble avoir le rôle de Dieu et de Jésus, le suffixe *-zéard* de son prénom et le nom de *Bouffier* renvoient, par le jeu des assonances, aux mots *hasard* et *bouffon* ce qui ôte toute sacralité et porte atteinte à l'« immense respect » (767) affiché. Pierre Citron ne voit dans cette onomastique que les emprunts au contexte puisque, le nom de Bouffier est, dit-il, « très courant dans la région, en particulier à Cérette et à Montjustin où Giono allait souvent voir Lucien Jacques » (V, 1406).

D'autre part, renversant le schéma évangélique du Dieu-Père, lui-même Parole, qui envoie selon un projet motivé son Fils unique dans le monde (« Car Dieu a tant aimé le monde qu'il a donné son Fils unique [...]. » [Jean 3, 16]) pour y être Parole (Verbe), Giono précise, à l'inverse mais avec la même expression, qu'« il avait perdu son fils unique, puis sa femme » (*L'H*, V, 760). Selon le même schéma que nous appellerions « de contestation terme à terme », s'il agit méthodiquement, le personnage ne parle jamais, ne commente ni ne justifie ses gestes pour un monde qui l'ignore. Le texte insiste sur ce mutisme qui semble aller de pair avec la solitude « totale » (758, 759, 760, 761, 763 et 766), à l'inverse d'un Christ occupé à parler, expliquant longuement le sens de ses actions, qui renvoie sans cesse à Celui qui l'a envoyé et qui l'accompagne (« [...] le Père qui m'a envoyé est avec moi. » [Jean 8, 16]). En faisant d'Élzéard un « athlète de Dieu » (*L'H*, V, 764), Giono reprend une image de l'apôtre Paul qui se décrit comme un coureur (Philippiens 3, 12). Le personnage est certes doué d'une santé qui le fait rester « fort vert » (*L'H*, V, 762) mais il vieillit et finit par mourir de la manière humaine la plus banale aux antipodes de la violence de la croix : « Élzéard Bouffier est mort paisiblement en 1947 à l'hospice de Banon. » (767). Enfin, les symboles traditionnels de la religion sont symboliquement et définitivement inopérants : le portrait final de la vallée enfin heureuse décrit des « fermes propres » (766), des terres cultivées, une population régénérée « méconnaissable » qui a « repris goût aux fêtes campagnardes » mais qui ne manifeste aucune reconnaissance spirituelle. Ce n'est pas une église qui renvoie à la thématique biblique mais bien le tilleul, un arbre dont les fleurs ont des vertus médicinales, planté au bord de l'eau, qui est donné comme un signe (« symbole » ; 766) de la résurrection. Giono reprend avec lui l'image de "l'arbre de vie" de l'Apocalypse, planté dans une ville nouvelle qui n'a plus besoin d'église (Apocalypse 21, 22) au bord d'un fleuve « au milieu de la place de la ville » et « dont les feuilles servent à la guérison » (Apocalypse 22, 2). Cette eschatologie paradoxale explique peut-être la toponymie puisque Vergons, tout en étant le nom d'un village de la région de Giono, peut être entendu comme l'association dynamique de la préposition « vers » et le suffixe inclusif du pluriel « ons » ou comme l'aphérèse de « convergeons » qui serait une exhortation à l'impératif ou une annonce au présent.

Cependant, la vision de l'histoire semble, elle aussi, inversée puisque l'origine des événements ne s'enracine plus dans aucun projet ni aucune transcendance ce qui en fait disparaître le sens.

Si le village et le plateau sont voués à la mort c'est que « toute cette terre » n'a « pas de chance » (*R*, I, 336). La scène centrale qui permet le renversement de la trajectoire mortifère est placée sous le signe du hasard car les chemins des protagonistes, Panturle et la femme, semblent s'être croisés de manière aléatoire. Le pronom impersonnel comme la voix pronominale font disparaître toute causalité : « Ça s'est fait comme on débouchait du bois. » (376) raconte l'agent du salut. La noyade évitée, l'accident déclencheur, est figurée par une « grande gifle d'une main froide » dont les « longs doigts fins du ruisseau » (374) se ferment sur la victime. La compréhension du projet de la vieille Mamèche, qui a dévié par son sacrifice la femme de sa trajectoire initiale, échappe aux protagonistes. L'irruption de la femme « à côté de lui » (375) pendant son sommeil semble naturelle et sa blessure à la hanche n'est que, de son point de vue et pour le lecteur, « du mal de pas grand-chose » (377). Or, ces détails, peu pertinents dans l'économie générale du récit, sont des références bibliques tressées les unes dans les autres : l'eau renvoie au baptême comme signe de purification (« si quelqu'un ne naît pas d'eau et d'Esprit », Jean 3, 5, « si quelqu'un est en Christ, il est un être nouveau », 2 Corinthiens 5, 17). La femme sort du côté de l'homme endormi comme dans le récit de sa création (Genèse 2, 21-22) et Jacob, couvert des mêmes poils roux que Panturle (Genèse 25, 25), violent, sort de sa confrontation avec Dieu transformé intérieurement, apaisé mais marqué à la hanche en signe de bénédiction (Genèse 32, 33). Enfin, les ébauches du manuscrit révèlent l'interprétation du romancier de cet épisode : « En cherchant le cadavre, il trouve le printemps (l'odeur des narcisses). » (*R*, I, 993). Giono reprend ici la symbolique d'Ésaïe qui annonçait : « La plaine aride fleurira comme le narcisse [...]. » (Ésaïe 35, 1) mais remplace Dieu par le vent de printemps assimilé au souffle de la vie.

Le texte s'achève sur une victoire totale mais ambigüe où le romancier annonce qu'elle sera l'énoncé d'un sens enfin révélé : « [...] on voit bien les pourquoi et les comment. » (*R*, I, 426) dit l'homme au terme de sa reconstruction. Le Panturle transformé, ré-humanisé, ramené de la chasse à l'agriculture selon le schéma historique, est dans sa maison dont la situation donnée au début du récit rappelle en tous points la scène apocalyptique déjà citée : « [...] au bord du ruisseau, à la fourche du ruisseau et de ce qu'ils appelaient la route, là, contre un cyprès. » (329). Giono conserve l'idée eschatologique de transfiguration en vue d'une victoire finale, la topographie de l'eau et de l'arbre et le thème de la fin du combat puisque le personnage « a appris la grande victoire » (428) et revoit « la terre ancienne » qu'il était. Cependant, alors que le récit a montré que l'homme a tout reçu des autres, le texte reconnaît qu'« on ne peut pas combattre sans l'aide de la vie » (429) mais fait de lui le seul vainqueur : « Il a gagné : c'est fini. ». Alors que tout sacré paraît évacué, l'homme, et c'est le dernier mot du texte, est « solidement enfoncé dans la terre comme une colonne ». Il est devenu lui-même partie d'un temple et « embaumé de sa joie » (428).

Le dénouement de *L'Homme qui plantait des arbres* est une interprétation théologique plus explicite. Le narrateur, admiratif de l'œuvre d'un seul homme énonce cette sentence : « [...] les hommes pourraient être aussi efficaces que Dieu dans d'autres domaines que la destruction. » (*L'H*, V, 762). Le récit, comme dans les paraboles, se termine par ce qui peut être compris comme l'interprétation du moraliste : « Quand je réfléchis qu'un homme seul, réduit à ses simples ressources physiques et morales, a suffi pour faire surgir du désert ce pays de Canaan, je trouve que, malgré tout, la condition humaine est admirable. » (766). Il contredit ainsi frontalement la fin de la déclaration d'Ésaïe : « [...] votre Dieu viendra lui-même et vous sauvera [...]. » (35, 4).

Il est donc établi que Giono présente métaphoriquement – et prophétiquement – dans ces deux romans le point de vue pessimiste sur la condition humaine et la nécessité d'une intervention salvatrice. Mais s'il semble d'abord partager l'analyse de la Bible, il en revisite par le biais de ses personnages les modalités d'action, en particulier en contestant, avec ses propres termes, l'œuvre rédemptrice du Christ. Il faut donc chercher quelle est la source et le sens de la rédemption mise en scène dans ses fictions.

RESTE-T-IL UN MESSAGE POUR LE PROPHÈTE GIONO ?

Une telle relecture de la dimension prophétique de ces textes pourrait paraître exagérée si nous ne trouvions ailleurs, dispersées, les traces de ce pessimisme ontologique. Le romancier introduit la question de la foi mais en y associant immédiatement celle du doute à propos de la persévérance d'Élzéard Bouffier : « Je ne l'ai jamais vu fléchir ni douter. Et pourtant, Dieu sait si Dieu même y pousse ! Je n'ai pas fait le compte de ses déboires. » (*L'H*, V, 763).

Fasciné par Machiavel, Giono commente la condition humaine : « Qui vous a dit que la terre était un lieu de délices ? Chassé du paradis terrestre n'était pas un vain mot. Il fallait prendre cette menace au sérieux. Une chute des Anges ne se rafistole pas avec des bouts de ficelle. » (*CG4*, 145).

Si l'optimisme déclaré de ces œuvres célèbre la capacité de l'homme à surmonter seul les affres de l'ensauvagement et de la mort, le romancier désavoue lui-même son discours romanesque qui acquiert le statut de « bouts de ficelle ». Au contraire de la prophétie, à rebours de la radicalité biblique, il ne serait plus qu'un « truc » provisoire plus proche du divertissement pascalien que du salut. Après *Le roi sans divertissement*

(1947), Giono développe cette position à propos de son portrait de Machiavel qu'il fait parler en reprenant cette accusation de mutisme pour évoquer Dieu :

> Ce que je cherche, ce que nous cherchons tous : passer le temps, le mieux possible. J'ai trouvé un truc. [...] à partir de maintenant [la Renaissance] on va beaucoup s'occuper de l'homme, de l'individu (ainsi que disent les gendarmes). On ne va même plus s'occuper que de lui. Le muet a fait son temps ; c'est le parlant qui prend sa place. C'est à celui-là qu'on va désormais demander la ration de romanesque sans laquelle on ne peut vivre. (*CG4*, 158-159)

Le romanesque de ces deux fictions vient donc, de manière implicite, faire le procès du « muet » inefficace, prendre sa place pour annoncer une autre issue, celle d'un humanisme individualiste. Pourtant, ce dernier est aussi pris en défaut puisque le romanesque, c'est-à-dire le mensonge, s'apparente à un bricolage à recommencer sans cesse. La prophétie de Giono se transforme alors en annonce qu'il n'y a rien à annoncer sauf à survivre grâce au mensonge. Il l'énonce par le biais de Machiavel : « Il n'essaie pas de se lancer dans de grandes réparations. Il fait chaque jour du provisoire jusqu'au moment où il s'aperçoit que le provisoire tient très bien[13]. »

La reconnaissance du caractère provisoire de sa parole relègue celle-ci au rang de pis-aller, d'étourdissement dont l'efficacité apparente ne peut être qu'une illusion. La solitude, mortifère pour Panturle puis guérie par le couple, surmontée par l'action réparatrice unique d'Élzéard Bouffier, associée à un humanisme qui semble libérateur, paraît plus tragique quand elle est constitutive de la condition humaine, donc de lui-même. Sur ce point encore, la prophétie gionienne n'annonce que des subterfuges :

> Vous ne pouvez être heureux que seul. [...] La douleur morale [...] factice et facile à guérir si l'on a toujours pris soin d'être maître de son imagination [...] est une affaire personnelle. [...] Il y a beau temps que je ne dis jamais ce que je crois et je ne crois jamais ce que je dis, et s'il m'échappe parfois quelques brins de vérité, je l'enfouis dans tant de mensonges qu'il est difficile de la retrouver. (*CG4*, 172-173)

Ces deux récits de déserts revenus à la vie sont donc des paraboles dans lesquelles, nous avons tenté de le montrer, Giono a enfoui de ses « brins

---

13 *Ibid.*

de vérité » : Maurice Chevaly qualifie *Regain* de « parabole déiste[14] », et Pierre Citron utilise le terme associé à celui de « mystification » à propos de *L'Homme qui plantait des arbres* (*L'H*, V, 1403 et 1409). Ils sont bien construits sur des structures narratives et des perspectives bibliques mais parce que l'illusion référentielle fonctionne d'autant mieux que Giono lui-même[15] y encourage, leur dimension spirituelle masquée a souvent échappé aux commentateurs. Christian Michelfelder dès 1938[16] a insisté sur l'image régionaliste et fait de *Regain* le signe du retour de Giono à ces « religions de la Terre ». Cette même confiance dans son issue heureuse a encouragé Pierre Citron à qualifier *L'Homme qui plantait des arbres* d'« intégralement optimiste et moral[17] ». Giono lui-même, que sa fille qualifie d'« inventeur professionnel » (V, 1407 et 1409) à ce sujet, oscille entre diverses interprétations, répondant à un appel d'histoires vraies puis plaidant pour l'imagination avant de parler, trois ans plus tard, d'engagement en faveur d'une « politique de l'arbre » (V, 1408).

Au-delà de ces interprétations officielles, les étapes si précises et si nombreuses qui inversent des scènes bibliques nous semblent manifester, non pas une simple source de plaisir du jeu intertextuel comme le dit Llewellyn Brown[18], mais la constante inquiétude spirituelle d'un homme éloigné des controverses publiques. C'est avec lui seul et contre lui seul qu'il adapte sa position en fonction de celle de la Bible et témoigne par là qu'il n'a pas d'alternative, que le débat n'est jamais clos. Le Livre découvert grâce à son père qui annonçait qu'en lisant la Bible seul son fils « ferait son compte tout seul » (*JB*, II, 20) et qu'il connait si bien, reste la seule référence à contester, comme si Dieu, nié mais accusé, ne cessait d'être l'interlocuteur secret.

La prophétie d'Ésaïe, vidée de son acteur initial, continue d'être utilisée par l'écrivain-prophète qui se l'est réappropriée mais en tant que « réparation provisoire ». La solitude, la douleur morale sont transcendées par cette imagination romanesque qui remplit la vie de Giono en le divertissant.

Cette apparente contradiction entre une indifférence affichée, un panthéisme trop visible, et un dialogue constant avec la Bible ne nous

14 Chevaly, *Giono à Manosque*, *op. cit.*, p. 260.

15 Cité par Chevaly, *Giono à Manosque*, *op. cit.*, p. 62.

16 Chevaly, « Les Religions de la Terre », in *Giono à Manosque*, *op. cit.*, p. 61-65 et Christian Michelfelder, *Jean Giono et les religions de la terre*, Paris, Gallimard, 1938.

17 Citron, *Giono*, *op. cit.*, p. 488.

18 Brown, *Giono et la Bible*, *op. cit.*, p. 112.

semble compréhensible que par les aveux de Giono quand il disait à Claudine Chonez qui le considérait comme un « homme de sérénité[19] » et même « l'exemple vivant du bonheur atteint » que « chacun a besoin de se remettre de temps en temps le cœur en place et emploie des trucs ». Nous pouvons considérer son œuvre de fiction selon la même perspective que son contemporain Pierre-Jean Jouve qui avouait qu'« un personnage n'est jamais qu'un morceau intime de nous-même, et toute œuvre, quelle qu'elle soit, est une confession qui subit une métamorphose[20] ».

Regain et *L'Homme qui plantait des arbres* manifestent, à vingt ans d'intervalle, que les questions métaphysiques hantent le romancier bien au-delà de ce qu'il s'acharne à afficher et qu'il semble justifié de parler, avec Pierre Citron mais pour tous les textes, de romans à « message oblique[21] », volontairement obliques jusqu'à être soigneusement cryptés. Cet hypotexte biblique témoigne que son apparente tranquillité solaire, sa « religion de la joie[22] » et sa relative solitude volontaire sont des positions de compromis pour supporter l'insupportable de l'échec sans cesse proclamé de la proposition biblique : « Nous sommes constamment en représentation pour notre bénéfice [...] Nous avons besoin des trucs qu'il dévoile [...] Nicolas [Machiavel] vend la mèche de l'humanité tout entière. Avouez que ce n'est pas très rigolo. » (*CG4*, 140).

Giono se fait prophète dans la mesure où il s'approprie et dissimule ce message dans des récits et des images heureuses puis anti-prophète quand il inverse les prophéties antérieures pour exprimer son désespoir. Le désert de Giono, après celui d'Ésaïe, refleurit pourtant : est-ce un symbole, un mensonge ou un truc pour survivre ?

Dominique RANAIVOSON
Université de Lorraine

19 Claudine Chonez, *Giono par lui-même*, Paris, Seuil, « Écrivains de toujours », 1956, p. 116-117 et 93.

20 Pierre-Jean Jouve, *Commentaires*, Paris, Mercure de France, 1950.

21 Citron, *Giono*, *op. cit.*, p. 246.

22 *Idem*, p. 205.

LES FIGURES DE JOB DANS *LE MOULIN DE POLOGNE* DE JEAN GIONO

« Les hommes oubliés de Dieu. » C'est le titre d'un recueil de nouvelles d'Albert Cossery, écrivain égyptien de langue française, célèbre habitant de l'hôtel La Louisiane à Paris. Penseur de la nonchalance et de la paresse, célébrant la pure joie d'exister, Cossery a vécu en cohérence avec ses idées, élevant la fainéantise au rang d'une forme d'art, refusant de s'abaisser à travailler et à s'agiter en tous sens. C'est à ce titre que je le tiens pour un véritable maître à penser, adepte d'un art de vivre, très séduisant, lié à une philosophie orientale que j'admire. C'est dans ses romans *Mendiants et orgueilleux*, *Les Fainéants dans la vallée fertile* ou encore *Un complot de saltimbanques* que Cossery a montré les ressorts de sa philosophie – toute simple –, en mettant en scène une galerie de personnages savoureux, de jeunes oisifs marginaux qui ne prennent rien au sérieux, qui ne cherchent qu'à s'amuser, à rire et à faire l'amour, indifférents au sort du monde et jaloux de leur paresse, à l'abri de l'« imposture universelle[1] ».

Les Hommes oubliés de Dieu, l'une des premières œuvres publiées par le jeune Cossery, n'appartient pas au même ensemble. Une autre philosophie, si j'ose dire, la soutient. C'est comme si Albert Cossery n'était pas encore devenu Albert Cossery. Si le peuple égyptien fournit déjà à l'écrivain ses histoires et ses personnages, la perspective est plus sombre que celle des romans qui suivront. Les hommes dont il est question sont en effet écrasés par la misère, la pauvreté et l'injustice, et ils s'estiment « oubliés de Dieu ». Ils se considèrent comme des "maudits", comme les victimes innocentes d'une malédiction divine. Dieu les a oubliés et c'est pourquoi ils souffrent, pensent-ils ; c'est pourquoi la misère est leur

1 Pour une bonne présentation de la philosophie de Cossery, on lira avec intérêt Raymond Espinose, *Albert Cossery, une éthique de la dérision*, Paris, Orizons, 2008.

condition mais aussi leur destin, une fatalité. Cossery n'est pas encore parvenu à la joie et à la *dérision*, ses personnages sont des victimes (de Dieu et des puissants) ; s'estimant « oubliés de Dieu », ils s'abandonnent à la séduction des passions tristes, pourrait-on dire.

Il est aussi question des « hommes oubliés de Dieu » dans *Le Moulin de Pologne*, un roman tout à fait fascinant de Jean Giono publié en 1953. Mais la perspective est bien différente, et même diamétralement opposée. Cette fois-ci, « être oublié de Dieu » ne constitue pas la marque d'une *malédiction* mais plutôt le signe d'une *élection*, promesse de salut et de bonheur. Ce que Coste recherche pour ses deux filles, ce sont en effet « des gens oubliés de Dieu », comme il le dit à la marieuse, Mlle Hortense : « Je peux payer. Aussi cher qu'on voudra. Il n'y a pas de raison que nous ne puissions nous mettre d'accord si vous avez à vendre ce que précisément j'ai envie d'acheter. Les de M… que vous me proposez, est-ce que ce sont des gens oubliés de Dieu ? » (*MP*, V, 654).

Estimant qu'il est lui-même « un homme que Dieu n'oublie pas » (*MP*, V, 655), Coste désire autre chose pour ses filles. Il veut les marier et leur donner tout, mais il exige, en contrepartie, « une famille ou des familles auxquelles Dieu ne pense pas, qu'il a laissées dans quelque coin et qu'il a totalement oubliées, avec lesquelles il ne pensera jamais à faire quelque chose, suivant sa méthode ». Quelle est cette « méthode » de Dieu, dont Coste a lui-même payé le prix ? La voici : « Dieu se sert constamment de lui pour des épreuves d'endurance ou de courage ou de fermeté ou d'un tas de choses semblables. Lui, c'est parfait, il en a pris son parti maintenant, mais ses filles c'est une autre histoire. Il les aime. Elles sont tout ce qui lui reste, il ne veut pas que Dieu passe son temps à leur demander les yeux de la tête. » (*MP*, V, 655). Coste serait même prêt à marier ses deux filles à des curés : « Ce sont exactement les gens qu'il me faut. Il ne leur arrive jamais rien, ils meurent entiers et de vieillesse : c'est parfait. » (655)

Qu'est-ce qui est arrivé à Coste pour qu'il se sente ainsi persécuté par Dieu ? Il a perdu sa femme puis ses deux fils : « Ils avaient été frappés tous les trois et l'un après l'autre, à quelque temps d'intervalle, par des morts accidentelles très spectaculaires. » (*MP*, V, 657). Ce qui avait révolté Coste, c'était moins la mort elle-même que la manière dont elle était survenue : « Chaque fois c'était brusquement, et dans une sorte d'aurore boréale ; une exception, rouge et théâtrale. Il ne pouvait pas oublier. Il était comme un homme qui avance pas à pas sur des cartouches de dynamite. À chaque instant il s'attendait à sauter ou à voir sauter ce qu'il aimait. » (657)

Il s'était résigné la première fois, se disant que la mort est « le sort commun ». Il n'avait rien dit la deuxième fois. C'était seulement le troisième coup du destin – c'est-à-dire, pour lui, de Dieu – qui avait entraîné la révolte de Coste : « Non, je refuse », avait-il dit. C'est à ce moment du récit que Giono fait surgir la figure biblique de Job : « Vous n'êtes pas Job », s'exclame Mlle Hortense, la marieuse. Ce que reconnaît immédiatement Coste : « Non, je ne suis pas Job. » (*MP*, V, 657).

Le lecteur n'est pas étonné par cette référence à Job. N'est-il pas, lui aussi, un homme que Dieu n'oublie pas, au sens où l'entend Coste ? Un peu comme celui-ci, Job avait tout et il a tout perdu (ou presque), à cause de Dieu, semble-t-il : ses propriétés, ses domestiques, ses enfants (sept garçons et trois filles) et sa santé. Job a aussi perdu, à terme, sa réputation – lui qui était considéré comme « le plus grand de tous les fils de l'Orient » (Job 1,3) finira sur un tas de cendre, à l'écart de la société. Et il perdra même ses amis, en un sens ; car ces amis, venus pour le consoler, vont finalement l'accabler de leurs reproches et de leurs sarcasmes, résolus à le considérer comme un coupable, expliquant les malheurs de Job par ses crimes – des crimes que lui-même ne reconnaît pas (du moins devant eux), estimant qu'il est innocent.

Frappé durement par Dieu, Job l'est à la manière même de Coste : subitement. En effet, c'est bien « tout d'un coup » qu'il perd tout. Le texte biblique insiste sur la quasi-instantanéité des pertes de Job, qui est frappé aussi violemment que rapidement. Le parallèle entre ce qui arrive à Coste et à Job est évident à cet égard. La question est de savoir comment l'un et l'autre vont *réagir* à ces malheurs.

Coste, on l'a dit, accepte pour lui-même d'être sous les griffes de Dieu. Il désigne Dieu comme le responsable de ses malheurs, mais il ne s'adresse pas à Lui pour défendre son innocence ou pour se plaindre de son sort. Il subit. Ce qu'il n'accepte pas, c'est que ses filles – et, par extension, sa descendance – subissent le même sort que lui ; ce qu'il refuse, c'est que Dieu agisse envers elles selon sa « méthode ». Pour protéger ses filles, Coste va donc les marier à deux « hommes oubliés de Dieu », les fils de la famille de M. – « des gens à qui, depuis plus de mille ans, il n'est jamais rien arrivé » (*MP*, V, 658) : Anaïs Coste va se marier à Pierre, Clara Coste va se marier à son frère, Paul.

Tout se passe bien d'abord, selon l'ordre habituel des choses. Anaïs et Clara tombent enceinte presque en même temps, et ont chacune un fils. Anaïs a éventuellement un nouvel enfant : une fille cette fois, prénommée Marie. Clara donne ensuite naissance à un deuxième garçon. Puis un jour, Coste se plante « un gros hameçon dans le doigt » (*MP*, V, 663). Sur le point de mourir, il est rassuré par Mlle Hortense : « Et quand ce serait !, dit-elle. On s'y attendait bien un peu. La preuve ne vaut que pour vous. Le reste, je le garantis toujours. Rigolez, vous en avez le droit. » (664) Mais la suite des événements ne manquera pas de démentir cette prophétie. En effet, peu de temps après, Anaïs va mourir en accouchant de son troisième enfant : « Le petit qui avait tué sa mère fut appelé Jacques. » (666). Entretemps, la petite Marie (trois ans) était décédée en mangeant une grosse cerise cueillie au bord de la route par son père, Pierre de M.. Quant au fils aîné, il « ne rentra pas d'une de ses promenades habituelles » (668) : « La rumeur courut qu'il s'était détruit dans quelque coin. »

Pour échapper au « destin funeste » ou à la main de Dieu qui avait frappé les habitants du Moulin de Pologne, l'autre fille de Coste, Clara, décida de vendre la Commanderie où elle s'était installée avec son mari et leurs deux garçons, pour déménager à Paris. « Voilà des gens qui savaient lutter victorieusement contre le destin, commente le narrateur. Ils avaient raison, il n'y a qu'un remède : la fuite. Et d'ailleurs, pour fuir, désormais, on avait les chemins de fer. » (*MP*, V, 669). Encore faut-il choisir le bon train : celui dans lequel ils embarquèrent dérailla et « les de M… de la Commanderie furent abattus tous les quatre, d'un seul coup ».

Le narrateur rapporte « qu'il y eut dans la ville, à cette époque, une peur comparable à celle qu'on a en période d'épidémie ; avec cette différence que l'épidémie avait un nom de famille » (*MP*, V, 670). Les derniers descendants des Coste – Pierre de M. et son fils Jacques – étaient au cœur d'un destin dont tout le monde voulait s'éloigner : « Tout le monde était d'accord pour chasser les Coste, mais personne ne voulait *toucher à la hache* de peur d'être foudroyé. »

Après que Pierre de M. fut interné à l'asile, Jacques resta le seul descendant des Coste, vivant avec Mlle Hortense à ses côtés, désormais « non pas régente mais reine » (*MP*, V, 678) : « Elle trône au Moulin de Pologne. Elle doit souvent penser à Coste. Elle doit parler à cette ombre inquiète et lui dire : Ma garantie est de plus en plus valable. J'ai la bride en main. » Utilisant Jacques, jouissant de lui, pour « brimer le destin », Mlle Hortense va néanmoins se buter elle aussi contre plus fort qu'elle, et va mourir au moment où Jacques lui annonce son intention de se marier. L'heureuse élue s'appelle Joséphine, et elle est présentée comme « sa sœur de lait » qui habite « chez un frère aîné » (680). Autant dire qu'on ne sort pas d'une logique familiale et d'une certaine totalité clôturante, d'une certaine similitude annonçant en quelque sorte ce qui ne pourra manquer d'arriver. De l'union entre Jacques de M. et Joséphine naîtront deux enfants : d'abord un fils, Jean, puis six ans plus tard, une fille appelée Julie. Le garçon au caractère de lion se trouvera rapidement en conflit avec les garçons de son école qui lui reprochèrent « son nom et le destin qui y était attaché » (682). Le destin n'avait pas fini son œuvre ; Dieu, semble-t-il, n'avait pas encore oublié les Coste. Ce fut d'abord Jacques de M., le père, qui mourut aussi absurdement que ses ancêtres : il « mourut brusquement, sans préavis, un matin au clair soleil, en faisant un simple pas. Il traversait la cour pour se rendre aux chenils quand il s'abattit d'une pièce, face contre terre. Il avait quarante-deux ans. Il fit un pas et fut mort » (688). Jean, le fils, finira pour sa part assassiné : « Sa mort fut bien accueillie par tout le monde. On le trouva étendu dans un bosquet de genêts, défiguré par un coup de feu qui avait dû être tiré presque à bout portant. » (688).

Il ne resta ainsi des Coste que Julie, que ses camarades appelèrent bientôt la Morte et qu'elles terrorisèrent avec méthode et cruauté. Un jour, la détonation d'un fusil surprit Julie, de telle sorte qu'elle « tomba dans des convulsions qui durèrent trois jours et dont elle sortit louche » (*MP*, V, 684) Ainsi fut détruite sa beauté. Puis Julie vieillissait, approchant maintenant la trentaine. Elle circulait encore dans la société qui l'avait torturée et soumise, comme un fantôme, comme une demi-vivante.

À ce moment-ci, je voudrais suspendre le récit pour introduire des éléments d'analyse touchant le prophétisme, des éléments que j'emprunte à Spinoza. Je reviendrai plus tard au roman de Giono et brièvement, en conclusion, au livre de Job.

Dans le premier chapitre de son *Traité théologico-politique*, Spinoza définit la prophétie comme « la connaissance certaine d'une chose révélée par Dieu aux hommes[2] ». En appréhendant la prophétie comme un mode de connaissance, Spinoza fait preuve d'originalité et se démarque de la

2 Baruch Spinoza, *Traité théologico-politique*, J. Lagrée et P.-F. Moreau trad., Paris, Presses Universitaires de France, « Épiméthée », 1999, p. 79.

définition courante la réduisant à une prédiction divine. Commentant Spinoza, Gilles Hanus note que « la prophétie désigne une certaine forme de connaissance, distincte de la connaissance naturelle du point de vue de sa modalité, non de son essence. Philosophie et foi relèvent de deux approches différentes mais non hétérogènes – d'où la possibilité qu'on les confonde et la nécessité [...] de les distinguer[3] ».

Spinoza définit le prophète comme « celui qui interprète ce qui a été révélé par Dieu pour ceux qui sont incapables d'en acquérir une connaissance certaine et qui, de ce fait, ne peuvent l'embrasser que par la simple foi[4] ». Le prophétisme suppose ainsi trois termes : un Dieu qui se révèle, un prophète qui interprète et le "vulgaire" qui croit. Dans la prophétie, la vérité s'offre à la connaissance, mais d'une manière partielle, incomplète ou du moins indirecte. La connaissance prophétique suppose un détour par le *signe*, qui exerce une fonction révélatrice.

Le philosophe s'en remet quant à lui à l'entendement qui, concevant une idée, atteint la réalité objective. Comme le dit Spinoza dans *L'Éthique* : « Qui a une idée vraie, en même temps sait qu'il a une idée vraie et ne peut pas douter de la vérité de la chose[5]. » Comme le dit Gilles Hanus, « la nature s'offre intégralement au pouvoir de l'entendement parce que ce dernier lui ressemble. Dans la connaissance naturelle par entendement, rien ne fait effraction dans l'esprit, tout se joue en toute clarté en son sein, en son for intérieur. La vérité n'a besoin de rien d'autre qu'elle-même pour s'imposer[6] ».

Malgré cette différence entre la prophétie et la philosophie, Spinoza maintient qu'il s'agit dans les deux cas de *connaissances*, et même de deux connaissances *naturelles* : « De la définition que je viens d'en donner, il suit qu'on peut nommer prophétie la connaissance naturelle[7]. » Tout l'effort du philosophe consiste ainsi à *naturaliser* la connaissance prophétique. Or, cet effort rencontre une forte résistance de la part de celui qu'il appelle « le vulgaire » : « Cependant comme cette connaissance naturelle est commune à tous les hommes – car elle dépend de fondements communs

3 Gilles Hanus, *Sans images ni paroles : Spinoza face à la révélation*, Paris, Verdier, 2018, p. 10-11.

4 Spinoza, *Traité théologico-politique*, *op. cit.*, p. 79.

5 Baruch Spinoza, *Éthique*, B. Pautrat trad., Paris, Seuil, « Points/essais », 2010, livre II, prop. XLIII, p. 179.

6 Hanus, *Sans images ni paroles*, *op. cit.*, p. 15.

7 Spinoza, *Traité théologico-politique*, *op. cit.*, p. 79.

à tous –, le vulgaire, toujours avide de choses rares et étrangères à sa nature, toujours dédaigneux des dons naturels, ne lui accorde guère de prix et veut donc l'exclure dès qu'on parle de connaissance prophétique[8]. »

Ainsi, le vulgaire apprécie ce qui est rare, étonnant et étrange. Il tend à considérer la connaissance prophétique comme une connaissance totalement distincte de la connaissance naturelle, qu'il trouve trop banale et ordinaire. L'imagination du vulgaire ne trouve pas assez à se rassasier dans la connaissance naturelle et dans l'examen des causes. Ce qui attire et nourrit son imagination, c'est l'inhabituel et l'extraordinaire. D'où son goût pour les miracles et son ennui face à l'ordre des causes naturelles, dont la régularité est forcément lassante. Spinoza constate que le « vulgaire croit [...] que la puissance et la providence de Dieu se reconnaît le plus clairement du monde lorsqu'il voit se produire dans la nature quelque chose d'insolite, qui va à l'encontre de l'opinion que, par habitude, il a de la nature ; et surtout s'il en retire bénéfice ou avantage. Il estime que rien ne peut prouver plus clairement l'existence de Dieu que le fait que la nature, à ce qu'il croit, ne conserve pas son ordre[9] ».

De là l'idée d'un Dieu qui, tel un roi ou encore un juge, récompense et punit, inspirant de l'espoir ou de la crainte. Cette idée est celle de la *superstition*, avec ses mécanismes affectifs propres. Pour comprendre la superstition, il faut se pencher sur la psychologie : « L'homme superstitieux c'est celui dont l'objet du désir est constitué par des biens incertains et qui, ne pouvant, face au danger, trouver un secours dans sa raison, a recours à un secours fictif externe qu'il pose comme cause tant de son infortune que d'un possible retour de sa bonne fortune[10]. » À l'origine de la superstition, on trouve donc un mélange de peur et d'ignorance, qui donne lieu à un délire de l'imagination.

C'est bien à ce délire de l'imagination que Coste et ses descendants cèdent quand les accidents mortels se multiplient ; c'est au même délire que cèdent tous ceux qui entourent cette famille « maudite », une famille qu'ils cherchent à éviter, à chasser ou à persécuter. Dans la galerie des personnages dessinée par Giono, M. Joseph, un homme mystérieux

---

8 *Ibid.*, p. 79-81.

9 *Ibid.*, p. 239.

10 Jean-Marie Vaysse, « Spinoza et le problème de la peur : *metus* et *timor* », *Philonsorbonne*, 6, 2012,p. 145.

introduit dès le début du roman, occupe une place singulière. Grâce à lui, et d'une manière tout à fait inattendue, le destin des Coste va chavirer. Dieu les aurait-il oubliés finalement ? Un jour, une nuit, « tout alla à l'encontre de l'espérance générale » (*MP*, V, 692). M. Joseph enleva Julie et la maria. Comme pour défier le destin, M. Joseph va même abandonner son nom et prendre celui de sa femme. Ils vont s'aimer et vivre heureux, avoir un fils – Léonce – qu'ils adoreront. Le Moulin de Pologne va retrouver sa grandeur passée, M. Joseph bâtissant un empire pour son fils (740).

Signe que le destin a été vaincu, que Dieu a enfin oublié les Coste, M. Joseph va même mourir de sa belle mort : « M. Joseph, comme il était *naturel*, vu son âge, mourut *avant* Julie, d'une mort à laquelle il n'y avait rien à reprocher. » (*MP*, V, 744). Ce qui permet au narrateur de tirer la conclusion suivante, qui a valeur de thèse philosophique et sans doute de clef de lecture du roman : le « destin n'est que l'intelligence des choses qui se courbent devant les désirs secrets de celui qui semble subir, mais en réalité provoque, appelle et séduit ». Une proposition de ce type avait déjà été énoncée par Mlle Hortense, en des termes plus expressément théologiques : « Nous faisons Dieu plus gros qu'il n'est [...]. Il sort tout armé du malheur et des alarmes. » (661).

C'est dire, me semble-t-il, que la peur et le délire d'interprétation sont bien à l'origine du Dieu qu'imaginent les superstitieux, un dieu apparaissant sous les traits d'un « monarque absolu » et d'un « juge suprême ». Dans *Le Moulin de Pologne*, Jean Giono décrit d'une manière tout à fait savoureuse et précise le système de la superstition et ses délires – à ne pas confondre, j'insiste sur ce point, avec la connaissance prophétique, telle que l'entend Spinoza, dont la superstition ne constitue que la forme dégénérée. Les personnages dont Giono dessine les traits – à l'exception de M. Joseph (et peut-être de Mlle Hortense) – appartiennent bel et bien à la catégorie des « vulgaires », c'est-à-dire des esprits étroits et apeurés qui relient entre eux des événements insolites pour les rattacher à une Volonté divine persécutrice ou à une Justice divine, punissant les fautifs et récompensant les méritants.

Il peut être utile, à ce moment-ci, pour conclure, de convoquer la figure de Job (à laquelle le personnage de Coste est explicitement rattaché), ou plutôt les figures de Job telles qu'elles se déploient dans le récit biblique. Il me semble en effet qu'il y a plusieurs Job dans le récit.

Dit autrement, il me semble que le texte biblique raconte la lente mais décisive transformation de Job.

À un bout du spectre, nous avons un homme totalement pris dans la superstition. C'est l'homme intègre, droit, craignant Dieu et s'écartant du mal (Job 1,1), mais qui vit dans la crainte que ses fils, à l'occasion de l'une de leurs fêtes, aient « péché et maudit Dieu dans leur cœur » (Job 1,5). Pour prévenir du malheur (éventuel) que risque d'entraîner une (éventuelle) faute de ses fils, Job veille à purifier ceux-ci en offrant un holocauste hebdomadaire à chacun d'eux. Comme on sait, ce rituel va s'avérer inefficace, puisque Job va être touché par deux épreuves successives : la première concernant ses possessions (ses animaux, ses serviteurs et ses enfants), la seconde l'atteignant dans sa chair même, puisqu'il sera victime « d'une lèpre maligne depuis la plante des pieds jusqu'au sommet de la tête » (Job 2,7). La réaction de Job à la première épreuve s'inscrit parfaitement, me semble-t-il, dans la logique de la superstition. Sans trop réfléchir, Job va poser un certain nombre de gestes rituels et reprendre quelques formules pieuses, mais peut-être un peu vides ou superficielles, qui sont à sa disposition : « Alors Job se leva. Il déchira son manteau et se rasa la tête. Puis il se jeta à terre, adora et dit : Sorti nu du ventre de ma mère, nu j'y retournerai. Le Seigneur a donné, le Seigneur a ôté : Que le nom du Seigneur soit béni ! » (Job 1, 20-21).

La réaction de Job à la seconde épreuve ne s'inscrit déjà plus tout à fait dans la logique de la superstition, puisque ce qu'il trouve de mieux à faire, assis sur son tas de cendre, c'est de se gratter en silence. Job, à ce moment du récit, est perplexe ; c'est le moins qu'on puisse dire. En compagnie de trois sages, trois amis venus le consoler, Job va ensuite méditer sur le sens (ou l'absurdité) de ce qui lui arrive, et cela pendant sept jours et sept nuits (Jb 2,11-13). Ce n'est qu'au terme de cette petite « retraite spirituelle » qu'il va recommencer à parler, et il aura beaucoup de difficultés à se taire une fois qu'il aura commencé à ouvrir la bouche.

Il va d'abord prononcer un long monologue, assez terrible, qui compte sans doute parmi les pages les plus dures de la Bible. Je ne cite que le début du poème :

> Périsse le jour où j'allais être enfanté
> et la nuit qui a dit : « Un homme a été conçu ! »
> Ce jour-là, qu'il devienne ténèbres,
> que, de là-haut, Dieu ne le convoque pas,

> que ne resplendisse sur lui nulle clarté ;
> que le revendiquent la ténèbre et l'ombre de mort,
> que sur lui demeure une nuée,
> que le terrifient les éclipses ! (Job 3,3-5)

Après avoir ainsi maudit le jour de sa naissance, Job va proposer un véritable éloge du néant. Lisant ces pages, on imagine facilement la fascination qu'elles ont pu exercer sur Cioran. Mais Job n'en reste pas là. Il s'engage dans un interminable dialogue avec ses amis. Ces trois sages venus en consolateurs auprès de Job vont plutôt essayer de lui faire avaler au travers de la gorge la doctrine de la rétribution : « Dieu t'a puni parce que tu as commis une faute. ». C'est ainsi que les choses se passent toujours, répètent à tour de rôle Eliphaz, Bildad et Çophar, qui se transforment en théologiens pour l'occasion.

> Rappelle-toi : quel innocent a jamais péri,
> où vit-on des hommes droits disparaître ?
> Je l'ai bien vu : les laboureurs de gâchis
> et les semeurs de misère en font eux-mêmes la moisson.
> Sous l'haleine de Dieu ils périssent,
> au souffle de sa narine ils se consument. (Job 4,7-9)

Alors même qu'il connaît bien cette doctrine de la rétribution, et qu'il y a adhéré lui-même un temps, Job la juge maintenant irrecevable. Il la rejette parce qu'elle ne permet pas d'expliquer ce qui lui arrive : tout au long du dialogue avec ses amis théologiens et jusqu'à la fin, Job maintient en effet qu'il est innocent (du moins lorsqu'il s'adresse à ses amis). Personne ne parvient à lui soutirer un aveu quelconque. Au-delà de son propre cas, Job constate l'inanité de la doctrine de la rétribution :

> Elles sont en paix, les tentes des brigands,
> ils sont tranquilles, ceux qui provoquent Dieu,
> et même celui qui capte Dieu dans sa main. (Job 12,6)

Job rejette ainsi l'image d'un dieu comme « juge suprême ». Comme ses amis théologiens n'ont rien de mieux à lui proposer que cette image et la doctrine de la rétribution qui lui est associée, Job se tourne ensuite – à partir du chapitre sept – vers Dieu lui-même : « Rappelle-toi que ma vie n'est qu'un souffle, et que mon œil ne reverra plus le bonheur. » (Jb 7,7).

Je le souligne au passage : alors même qu'ils défendent la cause de Dieu, les amis de Job ne s'adressent jamais à Lui, à la différence de Job qui n'hésite pas à *tutoyer* Dieu, le priant de répondre à ses questions, à ses lamentations, à ses larmes. Quand il s'adresse à Dieu, Job consent plus volontiers à reconnaître ses fautes : il souligne plutôt l'écart extraordinaire entre la petitesse de son péché et la grandeur divine. Il se demande pourquoi Dieu, envisagé plutôt ici comme un « monarque absolu », ferait un tel cas de ses actions. Job se sent persécuté et se demande pourquoi Dieu l'a pris comme sa cible et son ennemi.

Au terme d'une longue attente, Dieu va finalement intervenir, pour suppléer au manque à dire de ses théologiens et de son prophète Élihu. Dieu va surgir « du sein de l'ouragan » (Job 38,1) et répliquer longuement à Job. Or, cette réponse de Dieu à Job est loin d'être convaincante. Comme l'écrit Slavoj Žižek, « loin d'apporter des explications aux souffrances imméritées de Job, l'apparition finale de Dieu se résume finalement à une pure fanfaronnade, à une scène d'horreur avec quelques éléments de farce. Dieu y recourt à un pur argument d'autorité fondé sur une impressionnante démonstration de force : Tu as vu de quoi je suis capable ? Es-tu capable d'en faire autant ? Qui donc es-tu pour oser te plaindre[11] ? ».

À quel Dieu a-t-on affaire ici ? Ni à un Dieu bon faisant savoir à Job qu'il a voulu éprouver sa foi. Ni à un Dieu juste rappelant la faute de Job – un peu plus loin, Dieu va d'ailleurs porter un jugement sévère sur les amis de Job qui ont cherché à défendre la justice divine. Nous n'avons pas davantage affaire à un dieu tout-puissant, agissant tel un monarque absolu, à sa guise et sans raison aucune. Pour Žižek, le Dieu qui apparaît « agit comme quelqu'un qui est surpris à un moment où il est impuissant, ou en tout cas surpris dans un moment de faiblesse, et qui essaie de se tirer d'une situation délicate par de vaines rodomontades[12] ». Quand Dieu apostrophe Job en lui demandant : « Où est-ce que tu étais quand je fondai la terre ? Dis-le-moi puisque tu es si savant. » (Job 38, 4), il n'y a rien d'autre à entendre qu'une « rodomontade ridicule » et un aveu d'impuissance de la part de Dieu. C'est bien ce que Job entend, lui aussi, et c'est pourquoi il garde le silence,

11 Slavoj Žižek, *La Marionnette et le nain : le christianisme entre perversion et subversion*, J.-P. Richard et J.-L. Schlegel trad., Paris, Seuil, 2006, p. 159-160.

12 *Idem*, p. 160.

éprouvant de la compassion pour Dieu. Le silence de Job n'est pas la marque d'une soumission, ni celle d'une révolte, mais ce qui fait signe en direction d'une autre théologie, d'un autre Dieu (ni juge suprême, ni souverain absolu). Job le sage est devenu non seulement un prophète, mais le dernier des prophètes, annonçant la disparition imminente de tous les prophètes.

Job pourra enfin *vivre*, c'est-à-dire jouir de la vie, plutôt que *se lamenter*, en s'imaginant la victime élective d'une divinité injuste, obscure, toute-puissante et malveillante.

Lisant *Le Moulin de Pologne* en théologien, à partir d'un biais précis, je l'appréhende forcément d'une manière qui n'honore pas la richesse, la profondeur et la complexité d'une œuvre aussi forte[13]. En outre, la conclusion à laquelle j'arrive n'aurait sans doute pas plu à Jean Giono, ni à certains de ses lecteurs, puisqu'elle consiste ni plus ni moins à faire du *romancier* un authentique *théologien* – un théologien sans Église, cela va de soi. Car c'est bien une certaine idée de Dieu que l'auteur du *Moulin de Pologne* s'attache à déconstruire, en mettant en scène ses suppôts, qui sont aussi ses malheureuses victimes. En dévoilant un côté obscur de la croyance et l'étroitesse de certains esprits religieux, Giono met en cause la figure de Dieu qui leur est liée, dans un geste qui n'est pas sans rapport avec celui de l'auteur du livre de Job. Cette mise en cause n'est pas anti-théologique, même s'il lui manque un versant constructif ; elle est, à mon sens, authentiquement théologique, comme toute entreprise qui s'attaque à une *idole*.

François NAULT
Université Laval (Québec)

13 Pour s'en faire une idée, on lira notamment les études rassemblées dans l'ouvrage collectif « *Le Moulin de Pologne* » *de Jean Giono : la croyance au* destin, Paris, Ellipses/Marketing-Éditeur des classes préparatoires, 1983. On lira également avec intérêt la contribution d'Édouard Schaelchli, « Aux mamelles de la louve, Giono et l'Église catholique », parue dans le dixième numéro de la *Revue Giono*, p. 263.

BOURRACHE, PROPHÈTE DE MALHEUR ET « MAQUIGNON DE DIEU »

dans *Batailles dans la montagne* de Jean Giono

Roman mal aimé de Giono lui-même qui, après sa parution, dira le trouver « boueux », « boursouflé », « monstrueux[1] » et finalement « raté[2] », peu visité par la critique, *Batailles dans la montagne* n'en mérite que davantage d'être interrogé. D'abord du fait de la prégnance biblique qui s'y exhibe, dans l'onomastique de plusieurs personnages de premier plan, Saint-Jean, Sarah et Marie, mais aussi dans les citations, allusions et plus généralement le climat bibliques qui le baignent de part en part. Ensuite à cause de son statut de « premier livre "d'après le tournant" » (*J*, VII, 168), sans que l'on soit très sûr de l'interprétation à donner à cette formule de l'écrivain lui-même dans son *Journal*, à la date du 18 janvier 1937, alors qu'il est en pleine campagne de rédaction exaltée de ce long roman : 630 pages dans sa réédition « Folio », 360 pages dans son édition originale de 1937 chez Gallimard, et plus de 403 pages dans sa reprise au tome II des *Œuvres romanesques complètes* dans la « Bibliothèque de la Pléiade » (Gallimard, 1972[3]). À peine plus long, certes, que *Le Hussard sur le toit* (396 pages « Pléiade ») et nettement moins que *Le Bonheur fou* (463 pages « Pléiade »), *Batailles dans la montagne* donne néanmoins et très généralement à ses lecteurs une impression d'épaisseur sans commune mesure avec ces deux autres romans, du fait peut-être du dynamisme des aventures d'Angelo, surtout dans *Le Hussard sur le toit*. « [P]remier livre "d'après le tournant" » ou dernier roman avant le « grand tournant » de la dite « seconde manière » de Giono, il faudra en tout cas nous interroger sur la portée de cette expression et de cette

1 « C'est un livre monstrueux. » (31 octobre 1936 ; *JO*, VII, 146).

2 « *Batailles* est *sûrement* un livre raté. » (20 mars 1937 ; *JO*, VII, 180).

3 Références abrégées en *BM* suivi du n° de page.

œuvre dont la publication en 1937 sera suivie d'un long embargo dans la production romanesque de Giono, puisque son roman suivant ne paraîtra que dix ans plus tard, et ce sera l'extraordinaire *Roi sans divertissement*. Il nous faut toutefois tenir compte de la prodigieuse activité, y compris éditoriale, de Giono pendant cette décennie, et notamment des chantiers (maintes fois interrompus) de *Deux cavaliers de l'orage* et des *Fêtes de la mort* (autres titres belliqueux…), avec lesquels la genèse et la rédaction de *Batailles dans la montagne* interfèrent très largement. Il faut aussi prendre en considération les différents essais et écrits pacifistes qu'il publie à cette époque (*Les Vraies Richesses*, « Je ne peux pas oublier », *Lettre aux paysans…*) et dont l'inspiration imprègne inévitablement l'écriture des œuvres de fiction simultanément en chantier, sans oublier l'entreprise de traduction de *Moby Dick*, elle aussi contemporaine de *Batailles*, et pas sans rapport chromatique avec elle (le glacier et la baleine comme incarnation du « mal blanc »).

Même si le titre définitif n'apparaît qu'en juillet 1935[4], la genèse de *Batailles dans la montagne* s'étend de février 1935 à mai 1937, si l'on prend en compte le projet initial de « Choral pour un clan de montagnards » au titre moins belliqueux et davantage dans la résonance musicale de *Que ma joie demeure*, que Giono vient tout juste d'achever. « Je viens de finir mon prochain roman. *Que ma joie demeure*. Alors, montagnes », enchaîne-t-il dans son *Journal*, le 11 février 1935 (*J*, VII, 3). Février 35 – mai 37 : deux ans et demi, ce qui est très long par rapport aux œuvres qui ont précédé et celles qui vont suivre (à l'exception, là encore, du *Bonheur fou*), et deux ans et demi particulièrement intenses et convulsifs pour Giono. La gestation de *Batailles* coïncide vraiment, pour lui personnellement et vis-à-vis de l'Histoire « avec sa grande hache », avec une période qu'on peut dire apocalyptique, au sens familier du mot autant que dans son sens biblique, que définit d'ailleurs, dans *Batailles…*, au début du chapitre « Le Glacier », l'image récurrente de la « lourde tenture d'avoines tressées » (*BM*, II, 959) qui va se déchirer aux yeux des sinistrés de Villard. Datent en effet de cette époque, pour Giono, en plein Contadour et en pleine croisade pacifiste, la rupture violente avec les communistes, après la publication en novembre 1936 de « Je ne peux pas oublier » (« Ni Hitler, ni Mussolini, ni Staline », martèle Giono

4 Dans le *Journal* daté du 28 juillet 1935, alors que Giono séjourne à Lalley en Trièves (VII, 40).

dans son *Journal*, le 26 novembre, VII, 158). On a trop fait grief à Giono de son absence de sens politique et de vision historique pour ne pas lui rendre hommage pour cette prise de position, alors que Gide fait son retour d'URSS, que la guerre d'Espagne va commencer, et que Roger Salengro se suicide le 18 novembre à Lille, poussé à bout par l'odieuse campagne de diffamation menée contre lui par les ligueurs. L'angoisse d'une nouvelle guerre qui gronde, et dont Giono pressent qu'elle sera une conflagration encore plus abominable que celle de 1914-1918, est peut-être à l'origine du fantasme qui l'obsède à cette époque, celui de l'imminence d'une monstrueuse révolte paysanne, « une guerre *Terre* contre *Usine* » (*J*, VII, 160) comme il l'écrit dans une lettre à Pierre Scize, fin novembre, et qui va lui imposer le titre et le thème d'un roman dont la genèse est croisée avec celle de *Batailles*, ces fameuses « Fêtes de la mort » aussi appelées « La Révolte des paysans ». C'est au sujet de ce projet que Giono note dans son *Journal*, le 27 novembre 1936 : « Bientôt vous verrez que j'ai été encore meilleur prophète que ce qu'on croyait. *Les Vraies Richesses* en entier sont des pages prophétiques. » (VII, 159). Assez ironique peut paraître, un an plus tard dans le même journal de Giono, la notation suivante, après la publication de *Batailles* et en réponse à un reproche émis au sujet du style de ce roman : « Ai-je le ton de prophète qu'on me reproche ? On aurait raison. C'est la chose la plus ridicule du monde. » (8 octobre 1937, VII, 218).

Voilà qui éclaire peut-être un peu le climat ou, pour parler comme Giono, l'*orient* qui baigne la gestation de *Batailles*, pour laquelle, à défaut de carnets de travail (dont Giono adoptera l'usage juste après, pour *Le Poids du ciel*), nous disposons du journal de l'écrivain, lequel retrace parfois au jour le jour les alternances pour ainsi dire cyclothymiques d'exaltation et de découragement du romancier, et reflète parfois, justement, ce « ton prophétique » ou à tout le moins biblique, y compris pour rendre compte de son travail. Ainsi à la date du 24 décembre 1936, alors qu'il vient de « tu[er] la vieille Adèle Cotte "avec le Taureau" » (*J*, VII, 165), et que relisant des passages de son œuvre en chantier il estime modestement qu'« on ne pourra la comparer qu'aux grandes œuvres de Breughel », il développe sa très hugolienne fonction du poète :

> Ce matin j'ai relu des passages de *Batailles*. [...] Maintenant je viens de me faire jouer les variations Goldberg, de Bach, et j'ai vu dans son plein « le poids du ciel », ce que je ferai avec les photos de nébuleuses. Un livre de grande et

> terrible consolation. Je viens de voir clairement que ma voie m'éloigne de plus en plus des chemins ordinaires et des tribunes vulgaires, et qu'il faut que je parle à mon temps du haut d'une position au-delà des positions humaines. Peu à peu se confirme la nécessité du message et des messages. Que seulement la vie et le temps me soient donnés et je construirai au milieu du désordre des temps présents, l'habitation de l'Espoir. Le prochain livre ne s'appellera pas : *Révolte des paysans*, mais d'un plus beau titre : *Terre et Liberté*. (*J*, VII, 165)

Un peu plus tard, le même ton d'euphorie cosmique accompagne le commentaire de son « travail jaillissant » (*J*, VII, 171), pour le chapitre de *Batailles*... intitulé « Le vin qu'ils ont bu à l'aube » :

> Au milieu d'un orage de grêle et de vent et des pluies de charbons qui marchent à travers le soleil, avec le tonnerre et le bouleversement de tout le pays, tout autour, dans une tourmente de fin du monde, j'ai fait onze pages ce matin, sans démarrer, et maintenant deux, et à tout moment bouleversé par des pages qui montent et courent et se plient et filent comme le vent. Je viens de me faire jouer le premier et le quatrième mouvement de la Septième. Tout gonflé de tout ce qui doit sortir d'un seul coup. (27 janvier 1937, *J*, VII, 171)

On remarquera au passage, dans l'image finale, la coïncidence entre le mouvement de jaillissement poétique, à la violence possiblement destructrice, et le thème du cataclysme de *Batailles* : cette énorme poche d'eau qui crève soudain, ce grand débondement qui va tout engloutir[5].

Mais l'apothéose survient quand Giono aborde la rédaction de la grande déclaration d'amour de Saint-Jean à Sarah :

> Brusquement, par cette simple déclaration d'amour toute seule, tout le livre devient un chant d'espérance. Alors on se rendra compte que si j'ai accumulé les catastrophes sur les cataclysmes, c'est pour que, brusquement, parce qu'un homme et une femme qui s'aiment parlent ensemble, tout soit éclairé et plein d'enseignements magiques. C'est le sommet. [...] C'est soudain la gloire du monde toute entière, portée par une simple fumée. Brusquement le cœur de l'homme devient plus grand que la montagne et que toutes les montagnes. C'est lui qui est *Léviathan*.
>
> Le bon Léviathan – L'Invincible ! (13 février 1937, *J*, VII, 174)

---

5 « Avant de construire (il faut qu'on sente autour du travail toutes les forces qui veulent le détruire) », note déjà Giono le 16 juin 1935 (*J*, VII, 25). Sur la question des « flux », nous nous permettons de renvoyer à notre étude, « Mécanique des fluides et hydraulique des passions dans *Batailles dans la montagne* », p. 187-201 *in* Mireille Sacotte (dir.), *Giono l'enchanteur*, colloque international de Paris, BnF, 2-3-4 octobre 1995, Paris, Grasset, 1996.

Toutefois, le délire du « moi grandiose » ne tarde jamais à retomber chez Giono, qui ajoute aussitôt : « Mais alors, dans tout ça, moi un peu abruti, vague mal à la tête constant. Toujours comme ça aux fins des livres. Car c'est le moment alors où le livre *mange beaucoup.* » (*J*, VII, 174).

On ne sera donc pas étonné d'observer la même tonalité dans l'œuvre concernée, soit que celle-ci insuffle aux extraits du journal ses accents prophétiques, soit que l'exaltation de Giono la fasse passer conjointement dans tout ce qu'il écrit, roman et journal. Dès le prologue de *Batailles dans la montagne* et avant même l'apparition du personnage de Bourrache auquel nous allons ensuite nous intéresser, le roman baigne déjà dans une sorte de messianisme apocalyptique. L'épigraphe que le pasteur Charmoz a fait graver sur le rocher-mémorial de la première catastrophe de la Treille donne le ton :

> « Alors, le Seigneur entassa les ossements des béliers et des taureaux. Et la mort des grands troupeaux en avait assez fourni pour en faire des amoncellements de montagnes. Sur les sommets, il coucha les os épais de Léviathan. Et ce fut le monument de sa force ! » (*BM*, II, 794)

Et Marie, fille de Sarah et bien plus habitée encore que sa mère par le Livre, perçoit le paysage des montagnes entourant Chêne-Rouge, la ferme de Boromé sur les hauteurs, à travers les images bibliques, par exemple ces nuages qui lui font penser que « Le Seigneur a ressuscité l'ombre de ses immenses troupeaux » (*BM*, II, 798). Quand il s'agit de convoquer la Bible, l'imagination personnelle de Giono (ou celle qu'il prête à Marie, ici) supplée souvent à sa mémoire, et ces citations apparaissent assez souvent « bricolées », à l'instar de « Tu feras partie du temps éternel », malgré le « Comme il est dit dans le livre » qui semble l'authentifier, ou encore, très librement inspiré de l'Exode, « Je passerai, dit le Seigneur, devant la maison des hommes et ils ne me verront pas. » (806). C'est Marie encore qui, après avoir recueilli, réchauffé et nourri Fernand Sauvat (la jeune fille a quasiment allaité le vieil homme), comparera celui-ci à « Jonas craché par la baleine » (801). D'autres personnages feront aussi écho au Livre : Boromé qui entend « le grand ramage des eaux » (824), la vieille Marianne qui dit « C'est la fin du monde. » (856), ou encore l'abbé Chapareillan, qui découvrant la puissance potentiellement destructrice du glacier de la Treille et avant même que l'on parle de « réchauffement climatique », s'exclame : « Seigneur, dit-il, nous sommes toujours dans les miracles du monde. Le livre se trompe, vous n'avez pas encore touché le matin du septième jour. » (958). Mais c'est bien sûr Clément Bourrache qui sera le porte-parole attitré de Dieu dans le roman, le prophète de malheur annonçant à Sarah : « Des temps terribles, Sarah, dans lesquels nous sommes écrasés comme si le Seigneur voulait tous nous détruire. » (972).

Ce personnage est vraiment une création intéressante de Giono, et son surgissement dans la genèse du roman mérite d'être rappelé, tel que nous le renseigne le journal de l'écrivain. Sans que l'on sache très bien encore si c'est un rôle positif ou négatif que Giono entend initialement lui faire jouer – en tout cas, un rôle de premier plan –, son apparition, sous son nom complet et définitif, se fait le 28 mai 1936 à l'issue d'une visite rendue à Giono par les ouvriers de la mine de Gaude, à Manosque, venus lui demander de leur expliquer « ce que c'est que la musique, la littérature, la peinture » (*J*, VII, 125). On sait le crédit qu'il faut accorder à Giono, surtout en pleine crise de décompensation de son délire du « moi grandiose », comme lorsqu'il évoque ces milliers de jeunes se regroupant partout dans le monde sous la bannière d'une « Organisation Jean Giono », ou ses projets d'intervention personnelle auprès de Roosevelt ou de Hitler[6][1], ou encore, un mois après la visite de ces ouvriers mineurs, les applaudissements qu'il aurait reçus à l'Alcazar à Marseille, à l'occasion d'une représentation de films soviétiques, ovationné qu'il aurait été par 4 500 spectateurs à qui on venait d'annoncer sa présence dans la salle : « Alors ç'a été des hourrah sans fin, tout le monde debout et criant "Vive Giono" sans arrêt, sans arrêt » (27 juin 1936, VII, 129). Mais revenons à la visite de ces ouvriers mineurs, le 28 mai 1936, et à son compte rendu par Giono, riche d'enseignements sur ce que j'appellerai la fantasmatique qui baigne la campagne d'écriture de *Batailles dans la montagne*. L'évocation commence par une multiplication d'images :

> « Nous aimerions que tu leur expliques [...] ce que c'est que la musique, la littérature, la peinture. Veux-tu ? » J'en avais les larmes aux yeux et bien entendu j'ai accepté et j'ai commencé à tenir. Comme si on faisait entrer un fleuve dans les sables du désert ! Une terre qui boirait le Mississippi, le Missouri et le Gange, et qui après fleurira formidablement de cet arrosage, je pense. Intérêt comme les premiers chrétiens quand ils écoutaient l'évangile. Nous avons bien fait de vivre jusqu'à maintenant.

6 [1] 22 janvier 1937 (*J*, VII, 169), et 24 novembre 1938 (288-289).

Le contact avec ses auditeurs enthousiastes a suscité le surgissement de ce nouveau personnage :

> Donc, fondé tout de suite une sorte de Maison du peuple culturelle à Manosque. Ont demandé à venir quand ils l'ont su les ouvriers de Ste-Tulle, des mines du Bois d'Asson. Dans deux mois nous serons plus de cinq cents inscrits. Touché au-delà du possible par ces désirs si profondément raisonnables. Et de servir véritablement à quelque chose. Le travail s'en est immédiatement ressenti et un grand personnage a surgi. Il s'appelle Clément Bourrache. Serai obligé de revenir sur mon chapitre premier dont je ne suis plus très content, mais, pour le moment, marche en avant. (28 mai 1936, *J*, VII, 125)

Giono considère encore à ce moment que l'action collective, la « mêlée parmi les hommes » pour défendre les « vraies richesses », n'est pas antinomique avec la création de son œuvre personnelle – à preuve le fait que la première, ici, semble nourrir la seconde. Mais on le verra très vite, dans les pages suivantes de ce même journal, les opposer et réclamer le droit pour l'artiste de se retirer de l'arène des luttes collectives, et de déserter la communauté pour mieux se consacrer à sa création artistique, dans la solitude de la tour d'ivoire ou du "phare" de l'écrivain. Le héros de *Batailles*, Saint-Jean, illustrera d'ailleurs ce que Luce Ricatte identifiait très finement comme « ce couple antithétique de l'engagement et de la solitude » et « ce fluctuant rapport du héros solitaire et de la masse[7] ». Par ailleurs, transparaît ici, dans le passage cité, à la fois la thématique d'une sorte de submersion (positive encore, puisqu'elle apporte à ces assoiffés de culture les « nourritures spirituelles »), et celle d'une foi religieuse, celle des premiers chrétiens à qui l'artiste va ouvrir les portes du Royaume…

Est-ce le rôle que Giono entendait confier à Bourrache ? L'importance qu'il accorde, dans d'autres extraits ultérieurs de son journal, à ce personnage qui vient de surgir, laisse presque à penser qu'il a pu s'agir, dans l'esprit de Giono, d'un premier avatar de Saint-Jean. Dès le lendemain, 29 mai, il note ainsi :

> Mon nouveau personnage : Clément Bourrache, est peut-être le plus extraordinaire de tous mes personnages, le plus vivant, et pour la première fois le support lyrique le plus logique et le plus juste. Plus logique que Bobi, plus grand que Bobi, car non plus inhumainement pur – par un certain côté Bobi

7 Luce Ricatte, Notice de *Batailles dans la montagne* (II, 1396).

> l'était – mais tout obscurci d'humanité et des ténèbres de l'indécision et de la faiblesse. (29 mai 1936, *J*, VII, 126)

Le 1er juin, dans la distribution des personnages de premier plan pour son nouveau roman, Bourrache est à nouveau mentionné, aux côtés des seuls Boromé, Sarah et Marie (*J*, VII, 126), sans aucune trace encore de Saint-Jean. Mais, dès que celui-ci surgira, Bourrache passe à l'arrière-plan et n'est plus que l'homme qui « descend à travers la forêt » (*BM*, II, 128) et découvre la vallée engloutie sous le lac créé par la monstrueuse inondation. En date du 5 janvier 1937, le journal évoque ainsi, à propos de l'épisode « du départ de Sarah du chantier dans le traîneau de Bourrache » (*J*, VII, 166) la nécessité pour l'écrivain de préciser la « vie de Bourrache, rôle de Bourrache préparant l'entrée de Saint-Jean », dans ce qui sera, dit-il, un « très grand passage – bouffon et tragique – [qui constituera] le sommet du livre et peut-être ce que j'aurai fait de mieux dramatiquement et écrit ». C'est désormais de cette double et contradictoire tonalité, bouffonne et tragique, dont le personnage va progressivement se charger, comme l'onomastique même de son nom le laissait deviner, malgré un prénom, Clément, invitant à plus de noblesse et de douceur, mais un patronyme qui désigne une plante aux effets diurétiques et sudorifiques[8]. On connaît peut-être encore l'expression argotique « De la bourrache ! », aujourd'hui supplantée par sa traduction aussi littérale que populaire « Tu me fais suer ! ». Sans la connaître, sans doute, l'un des interlocuteurs de Bourrache, Charles-Auguste, et son plus constant détracteur, va deviner cette étymologie en l'apostrophant à l'occasion d'une de ses vaticinations sur les trompettes de Jéricho (empruntée à Josué 6, 15-21) :

> Bourrache :
> « Sept fois autour de Jéricho… »
> Charles-Auguste :
> « Tu nous fais suer avec ton Jéricho et en plein froid nous attraperons des bronchites » (*BM*, II, 1025)

Plusieurs des actions de Bourrache pourraient toutefois le ranger du côté des héros positifs : c'est lui qui, au début du récit, part à la

8 Transformé par le dialecte rouchi du Hainaut français en *bourrache*, l'étymon *borrago* en latin médiéval provient lui-même de l'arabe *'abû 'araq*, « père de la sueur », pour désigner cette plante aux vertus sudorifiques.

recherche de Fernand Sauvat, ce villageois de Villard l'Église devenu fou après la mort des siens dans l'engloutissement de sa maison, et qui s'est enfui dans la montagne. Bourrache tente vainement de le rattraper et de le sauver, avant de redescendre dans la vallée. Et, dans le dernier épisode du roman, il fait partie de l'équipage de l'un des radeaux qui escortent Saint-Jean dans l'expédition destinée à libérer la vallée en faisant exploser le barrage retenant les eaux. Mais c'est surtout sous un autre jour qu'il nous est présenté, à la fois comme « l'homme du Livre » qui porte la parole de Dieu, faisant donc figure de prophète (et de prophète de malheur), mais aussi et très contradictoirement comme le proxénète chargé de ravitailler, entre autres, Boromé-le-riche en chair fraîche féminine, et ses victimes seront notamment Rachel puis Sarah. Aussi les jugements à son égard sont-ils assez unanimement hostiles, que ce soit chez les bûcherons compagnons de Saint-Jean (mais il leur a ravi Sarah) ou chez les villageois, qui le considèrent comme un imposteur, et même (dira Le Pâquier), « un salaud » (*BM*, II, 1021) ou, lors de sa dernière apparition, une « vieille canaille » (1156). La mère d'un autre personnage, Rodolphe, dira aussi de lui : « C'est un homme qui porte une lourde injustice [...]. Il se servait injustement de la parole de Dieu. » (866). Bourrache n'a en effet « jamais eu une grosse réputation de brave homme » (1014), comme le précise à son sujet Paul Charasse, qui a lui aussi des raisons de lui en vouloir, puisque c'est lui, Bourrache, le « maquignon du vieux » (1019), qui a amené, « toute nue », Rachel, la mère de Charasse, jusqu'à Boromé, lequel est vraisemblablement le père du jeune homme.

Nous apprenons aussi que c'est le pasteur du village, le vieux M. Charmoz, qui a désigné Clément Bourrache pour être son suppléant en lui confiant la mission d'être « le pilier du temple » (*BM*, II, 1012) dans les hautes forêts de Villard. Mais ce pasteur incarne lui-même une autre figure ridicule et odieuse de pharisien ou à tout le moins de sycophante, mettant toujours en avant son prétendu dévouement au service de ses ouailles, mais sans jamais payer de sa personne et en réclamant de la part des villageois toujours plus de sacrifices. Aussi seules certaines femmes accordent-elles encore du crédit à Bourrache, même si, selon Saint-Jean, celui-ci « n'a pas de tendresse pour les femmes » (1062) : c'est le cas de la vieille Angèle, qui se demande : « Qui lira le livre sur la tombe de mes sœurs ? » (1120), alors que Bourrache s'apprête à s'embarquer sur l'un des radeaux de l'expédition libératrice, et c'est bien sûr et surtout le cas de Sarah, qui était allée l'écouter « faire une lecture de la Bible chez les bûcherons de Replate et j'y suis allée pour l'entendre. Il a lu le livre de Ruth » (1063). « Tu la lui as aussi procurée celle-là », reprochera Le Pâquier à Bourrache au sujet de Sarah, « Tu es aussi allé la chercher dans ton traîneau, là-haut sous la forêt, maquignon du vieux jusqu'au bout de ta vie. » (1024). Ce rapt (ou semi-rapt, puisque Sarah était sinon vraiment consentante du moins résignée) explique l'animosité des compagnons de Saint-Jean (mais aussi de certains villageois) à l'égard de Bourrache, qu'ils n'ont de cesse de rabrouer à chacune de ses interventions. Et cela provoque à chaque fois un assez savoureux décalage burlesque dans les dialogues, entre la grandiloquence biblique des propos de Bourrache, et la trivialité souvent virulente des réactions de son auditoire, comme dans cet échange entre Bourrache, Boromé et Prachaval, lors de la veillée au cours de laquelle les rescapés mangent la viande du taureau et boivent le « vin des morts » :

> « Mais le Seigneur, Boromé ! Celui qui a créé le monde avec un seul mot de désir, s'il apparaît seulement devant ton cœur, ton cœur éclate. »
>
> Boromé buvait et il faisait signe de la main qu'il ne voulait pas répondre. On n'entendait pas de partout avec le bruit du feu, mais Prachaval marcha dans un plat et fit rouler une bassine vide.
>
> « Levez-vous de devant, je vais lui casser la gueule. Je vais lui enfoncer son Seigneur dans la gueule, les yeux, les oreilles et tous les endroits où il a un trou à coups de poing jusqu'à ce qu'il éclate en planches. Tiens, dit-il, ce salaud m'a fait gâter ma viande. » (*BM*, II, 1060)

Le même Prachaval avait déjà grossièrement rembarré Bourrache une première fois, alors que celui-ci venait de rejoindre la petite communauté des rescapés et qu'il commentait le cataclysme comme une vengeance divine :

> « La peine de vos iniquités, et vous saurez quelle est ma vengeance. – Oh ! vous ! – Moi, qu'est-ce qu'il y a, moi ? Je dis que le Seigneur nous tient dans sa main et que s'il veut il peut nous écraser comme une vendange. – Ta gueule ! » Prachaval avait évidemment des yeux très noirs. Et il les fixait brusquement sur quelqu'un quand il était en colère. (*BM*, II, 975)

Les vaticinations de Bourrache ont pourtant une allure assez grandiose, et impressionnent parfois certains villageois, en particulier à chaque fois qu'il prophétise le châtiment divin pour imager les malheurs qui s'abattent sur la communauté :

> « Les étoiles du ciel tomberont sur la terre comme des figues vertes et le ciel se retirera comme un tapis qu'on roule. ». [...] Bourrache se dressa. Il pointa son index vers le ciel. [...] « Voilà que nous sommes dans le demi-cercle de la faux. Les pieds de l'archange marchent déjà sur nos compagnons tombés en javelle. On va faire avec nous le pain et le son. Le Seigneur a relevé les manches de sa chemise sur ses bras nus ; il a nettoyé le pétrin, préparé l'eau et la levure ; il attend la farine. L'archange fauche le blé du monde [...] Au lieu de penser à des grillades et à des biftecks, voilà ce que j'ai à dire. Voilà ce que j'ai eu envie de dire pendant tout le jour.
> – Bon, dit Charles-Auguste [...] tu nous fais une deuxième fois le coup du tapis. » (*BM*, II, 1002 et 1004)

On ne parvient pas toujours à identifier, dans les propos de Bourrache, l'origine précise des citations ou allusions bibliques, mais dans le passage suivant, c'est assez clairement du livre des Juges 14, 5-9 et 15, 15, le mariage de Samson) et le deuxième livre de Samuel 11, 2-4, David et Bethsabée) que Bourrache (ou Giono) puise son inspiration :

> [Bourrache] récitait à haute voix les histoires d'un pays où des cadavres de lions pourrissaient entre les vignes, où on trouvait des mâchoires d'ânes dans le désert, où les filles descendaient de terrasse en terrasse en bougeant leurs cuisses blanches dans le feuillage des figuiers. (*BM*, II, 1144)

Toutefois, malgré l'analogie de situation, aucune allusion empruntée à l'épisode du Déluge dans la Genèse ne se retrouve, étrangement, dans le bric à brac des images bibliques présentes dans *Batailles dans la montagne*, à l'exception peut-être de deux images fugitives de « Bourrache sorti des eaux, noir comme du charbon. » (*BM*, II, 929), et à la fin du roman, au moment où il s'apprête à s'embarquer sur l'un des radeaux, lorsque les compagnons de Saint-Jean « aperçurent Bourrache arrivant debout comme s'il marchait sur les eaux » (1121), mais ces deux images ne relèvent pas du récit du Déluge dans la Genèse.

Dans cet épisode, d'ailleurs, et pendant tout le trajet nocturne en radeau, Bourrache va « réciter à haute voix et sans arrêt un tas de choses qu'il savait par cœur. On n'entendait pas tous les mots mais on écoutait. On se fichait de ce que ça voulait dire. C'était une voix dans les ténèbres » (*BM*, II, 1132). *Vox clamantis in tenebras*, ou *in deserto*... On ne comprend pas ce que dit Bourrache, mais le son de sa voix qui « était devenue à la longue un bruit sans valeur » continuera à accompagner les différents épisodes de l'expédition libératrice, y compris la « danse de la barre à mines » (*J*, VII, 165) qu'il scande de sa récitation, sans que personne ne songe désormais à l'interrompre.

Il convient maintenant de nous interroger sur ce que Giono a voulu exprimer avec ce personnage assez unique de « fou de Dieu » dans ce roman. Complètement atypique parmi le personnel romanesque gionien, pourtant riche en « zèbres » et en originaux, le seul autre « fou de Dieu » est Charles-Frédéric Brun, le peintre d'ex-voto dans *Le Déserteur*, lui aussi habité par le Livre, mais sans rien de comparable dans sa personnalité avec Clément Bourrache. Qu'est-ce qui manquerait, donc, dans *Batailles dans la montagne*, si Bourrache en était absent (au-delà de son rôle de « maquignon du vieux », bien sûr) ? Incarnation caricaturale d'une religion à laquelle Giono, on le sait, n'accorde que peu d'intérêt et aucune croyance, et dont il fait ici prêcher dans le désert un porte-parole ridicule ? Mais si Giono, dans toute son œuvre, égratigne ici et là quelques personnages de curés et certains rituels chrétiens, jamais il ne se livre à une véritable satire de la religion, tout simplement parce que celle-ci, comme il le disait, ne l'intéresse pas. Ou serait-ce que Bourrache, compte tenu de la préhistoire du personnage dans la gestation du roman, incarne un autre rôle que celui du « fou de Dieu », autre rôle repris ensuite par son avatar positif, Saint-Jean, dont il serait comme le double burlesque ? Aucun propos religieux, aucune allusion biblique ne se retrouve dans les discours de Saint-Jean, d'ailleurs beaucoup plus rares, malgré le lyrisme de ses déclarations à Sarah, puis à Marie pendant l'ascension de Verneresse en quête de la dynamite. « Je ne suis pas Dieu le Père », proteste Saint-Jean (*BM*, II, 1038), tandis que Cloche, désignant le patriarche Boromé, corrige : « C'est lui là-bas Dieu le Père. ». Giono a-t-il voulu décrédibiliser, en quelque sorte, son personnage de héros sauveur en le flanquant, comme Dom Juan de Sganarelle, d'un double bouffon qui n'a aucune de ses qualités héroïques (Bourrache est menteur, couard, vénal, gourmand et sacrilège même puisqu'il lui arrivera de jurer grossièrement « Nom de Dieu ! » [1139] en apercevant Saint-Jean se servir de la dynamite comme de vulgaires chandelles pour éclairer le tunnel destiné à faire sauter le barrage, ou de dire lors de sa périlleuse traversée de l'Ébron : « Ça commence à n'être pas trop catholique. » [874]) ? Notre hypothèse serait plutôt que ce personnage préfigure l'intuition de Giono qu'il se trouve désormais face à une impasse dans sa première grande posture, qu'on appellera pour faire court *thérapeutique* : soigner, guérir, assister, *sauver*, incarnée par Bobi dans *Que ma joie demeure* (1935) et Saint-Jean dans le roman suivant. Et Bourrache sera le premier à tenter d'expliquer à Saint-Jean l'échec qui est le sien, tout au moins sur le plan de son bonheur individuel, dans un curieux dialogue auquel Saint-Jean finit par se dérober : Bourrache lui explique que

> « Sa place [à Sarah] n'était pas au milieu de tous ces hommes, dans la liberté des forêts, tu comprends ? Elle était, écoute-moi, destinée, par sa paix, tu m'entends, par sa paix, à être dans l'ordre, l'organisation, les greniers, tu comprends ? Destinée à être dans les greniers, la maison de Jacob. [...]
> – Je ne comprends rien à ce que tu dis », dit Saint-Jean. (*BM*, II, 1030)

Le prophète est bien, par tradition, celui qu'on n'écoute pas, qu'on ne comprend pas, qu'on ne croit pas. Sauf que, revenant à la charge un instant après, Bourrache s'entend cette fois répondre par Saint-Jean – peut-être par lassitude ou pour se débarrasser de son encombrant interlocuteur :

> « Tu comprends ? dit Bourrache à voix basse.
> – Oui, je comprends, laisse-moi. »
> Et Saint-Jean dégagea son bras. (*BM*, II, 1031)

Ultime incarnation du héros gionien « première manière », le *soigneur*, mais ici contesté et comme mis en crise par son double « bouffon et tragique[9] », selon l'intention de Giono, Saint-Jean va ensuite céder la place aux personnages de *saigneurs* avec un *a*, ceux qui font couler le sang et pratiquent l'assassinat comme l'un des beaux-arts, c'est-à-dire comme des artistes, comme des poètes, et M.V. d'*Un roi sans divertissement* (et Langlois lui-même, bien sûr) en seront les premiers avatars. Et c'est cette mutation, y compris esthétique, vers une nouvelle « écriture du désastre », et cette fois au sens de Maurice Blanchot, qui nous apparaît comme annoncée sinon préparée dans *Batailles dans la montagne*, notamment par ce personnage de Clément Bourrache, habité

9 5 janvier 1937 (*JO*, VII, 166). *Cf.* aussi la notice de Luce Ricatte à *Batailles dans la montagne* (II, 1407, note n° 1).

par le Livre, qui met en scène l'Apocalypse davantage que le Déluge, personnage qui après les « professeurs d'espérance » des précédents récits, apparaît comme un « prophète de malheur » placé au premier plan dans ce roman-pivot de l'œuvre de Giono que constitue *Batailles dans la montagne.*

Christian MORZEWSKI
Université d'Artois

QUATRIÈME PARTIE

DU TEMPS PROPHÉTIQUE AU TEMPS APOCALYPTIQUE

JEAN GIONO, PROPHÈTE DE L'APOCALYPSE DE LA MODERNITÉ

L'œuvre de Giono participe d'une sensibilité romantique[1] qui critique la modernité à l'intérieur de la modernité-même. Elle y stigmatise ses manifestations les plus destructrices de ce que l'auteur appelle « les vraies richesses », en l'occurrence le désenchantement du monde, la dissolution des liens sociaux, l'abstraction rationaliste et la mécanisation du monde dont la quantification est le corollaire immédiat[2]. Les vraies richesses trouvent leur origine dans l'Antiquité et le Moyen Âge. La modernité serait désormais un retour à la barbarie. Dès lors s'institue un nouveau rapport au monde, fruit d'une nouvelle perspective caractérisée par l'anthropocentrisme. De simple élément du cosmos, l'homme se transforme en maître et seigneur du monde, armé qu'il est des puissances de la science et de la technique[3].

L'écriture gionienne prendrait alors les allures d'une prophétie de type apocalyptique qui voit en l'avènement de la modernité, la possible destruction des valeurs les plus sublimes que l'humanité a mis des siècles à fonder. Giono, en mettant l'accent sur le consentement de l'individu moderne à l'idéal du progrès, sa fuite narcissique vers les sphères de la vitalité dévorante et l'obscurcissement de tout horizon émancipateur, se rapproche de Nietzsche qui dans *Ainsi parlait Zarathoustra* prophétise le dernier stade de l'évolution de l'humanité occidentale, lequel est caractérisé, de bout en bout, par le nihilisme. Ce dernier trouve son expression la plus achevée dans le règne du Dernier Homme.

---

1 *Cf.* Jean-François Durand, *Les Métamorphoses de l'artiste : l'esthétique de Jean Giono de "Naissance de l'Odyssée" à "L'Iris de Suse"*, Publications de l'Université de Provence, 2000.

2 Nous sommes redevables à Michael Löwy et Robert Sayre, *Révolte et mélancolie : le romantisme à contre-courant de la modernité*, Paris, Payot, 1992.

3 *Cf.* Jürgen Habermas, *La Technique et la science comme idéologie*, Paris, Denoël, 1973.

Pour alerter sur cette déchéance, Giono va riposter à l'homme de la masse, fabriqué par l'État moderne, à l'aide de deux figures de dissidence. D'abord celle du paysan et de l'artisan, qui ont un contact direct avec le monde et dont Bobi de *Que ma joie demeure* est la parfaite incarnation, puis celle du poète souverain qui puise dans son cœur pour recréer les images du monde. Noé est pour Giono la voie de la dissidence face aux ravages de la modernité.

L'État moderne, aux yeux de Giono, vise la destruction des deux figures sublimées de la belle individualité que sont le paysan et l'artisan. Cet État est hanté par le désir de domination qui se manifeste par le biais de l'arasement des différences. On assiste ainsi à l'élimination de la singularité au profit de la totale homogénéisation de la société. La société totalitaire témoigne d'une haine indicible de l'individu. Ce dernier met en danger la construction de l'État totalitaire :

> C'est celui-là qu'ils craignent. L'État ne peut rien contre l'individu. Il ne peut ni le saisir ni l'obliger. L'individu est libre de tout préparer en lui-même, de choisir le monde de son action et de l'exercer irrésistiblement à l'instant précis de ses désirs. (*PC*, VII, 574)

Ce phénomène est intimement lié chez Giono à l'abstraction rationaliste qui va « ôter au monde son manteau sacré » (*VR*, VII, 177) et favoriser l'émergence de l'homme de masse qui fondera à partir de la première moitié du XXe siècle, la cité totalitaire.

À partir du *Poids du ciel*, Giono devient très sensible à la tentation du totalitarisme qui caractérise l'exercice du pouvoir au sein de l'État moderne. Le totalitarisme se caractérise par l'esprit de la table rase et s'autorise la double négation de l'individu et du sens commun pour pousser à ses extrêmes l'obéissance de l'individu à l'idéologie de l'État. Chez Giono, le propre des mondes totalitaires est de transformer l'espace commun de la pluralité humaine en un vaste enclos où s'entassent des individus ravalés à l'unique dimension de l'*homo laborans*. La réduction de l'homme à la seule dimension du travailleur aux dépens de ce qui fait son humanité où s'articule de manière créative les activités relevant de la *vita activa* et de la *vita contemplativa*, rend Giono sensible aux virtualités totalitaires inhérentes aux temps modernes. L'État est hanté par le désir de domination qui se manifeste par le biais de l'arasement des différences :

> Le but de l'État moderne c'est de composer une termitière, une masse de fourmis. Dans les États démocratiques comme la France, ou à peu près semblables, l'organisation sociale prévoit la place de grosses fourmis au ventre blanc qui sont des reines qu'on nourrit et qu'on soigne. Dans les États autoritaires fascistes : Russie, Allemagne, Italie, l'ordre social ne prévoit plus que la place d'un nombre très restreint de ces grosses reines et tend vers une reine unique au ventre énorme. Toute la différence est là. Il n'y a pas de progrès de l'un à l'autre. (*VL I*, VII, 575)

L'État moderne transforme les individus en une masse compacte, uniforme, esseulée et vouée à un univers carcéral fondé sur les liens intimes qui unissent l'usine à la guerre :

> Il a été facile d'avilir les artisans grâce à la machine. On a fait tomber de leurs mains le besoin de la qualité. On leur a donné le désir de la quantité et de la vitesse. Soumis à la démesure, ils ne peuvent plus établir les véritables rapports à la grandeur de l'homme, pendant que les États et les chefs les entretiennent sans cesse de l'illusoire grandeur des États et des chefs. Ils sont devenus la troupe fourmilières des ouvriers. (*VL I*, VII, 571)

Transformé en ouvrier, l'homme perd son intériorité, cette source de la révolte et de la grandeur romantique. Dès lors, il devient manipulable. La masse se caractérise par la désindividuation. Elle est un agrégat d'individus identiques qui ont renoncé à toute créativité. Chez Giono, la massification de la société s'effectue à l'intérieur de l'usine où la noble race des artisans subit l'implacable division artificielle et répressive du travail :

> Il n'y a plus qu'un seul cordonnier monstrueux composé de deux cents corps, mais tandis que les deux cents apportaient deux cents façons différentes chacune personnelle et vivant dans l'ordre de la qualité, on a plus qu'une production uniforme, neutre, morte. On a gagné en quantité, on a perdu en qualité. (*TV*, VII, 716)

En assujettissant le principe de plaisir au principe de rendement, l'organisation technique du travail transforme le corps en simple instrument, alors qu'il doit être chez Giono la source de la joie : joie de l'homme qui jouit de sa présence au monde et celle de l'artisan créateur qui, par son travail, exprime son humanité.

Les sociétés modernes, pour Giono, ont rompu avec les univers de la qualité qui furent ceux de la Grèce antique et du Moyen-âge chrétien.

La séparation de l'homme d'avec le Cosmos place celui-là dans l'opacité d'un monde désenchanté. La pensée de la modernité ne peut être que désenchantée, en ce sens qu'elle expérimente son autonomie comme absence de fondement. Elle s'est libérée de la transcendance et cherche à s'auto-fonder. De la notion d'un univers fini et hiérarchisé, nous passons à un monde ouvert et infini. La science galiléenne et le cartésianisme ont instauré un nouveau cadre à la pensée humaine en absolue séparation avec l'antique vision du monde. Le subjectivisme cartésien enferme l'homme dans une forteresse enrégimentée par une intelligence compacte surtout soucieuse d'exercer sa maîtrise sur le monde de l'étant. L'homme se considérant comme le moyeu de la roue de l'univers, s'est endurci car il a cru en sa supériorité sur tous les étants et a ainsi inhibé en lui tout rapport sensuel au monde, convaincu qu'il est que le seul rapport qui doive exister avec le monde est celui du concept et de l'idéologie.

L'homme de la masse s'enlise dans la facticité de la pensée du « on ». Il ne se soucie plus de sa singularité, il se réduit à une simple pièce interchangeable de la grande machine capitaliste. De singulier, l'artiste se transforme en ouvrier surtout soucieux de servir la grande machine de la domination totalitaire.

Et c'est là que la figure de Bobi en tant que prophète de la joie prend toute son ampleur. Bobi vise à créer une société d'hommes libres qui se distinguent de la masse, cet ensemble d'hommes automates « qui ont abandonné toute liberté d'action et de pensée, tout droit à la noblesse et tout droit à la pureté » (*PC*, VII, 424).

Bobi est ce Messie tant attendu dont l'arrivée permettra une nouvelle germination du monde. Il arrive dans le plateau par une nuit extraordinaire où le ciel vient à la rencontre de la terre :

> Le ciel tremblait comme un ciel de métal, on ne savait pas de quoi puisque tout était immobile, même le plus petit pompon d'osier. Ça n'était pas le vent. C'était tout simplement le ciel qui descendait jusqu'en toucher la terre, racler les plaines, frapper les montagnes et faire sonner les corridors des forêts. Après, il remontait au fond des hauteurs. (*Q*, II, 9)

Bobi est aussi ce guérisseur qui parviendra à sauver le plateau de Grémone de la lèpre. Giono désigne par la lèpre, cette tristesse profonde qui sévit dans le plateau, cette solitude sans nom qui ronge les habitants, cette absence de désir chez les hommes qui les pousse dans la plupart des cas au suicide. La mélancolie est cette absence de désir, ce désintérêt pour le monde ou, pour emprunter le langage psychanalytique, ce désinvestissement, là où les pulsions objectales font défaut. Ce sentiment de vide va affecter l'organe le plus noble de l'homme, celui qui lui permet de contempler le cosmos :

> Jourdan cherche le regard de ces hommes qui paraissaient en meilleur équilibre. Et alors il s'aperçut que, dès qu'ils s'arrêtaient de rire, ils avaient le même souci au fond de l'œil. Plus que du souci ; de la peur. Plus que de la peur du rien. Un endroit où il n'y a plus ni souci, ni peur, les bœufs quand ils ont le joug. (*Q*, II, 419)

L'homme de la modernité a troqué sa liberté et donc sa joie contre l'argent, conçu comme fin en soi par le système capitaliste :

> Tu donnes ton blé à quelqu'un. Il fait le compte. Il tire son portefeuille. Il te donne un billet, deux billets, trois billets ; tu les mets dans ton portefeuille, tu fermes ta poche. Tu reviens à la Jourdane. Tu prends ton portefeuille, tu tires les billets. Tu les fais voir à Marthe. Tu ouvres l'armoire. Tu places les billets sous les chemises de Marthe, ou bien c'est elle qui le fait. Tu fermes la porte de l'armoire. Bon. À ce moment-là, tu t'aperçois que tu es un lépreux. [...] Il y a une partie de ton travail qui est perdue. C'est celle qui s'est transformée en papier et qui est à plat, toute mince, sous les chemises de Marthe. Je dis perdue. (*Q*, II, 69)

Giono est conscient du principe de massification de l'homme à l'œuvre dans la modernité. Aux dires même de Marcuse[4], la modernité se caractérise par une sur-répression, autrement dit une répression non justifiée historiquement qui aliène l'homme au travail, sacrifie le principe du plaisir sur l'autel du principe de réalité et tue en l'homme tout désir, tout sentiment pour le transformer en robot là où « le cœur mourait ».

Le personnage de Bobi renoue avec la fonction sociale du poète qui guide la communauté. Il l'invite à se réconcilier avec son instinct et à appréhender le monde dans son intuition première. Il cherche à rétablir « les répondances » (*BM*, II, 450) estompées entre l'homme et la nature. L'acheminement vers la joie consiste en un long travail sur soi. Pour parvenir à jouir du monde il faut d'abord renoncer à cette conception utilitaire du monde et à replanter l'homme dans l'univers pour qu'il regagne sa liberté et donc son individualité.

---

4 Herbert Marcuse, *Éros et civilisation*, Paris, Minuit, 1963.

Renouer avec la singularité veut dire renouer avec l'œuvre qui, de l'avis d'Hannah Arendt, imprime la marque de l'homme sur le monde. Bobi cherche à initier les hommes aux secrets du monde, à les inscrire dans la sagesse du Cosmos.

La figure du prophète dans *Que ma joie demeure*, fait écho à celle de ces « hommes qui arrivent dans des pays nus et crus [...] dont les mains ouvertes éclairent l'ombre comme des veilleuses. [...] les montagnes se lèvent et marchent à leur suite » ; l'arrivée de ces hommes est annoncée par le père du narrateur dans *Jean le bleu*.

L'œuvre prend acte de la nature répressive de la culture occidentale et témoigne de l'espoir diffus de la construction, sur le mode utopique, d'une communauté de poètes souverains. Elle met en scène le poète-prophète, chargé d'une mission : promouvoir une société d'hommes libres et réconciliés avec leurs instincts. Giono veut que l'homme soit l'architecte de sa propre joie, une joie qui n'est pas négation du corps et qui vise le ciel. À « l'Albatros » de Baudelaire, écartelé entre la lourdeur du corps chrétien et la légèreté du monde éthéré du métaphorique, Giono va opposer l'image de « l'archange-animal » (*PC*, VII, 345) qui a le pied ancré sur la terre et le haut touchant le ciel : « Il est, à la fois, toute l'échelle de Jacob : dont le pied était appuyé sur la terre et dont le haut touchait le ciel, et des anges de Dieu montaient et descendaient le long de l'échelle. C'est un archange-animal. » Ce dernier arrive à jouir de son corps et à transmuter l'instinct en métaphore. Bobi, héros thaumaturge et prophète d'une nouvelle religion de l'art, cherche à livrer le secret du monde :

> – Qu'est-ce que tu dis de cette nuit ?
> – J'ai jamais vu la même (répond Jourdan).
> – Moi non plus, (dit Bobi), Orion ressemble à une fleur de carotte.
> – Pardon ? demanda Jourdan.
> – J'ai jamais su rien désigner, dit l'homme. C'est curieux, ça. On m'en a toujours fait le reproche. On m'a dit « on ne voit jamais ce que vous voulez dire. » (*Q*, II, 424)

En s'écriant : « Orion ressemble à fleur de carotte » (*Q*, II, 424), Bobi exprime sa volonté de faire correspondre la terre avec le ciel et les facultés hautes avec les facultés basses de l'homme. Un tel projet nécessite de renouer avec le savoir grec sur le Cosmos, ce contrat mystique considéré comme source ultime de la morale. C'est par rapport à ce Cosmos considéré comme une totalité que les penseurs grecs situaient la vie bonne[5]. L'homme grec ne se situait pas comme le créateur et l'auteur de ce cosmos : il n'en est qu'une partie infime et le sens de la vie ne pouvait advenir que par la soumission à cette totalité englobante.

Le savoir théorétique vise à rendre l'homme maître de lui-même et non du monde. C'est un projet qui implique que l'accent se déplace de la subjectivité vers le Cosmos, ce dernier constituant une transcendance suprême face à laquelle l'homme fait preuve d'humilité extrême.

À la suite des infléchissements que l'imaginaire gionien subit à l'issue de la guerre, l'œuvre va accuser une tonalité pessimiste. Le projet de construire une communauté idéale peuplée de paysans et d'artisans artistes s'avère impossible. La voie du salut devient alors pour Giono, une quête intériorisée, elle sera celle de l'artiste en quête de souveraineté que seule peut procurer l'œuvre à venir. Celle-ci, esthétique, intime à l'artiste de se détacher de l'artifice du monde afin de préserver son individualité et de nourrir son moi idéal. Pour ce faire, Giono usera de l'ironie en tant que moyen de dissidence contre la modernité. Et c'est à travers une lecture historique bien particulière de la Renaissance qu'il va fonder cette fois-ci sa prophétie : sa lecture de Machiavel qui coïncide avec sa désertion de l'espace public à la suite de l'échec de l'expérience du Contadour imprime sa marque sur l'écriture gionienne qui devient alors cassante, monacale et trouve dans l'ironie un refuge contre les ravages de la modernité. L'ironie en tant que prise de distance critique rompt avec le lyrisme qui caractérisait ce qu'on appelle communément « le Giono première manière » et procède à la froide analyse des temps modernes. Machiavel est l'instigateur de cet infléchissement dans l'esthétique de Giono :

> Machiavel, du haut de son cheval, compose les Géorgiques des temps modernes, organise la dernière façon de fabriquer de la terre ferme pour

5 « C'est par rapport à l'ordre global du monde, au cosmos considéré dans sa totalité que la plupart des penseurs grecs situaient la vie bonne, et non seulement par rapport à la subjectivité, à l'idéal de l'épanouissement personnel ou au libre arbitre de chaque individu comme nous avons spontanément à le penser aujourd'hui. [...] Non seulement les êtres humains n'étaient pas considérés comme les auteurs et les créateurs de ce cosmos, mais ils partageaient le sentiment de n'être qu'une infirme partie, d'appartenir à une totalité dont ils n'étaient en rien "maîtres et possesseurs", mais qui, au contraire, les englobait et les dépassait de toute part. Ils n'étaient donc pas appelés à inventer le sens de leur vie au sein de l'univers, mais, plus modestement à le découvrir. » (Luc Ferry, *Qu'est-ce qu'une vie réussie ?*, Paris, Grasset, 2002, p. 55).

> les hommes qui vont, peut-être trouver la machine du monde mais perdre sûrement le ciel. (*CG4*, 189)

À partir de la Renaissance, disparaît l'antique lien qui unissait le microcosme au macrocosme. Ne reste donc que la froideur analytique qui soupçonne l'existence d'une implacable machine qui régit à la fois l'homme et l'ordre du monde. La nature est dévitalisée, le monde est désenchanté et témoigne de l'impossible verticalité héroïque qui caractérisait le héros gionien lorsqu'il croyait encore aux vertus enchanteresses de la poésie. Fille de la désillusion, l'ironie reste le seul chemin de fuite, cette arche de Noé qui permet à Giono de sauver son âme et ses personnages hauts en couleur du déluge de la modernité :

> Si nous étions à notre première utopie, il faudrait prendre au sérieux la tragique gaucherie de nos gâcheurs d'hommes, avec beaucoup de respect pour l'homme capable de croire, de se passionner et d'en mourir. [...] Mais nous voilà trompés une fois de plus et déjà la prochaine tromperie se prépare. Il reste donc à rire. Le temps de la mystique est fini, finie également la mystique de gouvernement et la mystique de l'homme. Tout ce qu'on voudra désormais affubler du nom de Dieu est risible. (*CG4*, 183)

Et c'est à partir du retrait de la transcendance du monde des hommes et de l'échec de l'idéologie du progrès qui s'est manifestée à travers les utopies de la modernité que l'écriture de Giono prend les allures d'une prédication qui annonce l'apocalypse : « Tout se banalise. Il n'y a plus nulle part, matière à espoir. Désenchantement plus profond que Don Quichotte sur son lit de mort. » (*CG4*,117).

La théorétique en tant que contemplation désintéressée du cosmos, cède face à la volonté de domination, symbole de la conquête prométhéenne du progrès. C'est une nouvelle situation de l'homme où l'accent se déplace du Cosmos vers la subjectivité. Selon Alain Renault, la modernité commence par l'irruption de la thématique de la subjectivité. Celle-ci s'exprime à travers la conviction que c'est seulement à partir de l'homme et « pour l'homme qu'il peut y avoir dans le monde sens, vérité et valeur[6] ». La modernité signe la mort de l'ordre rassurant du cosmos qui cesse de constituer une transcendance et laisse libre cours à l'orgueilleuse tentation humaine pour la domination de la nature.

6 Alain Renault, « L'avènement de l'individu comme dissolution du sujet », in Jean-François Côté (dir.), *Individualisme et individualité*, Paris, Éditions Septentrion, 1995, p. 27.

La dévitalisation de la nature et le désir de violation de ses secrets les plus intimes débouchent sur un homme crépusculaire qui se débat contre les affres de l'ennui et subit le sentiment de désolation qui fait naître en lui le désenchantement du monde en tant que conséquence logique de l'abstraction et de la rationalité du monde. Auparavant le Cosmos constituait pour les pré-modernes, un asile et une forêt inextricable de symboles qui reflétaient une réalité invisible pourvoyeuse de sens.

Désormais, le réel est réduit à la seule représentation conceptuelle, ce qui représente le danger de rompre avec les mondes de la sensibilité et de l'imagination pour n'admettre que la représentation physico-mathématique du monde :

> Quand notre raison s'est mise à créer, quand peu à peu des méthodes de plus en plus exactes ont organisé l'emploi de notre raison, nous nous sommes aperçus que la chair ne servait pas à la force, que la chair était inutile à la force, l'ossement est puissant. (*TV*, VII, 726)

L'ossement renvoie ici à la représentation mentale dans sa volonté de disqualifier les propriétés sensibles du monde pour les dissoudre dans les idéalités abstraites. Le contact franc et direct avec le monde devient impossible. Ce terme en interpelle un autre qui est au cœur de la critique gionienne de la modernité, le « squelette ». Ce dernier renvoie à une manifestation mortifère du règne de la technique. Le projet de cette dernière stipule le divorce entre l'homme et ses viscères, alors que toute l'esthétique de Giono œuvre pour la réconciliation de l'homme avec ses instincts :

> Tout ce qui appartenait au corps, ce qu'on pouvait appeler par exemple, l'appareil passionnel d'un corps vivant, au milieu de tous les corps terrestres, est remplacé par un appareil technique qui est chargé d'accomplir ce que les passions accomplissaient. L'homme n'a plus besoin d'être ému, d'être fort, d'être quelque chose. Il lui est permis de n'être rien. Il a des squelettes qui sont tout. (*TV*, VII, 732)

C'est ainsi que Giono prédit la fin de l'homme en tant que réalité charnelle vivant dans la communion avec le Cosmos et promise à cette créativité où l'imagination et la sensualité s'unissent pour créer la civilisation. Les fabuleuses pages d'*Éros et civilisation* d'Herbert Marcuse[7]

7 Marcuse, *Éros et civilisation*, *op. cit.* Voir surtout les trente premières pages où Marcuse procède à une lecture critique de *Malaise dans la civilisation* de Sigmund Freud.

stigmatisent cette volonté moderne qui consiste en la répression d'Éros au nom du principe de rendement et se phénomalise par le biais d'un productivisme outrancier qui au lieu de créer l'abondance, institue la pénurie. Michel Henri va plus loin lorsqu'il considère que le projet de la technique est un complot contre la vie :

> Avec la technique, le caractère autonome du développement a cessé d'être une apparence, c'est un mouvement qui n'a aucun rapport avec la vie, qui ne lui demande rien et qui ne lui apporte rien. [...] Ce qu'il lui apporte, ce qu'il lui impose, c'est justement l'autre de la vie, ce sont des procédures et des mécanismes enfouis au cœur de la nature et que la science extirpe de son sein, qu'elle arrache à la finalité obscure où ils se sont développés [...] selon un ordre hasardeux qui n'est plus celui de la Nature ni celui de la Vie, qui n'est plus un ordre mais un procès sauvage[8].

C'est ainsi que la volonté de domination qui caractérise l'homme de l'auto-imposition[9] s'achève dans la volonté du néant : « L'horrible », dit Giono, « ce n'est pas la mort [...] c'est le triomphe de la mort, c'est l'entrée majestueuse de ces millions de squelettes et subitement la certitude que le combat de la vie ne pourra plus se prolonger » (*TV*, VII, 686).

Giono a été visionnaire en ce sens que le projet technique ne peut déboucher que sur le nihilisme, c'est cette maladie de l'esprit occidental qui a fait le lit des totalitarismes qui vont faire basculer l'humanité dans les affres de la deuxième guerre mondiale. Cette boucherie n'a été justifiée que par une philosophie qui nie la vie car « dans le mot nihilisme » écrit Deleuze, « nihil ne signifie pas le non-être, mais d'abord une valeur de néant. La vie prend une valeur de néant pour autant qu'on la nie, la déprécie, c'est par cette fiction qu'on fausse et qu'on déprécie, c'est par cette fiction qu'on oppose quelque chose à la vie. La vie toute entière devient donc irréelle, elle est représentée comme apparence, elle prend dans l'ensemble une valeur de néant[10] ».

Et c'est ainsi que l'anthropocentrisme se retourne contre lui-même. De valeur suprême, l'homme se transforme en simple moyen au service d'une technique qui, ayant soumis la nature à sa volonté, cherche à asservir l'homme. Les sciences sociales et la propagande vont délester l'homme de toutes ses velléités de révolte.

8 Michel Henry, *La Barbarie*, Paris, PUF, 1987, p. 99.
9 Martin Heidegger, *Essais et conférences*, Paris, Gallimard, 1958.
10 Gilles Deleuze, *Nietzsche et la philosophie*, Paris, PUF, 2010, p. 203.

On assiste ainsi à l'émergence d'un monde apocalyptique qui voit sombrer l'idée que la Renaissance se faisait de l'homme. Nous sommes dès lors face à une humanité humiliée, soumise aux principes du marché et manipulée par la puissante machine de propagande dont se sert l'état moderne pour justifier la domination et légitimer la déchéance de l'homme, pour ne pas dire sa disparition, car il est réduit à l'état de machine.

La révolte gionienne contre la modernité s'abreuve aux sources d'un romantisme libertaire qui prône la dissidence au nom de l'exigence de singularité. Car à trop vouloir enfermer le sens dans la cage grillagée de la science et de la technique, l'homme moderne fait le deuil du moi authentique. Giono se révolte contre un moi romantique exalté qui s'affranchit des idéologies et prône la sensibilité individualiste que Georges Palante décrit ainsi :

> [Elle] n'est pas du tout la même chose que l'égoïsme vulgaire. [...] La sensibilité individualiste suppose un vif besoin d'indépendance, de sincérité avec soi et avec autrui qui n'est qu'une forme de l'indépendance d'esprit, un besoin de discrétion et de délicatesse qui procède d'un vif sentiment de la barrière qui sépare les moi et qui les rend incommunicables et intangibles, elle suppose [...] cette élévation des sentiments qui attirait au même Stendhal ce reproche de ses amis : « Vous tendez vos filets trop haut[11] ».

Giono, à travers la figure de Noé, peint un moi authentique, inaccessible aux atteintes de la modernité avilissante. Il nous fait part en même temps de sa conception du véritable monde : ce dernier ne peut être que recréé de toute pièce et pour cela, il faut user de la sensibilité de l'artiste qui « dépouille la réalité quotidienne de tous ses masques ». Noé est l'image même de ce moi idéal que Giono associe au moi créateur des images du monde. En effet, Paul Ricœur assigne à la fiction la fonction « révélante et transformante à l'égard de la pratique quotidienne ; révélante en ce sens qu'elle porte au jour des traits dissimulés, mais déjà dessinés au cœur de notre expérience praxique ; transformante, en ce sens qu'une vie examinée est une vie changée, une vie autre. Nous atteignons ici le point où découvrir et inventer sont indiscernables[12] ».

---

11 Georges Palante, *La Sensibilité individualiste*, Paris, Mille et une nuits, 2009, p. 15-16.

12 Paul Ricœur, *Temps et récit* III, Seuil, « Points/essais », 1985, p. 285.

Noé est le créateur d'un monde authentique. Il est souverain parce qu'il a réduit le monde à l'essentiel en noyant tout ce qui lui est superflu :

> Il y avait le cœur
> de Noé
> Un point c'est tout.
> comme il y a le cœur
> de tout homme …
> un point c'est tout.
> Et j'ai dit à Noé
> Comme je peux le dire
> À tout homme :
> Fais entrer dans ton
> cœur toute chair de
> ce qui est au monde
> pour le conserver en vie
> avec toi
> […] et j'établirai mon alliance avec toi. (*Noé*, III, 609)

Il s'agit de l'aventure du regard artiste qui intime à l'âme de transcender la réalité prosaïque du monde en puisant en elle les ressources pour la réenchanter.

L'invention de l'âme, ou tout du moins sa reconquête, est l'expression de l'héroïsme gionien car l'âme permet de dynamiter la cité totalitaire. Elle contrecarre le projet de l'idéologie de la science et de la technique. Elle rend impossible l'avènement de la fin de l'homme. Sa vertu cardinale consiste en la restauration de l'unité perdue entre le microcosme et le macrocosme car

> l'âme est la composante de tout. Elle organise, elle ordonne, elle unit, elle rejoint, elle se marie, elle se mélange. Pure, elle attache les hommes solitaires dans la compagnie du monde. Elle en fait des oiseaux couverts de racines. Je joins raisonnablement ces deux mots dont l'un est vélocité, l'autre immobilité ; un, l'image même de la danse, de la joie, de l'heureuse vanité du vent ; l'autre, l'image de la plantation, de la crispation profonde, de la force éperdue qui serre le monde matériel, l'image de l'amour féroce, l'image de la nourriture. (*PC*, VII, 335)

L'âme est ainsi l'antidote à la confiance aveugle et immodérée dans la connaissance rationnelle et analytique qui enferme l'homme moderne dans la prison solitaire d'un moi privé de liberté. C'est en ce sens que l'on peut considérer l'art de Giono comme antithèse de la société moderne en ce sens qu'il a pu déceler en elle les prémices d'une société totalitaire qui réprime la sensibilité, la singularité et la liberté.

À l'instar d'un Noé qui fait « entrer dans [son] / cœur toute chair de / ce qui est au monde » (*Noé*, III, 609), l'artiste doit porter en lui les images du monde c'est-à-dire porter l'essentiel pour que la vie triomphe sur une modernité à caractère apocalyptique, le cœur étant le lieu où s'origine à la fois la sensibilité, la sensualité et la parole poétique.

Saadia DAHBI
Université Moulay Ismaïl (Maroc)

GIONO, PROPHÈTE APOCALYPTIQUE OU DISCIPLE D'EMPÉDOCLE ?

Tout lecteur un peu attentif de l'œuvre de Giono est rapidement convaincu de l'excellente connaissance qu'il avait de la Bible. Sa mère lui donna une éducation catholique traditionnelle fondée sur la piété et la pratique. Si l'on en croit l'écrivain, celui-ci la rejeta rapidement et fut davantage séduit par la lecture anarchiste que son père faisait du Livre. Quoiqu'il en soit, l'influence de la Bible sur l'œuvre de Giono est indéniable. Il suffit au lecteur de dénombrer les titres de ses ouvrages qui évoquent la Bible ou des thèmes qui lui sont associés. On a souvent tendance à penser qu'il a puisé dans l'Ancien comme dans le Nouveau Testament des images essentiellement pastorales issues de la Genèse pour en irriguer ses livres. En fait, comme le montrent de nombreux spécialistes, cet écrivain épris de situations extrêmes a été sensible aussi à la démesure des textes prophétiques ou apocalyptiques. Jacques Chabot écrit :

> Je me propose [...] de rappeler [...] que Giono n'est pas un brave homme qui aimait bien la nature, et moins encore un porte-parole actuel des écologistes, mais qu'il est le poète de Pan. Il n'est pas vert comme les pâturages et sa couleur est celle du chaos, « un chaos de vagues monstrueuses bleu baleine, de giclements noirs qui font fuser des sapins à des, je ne sais pas moi, là-haut, des glacis de roches d'un mauvais rose ou de ce gris sournois des gros mollusques, enfin, en terre, l'entrechoquement de ces immenses trappes d'eau sombres qui s'ouvrent sur huit mille mètres de fond dans le barattement des cyclones » (III, 456)[1] .

On le sait depuis le *Poids du ciel*, il n'y a pas d'« édens campagnards » (*PC*, VII, 482) et l'homme, vendu au progrès scientifique et technique, appelle sur lui un châtiment que lui prédisent des prophètes

1 Jacques Chabot, « L'Homme qui hantait les arbres », *Obliques*, numéro spécial : « *Giono* », Nyons, Presses des Baronnies, 1992.

contemporains non moins inspirés que les patriarches bibliques. Giono pourrait être un de ceux-là. À moins que ses imprécations, son outrance verbale et métaphorique, sa délectation non déguisée de l'Apocalypse, thème de prédilection repris sous diverses formes, à différentes époques dans des écrits tels que *Colline*, *Le Prélude de Pan*, *Le Grand théâtre*, *Le Chant du monde*, *Le Hussard sur le toit*, ou *Un roi sans divertissement* ne soient le signe d'un tout autre projet d'artiste.

L'IMPRÉCATEUR

En 1932, alors qu'il vient tout juste d'écrire *Jean le Bleu*, évoquant son enfance et la Provence de sa jeunesse encore peu concernée par les progrès techniques, Giono publie un recueil de nouvelles : *Solitude de la Pitié.* Dans l'une d'entre elles, intitulée *Le Chant du monde*, il rappelle à l'être humain qu'il lui faut trouver une place à sa mesure dans la Création parmi les bêtes et les plantes. Après la Première Guerre mondiale, un certain nombre d'écrivains ont évalué les risques du progrès scientifique et technique et ce à quoi peut mener la poursuite sans conscience comme sans éthique de leur accomplissement. Le respect de la nature est une étape essentielle dans le retour à un humanisme soucieux de paix et d'harmonie. Henri Pourrat, Charles-Ferdinand Ramuz, André Chamson ou Francis Jammes partagent ce point de vue comme le soulignent différents récits publiés après la guerre de 1914-1918. Pour Pourrat, comme pour Ramuz, Jammes ou Giono, il n'est pas question de proposer une vision édulcorée de la campagne. On est plutôt ici dans une forme de vérité mythique. Le terrien est avant tout l'homme originel qu'il ne faut pas perdre de vue si l'on ne veut pas faire un jour le deuil de l'humanité.

Signe d'un idéal universel, le paysan, lorsqu'il fait alliance avec la Nature, exhume une nostalgie unanimement partagée, celle de l'harmonie du Jardin perdu.

> Il n'est pas forcé, explique Pourrat, que l'agriculteur fabrique lui-même sa lampe d'une coquille et d'une moelle de jonc ; ni son encre, d'un peu de suie et de vinaigre. [...] Mais c'est forcé que l'homme ne se coupe pas de la terre.

> Il faut que la Création lui passe une vitalité, comme une laitue peut lui passer ses vitamines. Il faut qu'il soit l'homme de la santé, l'homme, comment dire, d'une certitude. Au milieu de la grande propension de la vie qu'est l'Œuvre des Six jours, il n'y aura pour lui donner cette certitude que le sentiment d'être avec toutes les créatures dans la vie naturelle. En entente avec la terre et les saisons, et répondant à sa spéciale vocation humaine[2].

Un message identique est délivré dans *Fête des vignerons* de Ramuz. Un vannier étranger arrive à la veille des vendanges dans un village suisse. Lors du « passage du poète[3] » parmi les vignerons de Lavaux, et les vignes en cascade qui entourent Lausanne, les êtres humains renouent avec leur vocation première qui est de célébrer la Nature généreuse. Toute la métaphysique de Ramuz transparaît dans ce court livre de prose, véritable chant de célébration de la terre et de la vie. Le récit symbolique se veut aussi l'expression des vieilles traditions vigneronnes et paysannes dont Ramuz aimait à se dire le descendant :

> Ce roman [est] le « chant de tous ensemble », la louange unanime d'une terre et des travaux accordés aux rythmes des saisons. [...] le vannier Besson, qui passe dans les villages de Lavaux, appelle à l'être toute la poésie latente au cœur des hommes et des choses. Le poète est ici, au sens grec du terme, « celui qui fait ». Sa mission est de mettre en place les éléments confus de la nature. Il crée le monde par la conscience qu'il en prend et qu'il en donne aux autres hommes[4].

Dans *Prélude de Pan*, une autre nouvelle du recueil *Solitude de la pitié*, Giono s'ingénie à son tour à montrer que l'homme est fait pour participer au grand mouvement de la nature. Mais si les héros de Ramuz retrouvent pacifiquement leur lien avec la terre, Giono met en scène des hommes envoûtés qui participent jusqu'à la démence au grand déchaînement cosmique de la fin de l'été. Coupables de méfaits envers la création, les paysans et les coupeurs d'arbres s'enivrent lors de la fête votive du village et vont, sous l'impulsion d'un étranger qui a observé sans indulgence leur conduite coupable, se mettre à danser jusqu'au petit jour. Au cours d'un ballet frénétique les villageois se mêlent indistinctement aux bêtes et aux plantes. Perdant toute humanité, ils

2 Henri Pourrat, *L'École buissonnière* [1949], Bouère, DMM, 2004, p. 64.

3 C'est le premier titre donné à ce roman par Ramuz.

4 Charly Guyot, *Comment lire C.F. Ramuz*, Paris, Éditions Aux étudiants de France, 1946, p. 65.

donnent libre cours à leurs instincts les plus bestiaux et se retrouvent honteux et hébétés au petit matin. L'être humain, brutalement remis à sa place, comprend qu'il n'est qu'un élément de l'univers parmi les autres. Transfuges de l'auteur, le vannier-poète de Ramuz ou l'étranger justicier de Giono sont des passants et des passeurs chargés d'une mission d'avertissement à l'adresse des lecteurs. Ils soulignent que si l'homme perd de vue sa vraie mission, s'il commet le péché d'*hybris* en se prenant pour le centre du monde, il risque de perdre un lien essentiel avec son environnement voire d'être entraîné à sa perte.

Le terme grec *prophète* renvoie à l'hébreu *nabi*, qui signifie « appeler, proclamer, annoncer ». Ce verbe est entendu à la fois à l'actif et au passif : le prophète est celui qui, appelé par Dieu, parle et appelle de la part de Dieu. On retrouve, dans les livres prophétiques, de nombreux réquisitoires dans lesquels le prophète tel un procureur dans un procès parle au nom de Dieu et annonce des charges contre ceux qui se montrent irrespectueux ou infidèles envers le Créateur. Ainsi parle Osée :

> Écoutez la parole de Yahvé, enfants d'Israël,
> car Yahvé est en procès avec les habitants du pays :
> il n'y a ni fidélité ni amour,
> ni connaissance de Dieu dans le pays,
> mais parjure et mensonge, assassinat et vol,
> adultère et violence,
> et le sang versé succède au sang versé.
> Voilà pourquoi le pays est en deuil et tous ses habitants dépérissent,
> jusqu'aux bêtes des champs et aux oiseaux du ciel,
> et même les poissons de la mer disparaitront[5].

À la manière des prophètes de l'Ancien Testament, porte-paroles de Dieu, Giono engage de semblables réquisitoires dans ses nouvelles et ses romans, en commençant toujours par des mises en garde. À force d'ethnocentrisme, l'être humain saccage ce qui lui est généreusement offert. Sacrifiant tout à son ego et aux sirènes du progrès scientifique et technique, il est pris d'une frénésie de destruction que rien n'arrête. L'interface entre prophétisme et actualité est nette : l'écrivain comme le prophète interpelle son contemporain, cherche à peser sur les événements.

5 Osée, 4, 1-3, *in La Bible de Jérusalem*, traduite en français sous la direction de l'école biblique de Jérusalem, Paris, Les Éditions du Cerf, 1973, p. 1326.

Dans *Prélude de Pan*, le narrateur commence par s'insurger contre les bûcherons qu'il appelle « assassins » d'arbres :

> La forêt, ça n'était pas leur compagne : ils l'assassinaient. [...] Cette amitié qu'ils étaient forcés d'avoir pour le grand ciel tout en acier, pour l'air dur, pour cette terre froide comme la chair de mort, ça leur mettait au cœur le désir d'embrasser les arbres comme des hommes et voilà qu'ils étaient là, au contraire, pour les tuer. Je vous explique mal, que voulez-vous ?... C'est un peu, sauf votre respect, comme si vous qui aimez Berthe, je le sais, et elle le mérite, on vous obligeait, pour vivre, à la tuer elle et à faire des boudins avec son sang. (« Prélude de Pan », *SP*, I, 448)

La violence des images, leur trivialité se veut un écho de la brutalité des bûcherons mais elle a aussi la force des métaphores prophétiques qui, pour frapper les esprits et amener le pécheur à la conversion, ne s'embarrassent pas de délicatesse de style. On retrouve cette verve véhémente dans une autre nouvelle du recueil, « Au pays des coupeurs d'arbres ». La terre privée de ses arbres qu'on a coupés jusqu'au dernier, apparaît nue, indécente, violentée : « On a passé toute notre terre à la tondeuse double zéro : le pays vient d'être condamné aux travaux forcés à perpétuité. » (« Au pays des coupeurs d'arbres », *SP*, I, 519). Et quand, comme dans la Bible, les humains s'enferrent dans leur péché, l'écrivain par le biais d'un personnage miroir les maudit à la manière des prophètes Amos ou Habaquq dans les textes desquels on trouve la répétition anaphorique de la formule « Malheur à qui... ».

> Malheur à qui amasse le bien d'autrui [...]
> Malheur à qui commet pour sa maison des rapines injustes,
> afin d'établir bien haut son repaire,
> afin d'esquiver l'étreinte du malheur ! [...]
> Malheur à qui bâtit une ville dans le sang
> Et fonde une cité sur l'injustice ! [...][6]

Boniface, le gros bûcheron sanguin de *Prélude de Pan* ne se contente pas de couper des arbres, il martyrise et tue des animaux. Il s'est mis en tête d'apprivoiser une colombe des bois et n'a réussi qu'à affoler l'oiseau. L'homme brutal, excédé par le vol incessant de l'animal, lui casse l'aile en la froissant dans ses poings puis s'amuse des efforts maladroits de la bête blessée qui tente de lui échapper. Alors intervient un

6 Habaquq, 2, 6-20, *Ibid.*, p. 1375.

justicier qui lui enlève son souffre-douleur et stigmatise le tortionnaire. L'utilisation d'images fortes, l'adresse directe à l'auteur des méfaits, l'utilisation du tutoiement, la ponctuation interrogative rappellent le style de l'imprécation et de la malédiction prophétiques :

> De quel droit, toi, le fort, le solide, tu as écrasé la bête grise ? [...] t'as pas compris que, jusqu'à présent, c'était miracle que tu aies pu tuer et meurtrir et puis vivre, toi, quand même, avec la bouche pleine de sang, avec le ventre plein de sang ? T'as pas compris que c'était miracle que tu aies pu digérer tout ce sang et toute cette douleur que tu as bus ? (« Prélude de Pan », *SP*, I, 450)

D'autres tristes représentants de l'humanité méprisent la Terre qui les nourrit et l'abandonnent (*Regain*) ou emprisonnent l'eau dans des barrages (*L'Eau vive*). Enfin, aboutissement logique de ses méfaits, l'homme prend plaisir à supprimer ses semblables. Dans *Un roi sans divertissement*, le héros éprouve le même sentiment de jouissance lorsqu'il voit couler sur la neige le sang d'une oie décapitée que lorsqu'il tue les gens de son village. Giono met en scène dans de nombreux récits tout au long de son œuvre un être humain ingrat et cruel, incapable d'apprécier la Création à laquelle il appartient et qui s'ingénie au contraire à détruire la Nature offerte avec une inconscience à la mesure de son plaisir sadique.

LE TEMPS DU CHÂTIMENT

En écrivant et en réfléchissant à la place et au rôle qu'il convient de donner dans ses romans aux éléments, aux animaux et aux hommes, Giono, au fil de son œuvre, ne se contente pas cependant de rappeler l'homme à la raison en lui faisant prendre conscience de son complexe de supériorité. L'écrivain finit par percevoir pour lui-même la nécessité d'introduire l'harmonie dans l'univers qu'il conçoit. Il se montre soucieux de ne pas y donner une importance démesurée aux personnages humains. Pour lutter contre l'égocentrisme des créatures humaines, il est capital de les remettre à leur place sur Terre comme dans les romans.

> Je sais bien qu'on ne peut guère concevoir un roman sans homme, puisqu'il y en a dans le monde. Ce qu'il faudrait, c'est le mettre à sa place, ne pas le

> faire le centre de tout, être assez humble pour s'apercevoir qu'une montagne existe non seulement comme hauteur et largeur mais comme poids, effluves, gestes, puissance d'envoûtement, paroles, sympathie. [...] Il ne faut plus isoler le personnage-homme, l'ensemencer de simples graines habituelles, mais le montrer tel qu'il est, c'est-à-dire traversé, imbibé, lourd et lumineux des effluves, des influences, du chant du monde. (« Le chant du monde », *SP*, 536-537)

Comme le Créateur de la Bible lui-même, voilà le romancier attentif au comportement de ses créatures, prêt à condamner leur comportement lorsque celui-ci devient fautif et à envoyer, tel un dieu, un châtiment aussi inéluctable que terrible sur ceux qui montrent un cœur endurci.

Dans *le Hussard sur le toit* Giono donne sa pleine mesure en sacrifiant les hommes impies sur l'autel du choléra. Et lorsque l'on rapproche le texte de l'Apocalypse de Jean de celui du *Hussard sur le toit*, il apparaît que l'écrivain avait le texte sous les yeux ou présent à la mémoire lorsqu'il écrivit le roman. La vengeance divine s'exerce, dans le texte biblique, par l'envoi de nombreux fléaux. Les hommes périssent autant sous les coups de la maladie que sous les assauts du feu et de l'eau devenus des éléments de terreur. Chez Giono comme chez Jean, l'eau mauvaise des naufrages inonde puis engloutit tout, l'immobilité étouffante de l'air empêche de respirer et empoisonne, mais le châtiment de prédilection est le feu destructeur. Après l'ouverture du septième sceau, on peut lire, dans l'Apocalypse de Jean, que « l'ange saisit la pelle et l'emplit du feu de l'autel qu'il jeta sur la terre » à la suite de quoi le tiers les arbres et les herbes s'enflammèrent. Plus loin « une énorme masse embrasée fut projetée dans la mer » et « tomba du ciel un grand astre brûlant » (Apocalypse 8, 5-8).

De la même façon, dans *le Hussard sur le toit*, omniprésent à travers les termes récurrents employés (fumée, brûlés, brûlante...), le feu se rencontre aussi par l'intermédiaire des nombreuses métaphores de la chaufferie, du four, ou de la cendre qui renvoient à l'enfer. Plus Angelo progresse sur la route escarpée qui se hisse entre les rochers, plus le paysage provençal acquiert, dans l'atmosphère surchauffée et le silence oppressant, une dureté implacable.

> La montée régulière de la chaleur bourdonnait comme d'une chaufferie impitoyablement bourrée de charbon. Le tronc des chênes craquait. [...] La route qui serpentait à coups de reins de plus en plus raides pour se hisser à travers de vieux rochers couverts de lichens blancs frappait parfois de la tête

> du côté du soleil. Alors le ciel de craie s'ouvrait dans une sorte de gouffre d'une phosphorescence inouïe d'où soufflait une haleine de four et de fièvre, visqueuse, dont on voyait trembler le gluant et le gras. (*HT*, VII, 241)

Au fil de la progression du héros, la lumière prend progressivement des tons soufrés qui évoquent les images de fournaise comme dans le texte de Jean. Elle finit par devenir d'un blanc crayeux, incandescent, terrifiant : « Dans le sous-bois sec et nu comme un parquet d'église, inondé de cette lumière blanche sans éclat qui aveuglait par sa pulvérulence, la marche du cheval faisait tourner lentement de longs rayons noirs. » (*HT*, 241). Le cavalier Angelo devient alors l'un des cavaliers de l'Apocalypse.

L'écrivain, présenté souvent comme le poète de la Création, emprunte certes à la Genèse des images voire des personnages, mais ne s'inspire pas moins de l'Apocalypse. Il ne s'en est pas caché et donne à voir, non sans une certaine jubilation, le "revers ténébreux" du monde. Ce faisant, il se comporte non seulement en prophète porte-voix de Dieu mais agit comme le Créateur lui-même exerçant sa toute-puissance sur les êtres de l'univers qu'il a inventés. Et s'il est un prophète, Giono ne fait-il pas partie de ceux que l'on appelle les "apocalyptiques" ? Paru en 1961, *Le Grand Théâtre* confirme les intuitions que l'on peut avoir à propos des rapports que Giono entretient avec l'Apocalypse au fil de son œuvre. Le fait qu'il s'agisse d'un texte de commande destiné à l'élaboration d'un livre objet auquel collaborent sept peintres et sept écrivains pour présenter, au musée d'Art moderne de Paris, l'Apocalypse de Jean, n'en amoindrit pas pour autant la portée. L'écrivain y dessine les figures de son père et de son oncle comme il en avait d'abord le projet lorsqu'il écrivit *Jean le Bleu*. Miroir tendu de loin aux années qui transforment l'enfant en adulte, ce texte interroge entre autres, *via* l'agonie de l'oncle Eugène dépouillé de tout par la maladie, sur le sens de la vie et de la mort, sur les origines et les fins.

Dans une parodie biblique qui croise le texte de l'Apocalypse de Jean et le livre de Job, l'œuvre délivre aussi le message prophétique du père au fils, installés tous deux, par une chaude soirée d'août, sur le toit de l'étable du boucher. Le Mal, les Bêtes déchaînées existent et les avancées scientifiques et techniques en sont les instruments. La fin du monde est suscitée par ce progrès dont Giono a vu l'œuvre destructrice s'exercer au cours de la Première Guerre mondiale. Le texte s'achève, et ce n'est sans doute pas un hasard, sur la mort du père qui coïncide, en août 1914, avec le début de la guerre et la fin de beaucoup d'illusions généreuses. Si les prophètes ont, cependant, essentiellement auprès des peuples égarés, un devoir d'avertissement auquel ils se plient par obéissance plus que par plaisir, les exagérations, hyperboles, superlatifs, et autres amplifications multipliées par Giono dans ses textes que l'on pourrait qualifier d'« apocalyptiques » soulignent la jouissance – tout au moins stylistique – qu'il prend à leur rédaction et à l'annonce des catastrophes qui risquent de fondre sur l'espèce humaine.

> Tu entendras parler de bien d'autres guerres, dit mon père, de l'entrechoquement des nations, de tremblements de terre et de famine ; ta vue sera brouillée par mille éclipses plus horribles les unes que les autres [...]. Les cieux ne se replieront pas, ils se recroquevilleront ; on pensera à l'absinthe comme à du sucre ; [...] Léviathan sera une mouche à vin et Béhémoth le ciron qui craque dans la reliure des livres ; [...] le craquement de la machine du monde retentira dans des échos qui ébranleront jusqu'à Sirius et ce ne sera encore que le commencement des douleurs. (*GTh*, III, 1069)

Dans ce court extrait, l'utilisation de chiffres épiques (« mille éclipses ») comme la surenchère pratiquée non sans ironie dans les comparaisons effectuées (« on pensera à l'absinthe comme à du sucre », « Léviathan sera une mouche à vin ») soulignent à quel point l'auteur se délecte au spectacle imaginé des bouleversements cataclysmiques à venir. Gilles Lapouge a fort bien remarqué cette propension de Giono à se réjouir lors de la narration des catastrophes qui fondent sur l'humanité dans un article intitulé « Apocalypses en Provence » et consacré au *Hussard sur le toit* :

> Les hommes ont le choléra mais nous soupçonnons vite que ce choléra est un évènement cosmique, une figure du Mal : c'est le ciel et c'est la terre, c'est la Provence tout entière qui sont à la torture et Giono, qui a toujours eu un faible pour les apocalypses, est aux anges : il patouille dans l'horreur. Il égrène une litanie de mots merveilleux. Virtuose du monstrueux, Giono fait de ce charnier solaire, un opéra fabuleux. Une fête noire et, dans cette fête trotte un jeune homme tendre[7].

7 Gilles Lapouge, « Apocalypses en Provence », *Le Figaro Magazine*, 2 nov. 1996, p. 62.

LA RÉVÉLATION

Il ne faudrait donc pas faire trop vite de Giono une figure de prophète soucieux d'appeler les hommes au repentir en leur prédisant des maux divins s'ils s'endurcissent dans leur péché. Plus on approfondit l'analyse de l'œuvre, plus on perçoit la fascination de l'écrivain pour les désastres, fabuleux spectacles et merveilleux ressorts romanesques, comme il l'explique lui-même dans *Noé* en parlant d'un de ses éléments de prédilection : le feu. Chantre de l'arbre, homme-arbre comme il l'a dit de lui-même, il est aussi et en même temps subjugué par le feu qui détruit les forêts.

Dès la publication de son premier roman, Giono met en place son « grand théâtre » des fêtes de la Mort, opposant dans un combat cosmique contre une forêt en feu, deux types de héros, comme l'explique Jacques Chabot : « celui, qui, épique, affronte virilement le fléau et l'autre, lyrique qui en subit voluptueusement le charme et s'y anéantit. » C'est le début d'une lignée de héros aux prises avec un feu dévorant. Après l'incendie où s'immole Gagou, le poète simplet de *Colline*, l'homme aux cheveux rouges, dans le *Chant du monde*, allume par dépit amoureux celui de la magnanerie de Maudru, le père de Gina. La foudre se plante dans les épaules de Bobi, héros de *Que ma joie demeure* et plus tard, dans *Un roi sans divertissement*, Langlois accomplit son destin en fumant une cartouche de dynamite.

« Forcené de l'abîme[8] », Giono ne semble pas avoir face à la flamme destructrice le recul de l'effroi. S'il préside aux apocalypses de tous ordres, universelles comme individuelles, le feu séduit par son « énorme éclaboussement d'or » (*Roi*, III, 605-606). L'écrivain le considère non seulement comme indispensable à la mise en scène de son théâtre romanesque, comme l'agent primordial de la création de son univers mais aussi comme la condition nécessaire à toute métamorphose fondamentale de l'être.

> L'incendie est un très beau personnage dramatique. Ce n'est pas comme la tempête, ou le tremblement de terre, ou la foudre les manifestations d'un dieu :

8 Chabot, « L'Homme qui hantait les arbres », art. cité., p. 15.

> c'est un dieu en chair et en os [...]. Écouter le crépitement, les grondements et voir le débat des flammes, entendre les gens qui parlent de cette fameuse part du feu, faire la part du feu et parfois la part du feu, c'est une centaine d'hommes, de femmes et d'enfants qui au moment même où ils comprennent qu'ils sont dans cette part, qui est reconnue comme appartenant au feu, redeviennent brusquement sauvages comme avant l'invention de toutes les sciences. Ce qui est bien le type même des transformations qu'apporte dans l'homme l'approche d'un dieu[9].

Bachelard qualifie de complexe d'Empédocle ce désir d'une mort transfiguratrice par le feu. Il met cette attirance en rapport avec la rêverie éveillée devant le foyer, phénomène observé universellement chez les humains. L'obsession d'Empédocle pour le volcan de l'Etna a donné naissance en psychanalyse au « complexe d'Empédocle ».

> Le feu suggère le désir de changer, de brusquer le temps, de porter toute la vie à son terme, à son au-delà. Alors la rêverie est vraiment prenante et dramatique : elle amplifie le destin humain ; elle relie le petit au grand, le foyer au volcan, la vie d'une bûche et la vie d'un monde. L'être fasciné entend l'appel du bûcher. Pour lui la destruction est plus qu'un changement, c'est un renouvellement.
>
> Cette rêverie très spéciale et pourtant très générale détermine un véritable complexe où s'unissent l'amour et le respect du feu, l'instinct de vivre et l'instinct de mourir[10].

Giono montre une fascination semblable pour « l'appel du bûcher » par l'intermédiaire de certains de ses héros qui affrontent l'incendie, les rayons ardents du soleil ou la foudre. Ceux-ci loin d'être réduits à néant par les flammes, dont un prophète sous le coup d'une inspiration divine les aurait menacés, réalisent plutôt la dernière phase de leur initiation. Leurs corps entrent, par le biais de cette immolation sacrificielle, dans le grand cycle naturel s'élargissant aux « dimensions de l'univers » (*Roi*, III, 606) comme la tête de Langlois à la fin d'*Un roi sans divertissement.* Ils ont approché non seulement la « manifestation d'un dieu » mais, comme l'envisage l'écrivain, un dieu lui-même. Et l'approche de cette divinité en les brûlant les métamorphose. Il apparait dès lors qu'ils ont accompli leur destin. Au bout de leur voyage, ils ont, et le lecteur avec eux, une ultime et fondamentale illumination.

9 Jean Giono, Revue *Le Sapeur-Pompier*, n° 858, décembre 1994, p. 848.

10 Gaston Bachelard, *La Psychanalyse du feu*, Paris, Gallimard, 1949, p. 37.

Chez Giono, l'apocalypse, mise en scène par un verbe aux accents prophétiques, qu'elle soit apportée par le feu, l'eau ou la maladie met son univers romanesque sens dessus dessous comme le font les fêtes carnavalesques dont parle Bakhtine. Elle n'a pas ici simple valeur d'avertissement ou de mise en garde. Elle introduit le renversement des valeurs qui fait désirer la mort et permet, paradoxalement, de transfigurer la vie. Dans *le Grand Théâtre*, l'oncle Eugène, après plusieurs attaques, semble avoir brûlé toutes ses cartouches. Il « n'entend plus, [...] ne voit plus, [...] ne peut plus rien sentir par le toucher ; [...] a définitivement et complètement quitté le monde que nous connaissons ». À ce moment précis « entièrement enfermé avec lui [...], c'est de lui qu'il va continuer à vivre. » Son univers est pure intériorité. Le vieil homme existe désormais en soi et pour soi. L'apocalypse l'a mené au seuil de la mort et de la vie conjointement. Arrivé à ce point de jonction éphémère, il devient capable de percevoir « non seulement l'au-delà des choses mais un au-delà des choses tout à fait personnel » (*GTh*, III, 1069) que son créateur laisse deviner. L'apocalypse revêt alors tout son sens : elle conduit à une « révélation ».

Et l'on peut se demander si ce n'est pas vers cette révélation que court Bobi quand il va à la rencontre de la foudre après avoir recherché si longtemps de la joie, ou vers elle encore que s'avance Langlois faisant de sa tête un soleil capable de prendre « les dimensions de l'univers » (*Roi*, III, 606), c'est-à-dire d'en combler symboliquement le vide, voire d'en recommencer la création par un macabre *big bang*. Une révélation pressentie également par l'écrivain et de laquelle il ne pourrait approcher que par l'intermédiaire de ses personnages foudroyés ou le feu de la création inspirée si semblable à la fulgurance de l'éclair dont il fit, comme il le note dans son *Journal de l'Occupation*, la curieuse expérience un jour de septembre 1943 :

> Je reste encore éberlué par cette foudre d'hier après-midi. C'était vraiment très minuscule et l'effet sur le corps très étrange. Rapide à un point que l'intelligence n'avait même pas le temps de fonctionner [...]. Cela a duré un quart de seconde [...] pendant lequel j'ai été dégagé de toutes les dimensions et conscient à un point qu'on ne peut pas dire. Si cela pouvait durer quelques secondes ou une minute je crois qu'on éclaircirait beaucoup de mystères. Connaissance d'un monde tangent. (*JO*, VIII, 322)

La découverte qui se fait « le temps d'un éclair » est celle de l'univers qui habite chacun et que l'on n'a jamais fini d'explorer et d'inventer simultanément. L'apocalypse qui se réalise en même temps que la foudre frappe, conduit à l'effondrement d'un monde et à l'avènement fulgurant de celui qui se cache derrière, cet « au-delà des choses tout à fait personnel » (*GTh*, III, 1069), à peine entrevu et déjà disparu. Une vision prophétique de la tragique condition humaine que l'œuvre d'art et l'artiste s'exténuent à éclairer.

> On choisit le moment des *Noces* parce que ce moment est unique : unité de temps, de lieu, paroxysme grec ; tout y est complexe et rapide ; c'est une explosion de fumée. Le coup éclate ; après, on doit dire : « Eh bien ! oui, mais rien n'a changé. » Le pathétique vient de ce que l'explosion brusquement éclaire : profondeurs ténébreuses, échelles de Jacob de l'ombre, échafaudages entrelacés en vertigineux encorbellements pour arriver finalement à ras du sol, murs de cavernes où sont inscrits des signes effrayants. Le temps d'un éclair. Le temps des *Noces*. (*Noé*, III, 860)

CONCLUSION

La Première Guerre mondiale a pesé lourd sur la vie des écrivains qui l'ont vécue. Bon nombre d'entre eux en ont gardé une méfiance terrible face au progrès scientifique destructeur parce que non contrôlé. Leurs écrits ont dénoncé les dangers et prophétisé les risques encourus par l'humanité en raison de cette prise de distance irréfléchie et orgueilleuse vis-à-vis de la Nature. Giono est de ceux-là lorsqu'il appelle à la raison en mettant en scène dans ses récits des héros qui, pour n'avoir pas mesuré la portée de leurs actes, ont invariablement couru à leur perte et contribué à la destruction de leur univers.

Si l'écrivain, cependant, revêt l'habit du prophète biblique dont il porte le prénom, s'il lui emprunte la démesure de son verbe, la thématique apocalyptique et l'extra lucidité conférée par l'inspiration divine, c'est sans doute moins pour avertir ses contemporains des dangers qui les menacent s'ils continuent à vivre avec des œillères, ou pour les aider à trouver leur juste place dans l'univers – comme pourraient le laisser penser des ouvrages du début de sa carrière tel *Le Prélude de Pan* ou *Colline* – que pour rendre compte de l'expérience à laquelle en tant qu'écrivain il a eu accès.

Dans son œuvre, force est de constater que, plus qu'une menace spectaculaire ou qu'un châtiment biblique, l'apocalypse, si souvent mise en scène et approchant de la mort ses héros, leur donne surtout l'occasion de prendre conscience du caractère tragique de l'existence. En même temps, elle dessine la possibilité de se renouveler par une mort illumination qui conduirait à découvrir « un au-delà des choses tout à fait personnel » (*GTh*, III, 1069). L'écriture de ce moment, évocateur du suicide spectaculaire et régénérateur d'Empédocle, offre parallèlement à l'écrivain, par la grâce de l'œuvre artistique, la possibilité de réenchanter sa vie et celle de ses lecteurs en créant par le verbe un monde *apocalyptique* c'est-à-dire *révélateur* d'un autre univers moins à découvrir qu'à inventer.

Danièle HENKY
Université de Strasbourg

LE PROPHÈTE, LE SAVANT ET L'ARTISTE DANS L'ÉCRITURE GIONIENNE

Retour aux sources du *Grand Théâtre*

En établissant le catalogue de la bibliothèque religieuse du Paraïs[1], mon attention a été attirée par un commentaire exégétique des années Trente, *Saint-Jean, L'Apocalypse*, d'Ernest-Bernard Allo[2]. L'ouvrage porte un certain nombre de pages cornées ou marquées de signes de lecture propres à Giono. En réfléchissant au thème du prophétisme, j'ai pensé qu'il pouvait être intéressant d'en approfondir la lecture avec l'hypothèse qu'il pouvait avoir joué un rôle dans l'écriture d'un texte de 1961 sur le même thème, *Le Grand Théâtre.*

Le Grand Théâtre est un texte de commande sur le thème de l'Apocalypse de saint Jean[3]. Par la réalisation d'un livre unique, l'éditeur-commanditaire voulait rassembler autour du dernier livre du *Nouveau Testament* un double septénaire d'artistes peintres et d'écrivains pour penser l'apocalypse dans le contexte historique de la guerre froide, tout en célébrant l'artisanat français. Giono, invité à y participer, y célèbre son père, l'artisan cordonnier, lecteur de l'*Apocalypse* de Jean. Le texte se présente comme un acte de mémoire du fils, faisant parler au style direct le père, figure de l'autorité, à partir de la notion plurivoque d'apocalypse. Il rend manifeste ce qui était secret dans une scène qui se joue en partie une nuit d'été sous le ciel étoilé. Le père initie son fils

---

1 La bibliothèque de Jean Giono est conservée telle que Giono la laissa au Paraïs, la maison dans laquelle il vécut à Manosque. Elle est accessible aux chercheurs.

2 Ernest-Bernard Allo, *Saint-Jean, L'Apocalypse*, [3] Paris, Gabalda, 1933. Les références à ce texte seront désormais notées (A).

3 L'éditeur Joseph Foret a composé un livre-objet unique, monumental, *L'Apocalypse*, sollicitant de nombreux artisans pour le réaliser, « à la gloire de l'artisanat français » (*Revue Jean Giono, Bibliographie et médiagraphie*, n° hors-série printemps 2000, revue de l'Association des Amis de Jean Giono, p. 100). Ce livre a été exposé au Musée d'Art Moderne de la ville de Paris en 1961. Voir aussi Joseph Foret, L'*Apocalypse, le Catalogue*, « reproduction intégrale » du « livre-monument ».

au « secret » de la vie. Le secret se dévoile sous la forme d'une interprétation de l'apocalypse qui trouve sa cohérence dans la mise en récit d'une relation filiale à plusieurs niveaux.

L'ouvrage d'Ernest-Bernard Allo[4] est une édition critique de l'*Apocalypse* de Jean, composée d'une introduction aux problèmes textuels, historiques et herméneutiques que pose le texte, suivie du texte grec avec en regard la traduction personnelle d'Allo. Celle-ci est accompagnée par un important apparat critique et un commentaire linéaire régulièrement interrompu par de nombreux excursus dans lesquels l'auteur expose les controverses exégétiques et justifie ses choix. Sa lecture a permis d'identifier toutes les citations bibliques du *Grand Théâtre.* Giono n'a ni cité de mémoire ces versets ni recouru aux nombreuses traductions de sa bibliothèque, pas même à celle de la *Bible de Jérusalem*, traduction pourtant choisie par Joseph Foret l'éditeur. Le commentaire exégétique s'est donc avéré une des clés de lecture de l'œuvre.

Nous allons analyser en quoi cette source éclaire la construction de la figure du père aux allures de prophète, puis nous dégagerons le sens proprement gionien de l'Apocalypse en regard de celui défendu par l'exégète, enfin nous analyserons en quoi l'usage que Giono fait de cette herméneutique biblique nous renseigne sur son approche de la création littéraire.

CONSTRUCTION DE LA FIGURE DU PÈRE

LES TROIS FACETTES DE LA FIGURE DU PÈRE DANS LE MONOLOGUE LE PROPHÈTE, LE POÈTE ET LE SAVANT

Le texte du *Grand Théâtre* dresse un portrait du père du narrateur organisé en deux parties non symétriques, une scène initiatique sous la forme d'un monologue du père (*GTh*, III, 1069-1083) rapporté par le fils (1071 et 1077) et un récit à la première personne du singulier (1083-1087) où le narrateur alterne souvenirs de jeunesse jusqu'à la mort du

4 Ernest-Bernard Allo (1893-1945), théologien dominicain français, exégète et historien des religions, enseigna à Mossoul, à l'École Biblique de Jérusalem, puis fut nommé Professeur à l'Université de Fribourg (CH).

père et citations au style direct de propos paternels. Les citations tirées des visions des quatre cavaliers (Apocalypse 6, 2-8) et de la cinquième trompette, où l'Ange de l'Abîme laisse sortir les sauterelles de l'enfer (Ap 9, 2-11) ont une fonction structurante dans l'approche gionienne de l'Apocalypse. L'image de « la Bête » (Ap 13, 1-18 ; Ap 17) surgit aussi dans le texte à deux reprises (*GTh*, III, 1073 ; 1086).

La lecture du commentaire d'Allo nous permet de comprendre comment Giono a exploité à la fois le texte biblique et l'analyse de l'exégète pour construire la figure du père. Le monologue en effet, combine un ensemble de citations bibliques et du commentaire critique d'Allo, auquel s'emboite un troisième discours sur l'oncle maternel, sous la forme de fiction « exemplaire », *exempla* au sens médiéval. L'ensemble révèle la vision du monde du père. La combinaison de trois genres littéraires, le discours apocalyptique, le commentaire critique et le discours exemplaire donne à la figure du père plusieurs facettes qui s'agencent dans une complexité qu'il nous faut analyser.

Dès le premier tableau, le jeu d'intertextualité est en place. L'initiation au secret de la vie s'ouvre par l'annonce souveraine d'un temps de douleurs au style direct : « Tu verras » (*GTh*, III, 1069). Dans un style prophétique le père énumère des fléaux à venir. Cette première phrase du *Grand Théâtre* est une citation explicite d'un verset du chapitre 13 de l'Évangile de Marc (Marc 13, 7-8, in A, 90-92[5]). Le père, s'adressant à son fils, entre en scène sous les traits de Jésus au moment de sa prédication eschatologique. Il est d'emblée investi de l'autorité de Jésus, Prophète et Herméneute par excellence, qui dans ce chapitre nommé traditionnellement « apocalypse synoptique » initie ses disciples au jugement des signes des temps. Mais contrairement à la figure de Jésus, le père ne cherche pas à rassurer son fils. Il développe au contraire des images poétiques effrayantes ou mesquines tirées de l'Apocalypse pour illustrer son propos : les éclipses, l'absinthe, les abîmes, l'enfer et le couple des monstres Léviathan et Béhémoth. L'analyse des matériaux symboliques d'Allo (A, XXXV et sv) permet de voir comment Giono en emprunte les noms et en change les représentations. L'Absinthe par exemple est le nom symbolique d'une étoile dans le texte de Jean dont

5 Notons que Giono en modifie l'adresse en la transposant à la deuxième personne du singulier et en changeant le verbe : Marc 13, 8 « Quand vous entendrez parler de » devient une vision.

la chute, à la sonnerie de la troisième trompette, transforme un tiers des eaux en absinthe, les rendant amères et mortelles (Ap. 8, 10-11, A, 126-127). Jean l'avait emprunté à la tradition prophétique juive, où elle symbolise un fléau envoyé aux cœurs endurcis (Jérémie 9, 14). Dans l'annonce du père, l'amertume toxique passera pour du sucre (*GTh*, III, 1069). À l'inverse, les figures démoniaques de la mythologie babylonienne, Leviathan et Béhémoth, « lieux communs littéraires » de l'Orient ancien, reprises par Jean dans une composition originale (A, 245-247) sont transformées par Giono en mouche à vin et en ciron, fléau des bibliothèques (*GT*h, III, 1069). Le père, et le romancier à travers lui, est, à l'exemple de Jean, libre dans ses combinaisons symboliques pour préfigurer les temps d'épreuves à venir. (A, 185).

Puis le père change à nouveau de figure. Les paroles qui achèvent ce premier tableau reprennent textuellement des éléments du commentaire d'Allo sur Marc 13 (A, 92). Allo commente la scène d'initiation des apôtres à une interprétation eschatologique du temps. Juger les signes des temps, c'est savoir différencier vraie et fausse prophétie, effondrement du monde historique et fin du monde, c'est à dire sa consommation au sens d'accomplissement sans confondre l'avènement de la Gloire de Dieu et le temps des calamités qui l'annonce. En Marc 13,8 Jésus explique que « ce ne sera que le commencement des douleurs ». Allo donne le sens de cette restriction *ne...que* en précisant que, pour Jésus, ce temps ne sera pas « la fin » mais que la durée de ces épreuves incontournables reste secrète. Sa lecture met alors en évidence combien Giono transforme la figure du Prophète herméneute en recomposant le commentaire d'Allo.

UN PROPHÈTE PARTICULIER

Giono, dans cette scène, efface toute trace de salut, élément théologique essentiel de la prophétie apocalyptique synoptique et johannique. Le verset de Marc 13,8 est cité : « ce ne sera que le commencement des douleurs » mais la citation est tronquée. Giono supprime la métaphore des « douleurs de l'enfantement du salut définitif ». Il écarte ainsi la maïeutique du salut biblique qui renforce le caractère inéluctable de ce temps qui commence, mais annonce un engendrement déjà à l'œuvre, source de la joie d'une délivrance certaine. Le sens théologique de l'Apocalypse comme ouverture d'un temps de l'attente s'efface. La Parousie, ou retour en gloire de Jésus, continue Allo, « reculée après tout un déroulement de calamités [...] coïncidera avec le craquement de toute la machine du monde » (A, 91). Le craquement de la machine du monde est alors un signe de l'accomplissement chez Allo, alors que Giono la place au commencement du temps des calamités. Les signes de commencement et de fin se confondent.

> [...] le craquement de la machine du monde retentira [...] et ce ne sera que le commencement des douleurs. Le Christ n'a jamais dit combien de temps elles dureront ; elles paraissent devoir s'étendre sous quelques formes que ce soit à tout l'avenir. (*GTh*, III, 1069)

Ainsi le père annonce-t-il un temps dramatique fini sans Finalité ni Principe, un temps de commencement des douleurs sans l'horizon de la sotériologie chrétienne. La figure du père apparaît donc comme une construction combinant la figure du Prophète Jésus enseignant, du poète autodidacte et du critique scientifique. Le prophète de Giono cependant n'est pas dupe de son discours. Il se décrit lui-même comme un prophète non-voyant, sans révélation :

> Nous sommes obligés d'inventer puisque nous ne connaissons pas le futur, et naturellement nous allons inventer dans le sens qui suivra le mieux nos desseins. (je parle de ceux que nous avons présentement, toi et moi, dans la nuit, sur le toit de cette étable et qui sont simplement de passer le temps [...]. (*GTh*, III, 1076)

Sa vision du monde, non-inspirée, porte en elle la question du temps et de la mort, habitée par l'Apocalypse qui apparaît sous des manifestations diverses que nous allons analyser. L'Apocalypse du *Grand Théâtre* est d'abord un livre lu et relu, l'Apocalypse de Jean. Elle structure le rapport d'un père, lecteur, à son fils, auditeur. En tant qu'œuvre littéraire, elle façonne la mémoire commune du père et du fils, est le référent et la mesure du discours du père et donne au fils des clés pour le comprendre. Ce livre vivant nourrit l'imagination du père, lieu premier où se reçoivent et s'engendrent ses représentations. Il s'en nourrit pour interpréter l'existence humaine et l'histoire et construire sa vision du monde. Son interprétation sert de médiation dans l'initiation du fils. Les versets insérés dans le texte sont à plusieurs reprises introduits par un « souviens-toi », une injonction à ne pas oublier ouvrant à une méditation sur la mort (*GTh*, III, 1072, 1078, 1087).

L'APOCALYPSE DU *GRAND THÉÂTRE*

Mais l'Apocalypse du *Grand Théâtre* est déthéologisée dans la mesure où elle ne dévoile ni une christologie, ni une sotériologie. Elle n'est pas révélation d'une puissance salvatrice transcendante par une voix divine, mais dévoilement d'une force immanente, inéluctable, présente au cœur de la vie, qui se conjugue au présent et se déploie sans bruit (*GTh*, III, 1070). Les emprunts au texte fondateur participent à l'idée d'un seul et même mouvement de chute, touchant à la fois l'individu (l'exempla, oncle Eugène), le monde historique et l'univers. Giono forge ses propres expressions pour la saisir : « être aux prises avec l'Apocalypse » (1073), « être touché de l'Apocalypse » (1082).

UN MOUVEMENT DE CHUTE QUI N'EST PAS LA MORT

L'interprétation gionienne de l'Apocalypse emprunte à la première vision johannique des quatre cavaliers deux images, le cavalier vert et le cavalier blanc. Sans suivre l'ordre d'apparition des cavaliers de sa source, elle s'écrit en suivant sa propre logique. La première occurrence du texte introduit le thème de l'Apocalypse dans son rapport à la mort (Ap 6, 7-8 in A, 89 ; *GTh*, III, 1071). La figure du quatrième cavalier dans le monologue est au service d'un premier sens de l'Apocalypse basé sur une différenciation entre ces deux termes. « Ne va pas croire fiston que l'Apocalypse est la mort. Je connais le texte [...]. » (*GTh*, III, 1071). Le père argumente pour lever cette confusion en citant explicitement la vision du quatrième cheval à la couleur indéterminée[6], verdâtre, livide, « le cheval vert » selon la traduction d'Allo et son cavalier qui personnifie la Mort et a l'Hadès pour compagne. En mettant dans la bouche du père ces versets suivis d'extraits du commentaire d'Allo, Giono combine les figures du savant et du poète sous les traits de l'interprète souverain. Il l'investit de l'autorité de l'exégète critique, ce qui l'autorise à corriger et à interpréter le texte, à l'image d'Allo (*GTh*, III, 1071 ; A, 89 et son commentaire 84-102). Or,

6 Χλωρος selon la source d'Allo (A, 89) la version TOB traduit par « blême », la *Bible de Jérusalem* par « verdâtre ».

dans son commentaire Allo souligne dans le verset 8 deux difficultés à élucider : la personnification de la Mort par le quatrième cavalier et le couple de la Mort et de l'Hadès introduit par Jean. Sa méthode d'examiner chaque symbole en fonction de la totalité de la vision lui permet de reconstruire le schéma symbolique du tableau des quatre cavaliers et le conduit à rectifier le texte « par analogie », en recourant à un argument de tradition littéraire :

> Thanatos ne peut signifier ici que « Peste » d'après l'analogie biblique ; s'il s'agissait de la Mort en général, ce Quatrième Cavalier n'aurait aucun signe individuel, et son apparition serait plutôt oiseuse, puisque les deux précédents faisaient déjà sa besogne. (A, 90)

En substituant la « Peste » à la « Mort[7] », Allo s'autorise à rétablir « un trio consacré », « lieu commun » de la tradition biblique, la Guerre (le cavalier rouge), la Famine (le cavalier noir) et la Peste (le cavalier vert) pour représenter les fléaux dont use Dieu pour châtier. Il met ainsi à part le premier cavalier (blanc) qui ne personnifie aucun fléau mais une victoire. L'interprétation d'Allo dénombre 1 + 3 cavaliers. Giono reprend l'idée que le quatrième cavalier ne représente pas la Mort mais sans reprendre la proposition de substituer la Peste à la Mort. Il préfère supprimer le cavalier vert : « Et voici le secret, fiston : dans aucune Apocalypse, il ne peut y avoir de cheval vert. Il n'y a que trois cavaliers. » (*GTh*, III, 1071). L'Apocalypse est alors le mal à combattre, et la mort en est le remède. Le secret auquel le fils est initié est l'enjeu de cette distinction entre le temps des souffrances et la mort : « L'Apocalypse est l'ensemble des événements qui font désirer la mort. Si le cheval vert apparaissait, tout le tumulte serait remplacé par le chœur des anges qui est silence éternel, donc le cheval vert n'apparait pas. » L'Apocalypse, dans la vision paternelle, est une forme temporelle alors que la mort est sans le temps, un silence éternel. Les douleurs éternelles sont un "état" qui efface l'idée de visée alors que l'Apocalypse ouvre le temps des douleurs avec une visée, l'efficacité, et une fin temporelle – il cessera dans le silence éternel. Mais c'est l'interprétation de Giono qui est en jeu, dans l'argument du père. Il joue avec l'interrogation d'Allo sur la pertinence de l'apparition de la Mort parmi les quatre cavaliers, et il

7 C'est le choix de certaines traductions comme celle de la *Bible de Jérusalem* : « Celui qui le montait, on le nomme : la Peste ».

montre un père plus radical dans ses choix ! Le père ne précise pas la nature de l'efficacité mais elle s'éclaire dans la suite du texte comme un effet sur le fils.

Si la Mort ne peut apparaître dans l'apocalypse gionienne, c'est que l'apocalypse se vit ! Elle n'est pas une prophétie sur le futur mais une force qui détruit l'univers que chacun façonne par son rapport sensoriel au monde. Elle est une expérience existentielle immédiate, qui a pour effet d'orienter le désir vers la mort. Elle dévoile en même temps l'absence de toute force salvatrice et prend la forme d'un destin. L'exemplum de l'oncle Eugène va illustrer cette interprétation : « Il n'est touché que de l'Apocalypse ; revenons à son univers qui s'effondre. » (*GTh*, III, 1071-1072). Le père invente le futur de l'oncle, et l'imagine, dans cette fiction, coupé du monde par la perte progressive de ses sens. L'oncle a « définitivement et complètement quitté le monde. Or, il n'est pas mort » (1077). Mais dans ce phénomène de démesure, le père initie le fils à voir la capacité de l'individu à recréer la réalité et à déployer de nouvelles formes par l'imagination et la mémoire. L'apocalypse dans sa dimension singulière est à la fois un mouvement de réduction des capacités et d'accroissement de l'acuité (1074-1077).

Cette approche de l'Apocalypse conduit à nouveau au texte biblique, avec la figure du premier cavalier par une citation (Ap 6,2, A, 84), introduite par un appel à la mémoire : « Souviens-toi du premier cheval, le cheval blanc et du premier cavalier [...]. » (*GTh*, III, 1072). Giono met alors dans la bouche du père la thèse d'Allo sur la similitude des deux figures du cavalier blanc : « Ce cavalier est le même que celui qui apparaitra au chapitre 19 où il s'appelle "le Verbe de Dieu" vainqueur des Bêtes et des rois de la terre » (Ap 6,2 ; 19, 11-21 ; A, 95). Mais il parodie l'interprétation christologique en attribuant le titre divin spécifiquement johannique de « Verbe de Dieu » au cheval : « Ce cheval, mon fils, est le Verbe de dieu vainqueur [...]. » (*GTh*, III, 1072). Une des innovations théologiques les plus importantes de la christologie johannique, procédant de la christianisation du concept grec de *logos*, (Ap 19, 13 ; Jn 1,1) est ainsi déplacée sur le cheval. Revenant au cavalier, l'auteur reprend cette fois textuellement l'interprétation christologique d'Allo, supprimant l'incarnation et la passion du Verbe pour ne retenir que la résurrection. Il ajoute cependant une parenthèse où se prolonge le brouillage théologique :

> Ce cavalier diffère beaucoup des autres qui seront des fléaux, (sauf, je te l'ai dit, le quatrième, le cheval vert, qui est l'oméga du cheval blanc, qui est l'alpha). Dès qu'il apparait, et avant de descendre du ciel, il a déjà emporté une victoire, la victoire essentielle par la résurrection du Verbe. (*GTh*, III, 1072 et A, 87)

Le couple notionnel « l'Alpha et l'Omega », dont l'Apocalypse compte trois occurences (Ap 1,17 ; Ap 2, 8 ; Ap 22, 13) est un nom divin d'auto-révélation dans sa version grecque repris de la tradition prophétique juive[8] que Jean avec audace transfère au Christ. Il pose ainsi un acte de foi par la reconnaissance souveraine de la nature divine de celui-ci et l'établit Principe et Fin de toutes choses. En transférant ces noms divins aux chevaux, et en faisant du symbole de la Mort la Fin du symbole du Verbe de Dieu, Giono efface toute transcendance et prend ses distances par rapport à toute révélation divine, avec une certaine ironie à l'égard de la construction chrétienne de la Création et du Salut. Le texte de Jean devient réservoir d'images et littérature qui nourrit la mémoire et l'imagination du père et du fils. Le dévoilement du triomphe du Christ par l'Incarnation du Verbe, sa passion et sa résurrection, la grammaire de toute la prophétie de l'Apocalypse, pour Allo, a tout simplement disparu. Déliée de sa grammaire, la résurrection du Verbe serait alors le processus du flux abondant qu'est la parole du père, avec pour effet le processus d'écriture à l'œuvre dans le *Grand Théâtre.* Giono emprunte l'argumentation de l'exégète pour servir sa vision immanente de la vie et de la mort. C'est alors que s'éclaire une dimension importante de l'apocalypse gionienne, celle qui donne son titre à l'œuvre : l'Apocalypse est une grande représentation théâtrale.

UN GRAND SPECTACLE

Cette interprétation ouvre l'Apocalypse à sa dimension cosmique, celle d'un grand spectacle fascinant. Elle est introduite par la notion d'invitation : « [...] or la faculté d'être invité, c'est ce que nous avons de plus précieux. » (*GTh*, III, 1073), car elle introduit le plaisir. L'invitation est d'abord celle de la mère adressée à l'oncle. Giono joue avec le sens liturgique de l'invitation, présent dans le texte de Jean : « Un ange me dit : Écris : Heureux ceux qui sont invités au festin des noces de

8 « Moi, Yahvé, Je suis le premier et le dernier [...]. » (Ésaïe 41,4 ; 43,10 ; 44,6) ; l'*Aleph* et le *Tav*, devenant l'« Eth », l'Éternel, celui qui est de toute éternité.

l'Agneau. » (Ap 19,9), source de la formule liturgique de l'Eucharistie, « Heureux les invités au repas du Seigneur ». L'invitation promet la Béatitude, (Ap 19, 9-10 ; Ap 22, 15-17), c'est-à-dire la vie heureuse, par la connaissance du Mystère divin et la communion à Dieu, le repos du désir par le don de l'eau vive. Giono ici transforme à nouveau la structure de la connaissance et du désir en faisant du bonheur une émotion suscitée par l'invitation et en substituant la curiosité au désir de Dieu. Ce n'est plus la foi ou la piété qui attirent les hommes au grand spectacle final, c'est la curiosité. Giono combine en cela le commentaire d'Allo et sa propre imagination. Le thème de la curiosité dans le commentaire d'Allo introduit une différenciation entre apocalyptiques apocryphe et canonique. Giono a parfaitement intégré cette différence de genres littéraires. Allo caractérise les écrits apocalyptiques non canoniques du judaïsme par leur finalité qui n'est pas la révélation du salut final :

> [Ils sont] plutôt destinés à satisfaire la curiosité d'un petit nombre, et une curiosité parfois inutile au point de vue religieux [...] [Ces apocalypses] transportent immédiatement leurs lecteurs à la fin des temps, sur laquelle ils ne peuvent avoir aucune action [...] Mais ce n'est pas toujours l'avenir humain qui les intéresse ; elles peuvent scruter avec autant d'ardeur les mystères du Cosmos qui ne contribuent guère au salut [...] Les auteurs d'apocalypse sont des calculateurs qui aiment la précision des chiffres, n'attendant aucune amélioration sur la terre que de l'intervention théâtrale de Dieu, quand les maux auront été portés à leur comble. (A, XXV-XXX et SV)

Giono suit sur le mode distancié de l'humour le genre apocryphe en introduisant la satisfaction de la curiosité et la représentation d'un Deus ex machina, aiguillon du désir « d'assister à cette grande représentation théâtrale d'une Apocalypse à la dimension de l'univers » (*GTh, III*, 1073). « Nous voulons être invités au mesquin comme à l'immense. » Ce désir trouve une image adéquate dans le texte johannique, celle de la « Bête qui monte », que tous adoreront (III, 1073 ; Ap 13,1 et 9). Giono mêle la terreur et la fascination pour en montrer l'effet : l'homme contemporain est plus en quête de plaisir que de salut. Les images, comme le grand spectacle, même terrifiantes sont expérience d'une jouissance dont l'homme est avide. L'Apocalypse gionienne perd toute visée sotériologique et morale, elle est immense quand elle touche l'univers et dans sa dimension individuelle, elle est le temps suspendu de la chute, c'est à dire hors de la mesure du temps de notre monde tout en restant dans le temps fini d'un monde transitoire. L'imagination du père conduit l'individu aux prises avec l'Apocalypse « à assister sans mourir au spectacle du grand théâtre » (1075), ce mouvement intérieur de chute. Giono en fait le spectateur par excellence.

L'APOCALYPSE, UN PRÉSENT DRAMATIQUE

> L'Apocalypse ne détruit pas la vie ; au moment même où elle la détruirait, elle cesserait d'être l'Apocalypse. Elle ne peut exister qu'en tant que spectacle devant des spectateurs, terrifiés mais spectateurs. (*GTh*, III, 1074)

Le mouvement de l'Apocalypse se déploie dans l'existence individuelle et dans l'univers et également dans l'histoire, le monde politique. Giono reprend l'image de la Bête mêlée au commentaire d'Allo pour introduire la vision politique du père (*GTh*, III, 1086 ; Ap 13,1-18 ; Ap 17). Selon Allo, elle représente une critique politique de l'Empire romain et de façon générale de toute forme de pouvoir impérial sur le monde dans sa double forme de pouvoir politique et administratif et de puissance intellectuelle et mystique de persuasion (A, 1086). Giono en reprend les deux sens avec la notion d'« empire » (*GTh*, III, 1086), sans lui opposer la figure du Christ qui fait d'elle l'Anté-Christ, ce qui inscrit l'Histoire dans un présent dramatique sans dépassement. Le sens n'est transmis que par la force des images. La méditation de l'Apocalypse trouve alors tout son sens dans le dernier tableau où la guerre est décrite comme un processus de transformations constantes des éléments, un « brassage de terre et d'hommes » qui produit « cette absence totale de réalité » (*GTh*, III, 1087). C'est l'expérience de la désagrégation des formes annoncée quelques pages plus tôt : « [...] l'absence de forme est la manifestation la plus horrible de la matière [...]. » (1073). Giono donne au dernier oracle paternel un caractère sombre. « Il faudra surtout te méfier de ceux qui voudraient supprimer la mort, surtout si jamais ils y arrivent. Souviens-toi de l'Apocalypse. Les poètes écrivent le journal du futur ». En effaçant la force rédemptrice du Christ, il ouvre un espace au poète. Le père cite alors un verset : « En ces jours-là, les hommes chercheront la mort et il leur sera impossible de la trouver, et ils désireront mourir, et la mort s'enfuit d'eux. » (*GTh*, III, 1087 ; Ap 9, 6). Les verbes sont au futur. Seul le dernier verbe s'écrit au présent, reprenant l'un des sens de l'Apocalypse selon Giono comme nous l'avons montré. L'écrivain met dans la bouche du père le commentaire d'Allo qui tient à justifier le changement de temps du verset grec, contre plusieurs exégètes qui lui substituent un futur. Allo le qualifie de « présent dramatique » (A, 131). Ce présent dramatique prend un sens gionien qui ne vient pas d'Allo. Désirer la mort qui ne vient pas nous renvoie à l'expérience de Job (Job, 2). Elle désigne ici l'absence de Grâce divine. L'initiation mise en scène dans le *Grand Théâtre* trouve son point d'orgue dans une révélation de l'absence de Grâce qui ouvre l'homme à l'enfer moderne. « [...] ce qu'il voulait m'épargner était pire que la mort [...]. » (*GTh* 1087). Cette fin dramatique s'éclaire par une autre intertextualité avec Dante, insérée implicitement par l'analogie entre Virgile et l'Apocalypse : l'auteur fait dire au père à propos de l'Apocalypse de Jean « c'est mon Virgile » (*GTh*, 1084). L'Apocalypse est au père ce que Virgile est à Dante dans le livre de *l'Enfer*. Les dernières pages décrivent sa distance critique face à la fascination de ses contemporains pour la technologie qui nie l'approche poétique de la vie. Le présent dramatique renvoie le poète au désenchantement du monde par la technique, à un monde qui a perdu le sens de la jouissance éprouvée avec la poésie, à l'enfer moderne vu par le prisme des ténèbres éternelles des premiers chants de l'Enfer.

Le père dans *Le Grand Théâtre* dévoile sa vision du monde moderne sans illusion. L'initiation revient à apprendre à « voir » (*GTh*, III, 1077) l'Apocalypse, pour trouver seul le chemin pour « se débrouiller de l'illusion » et « faire son compte ». Ainsi la lecture de Jean permet « d'entendre et de voir non seulement l'au-delà des choses, mais encore un au-delà des choses tout à fait personnel ». Giono se dévoile en montrant que l'au-delà du monde sensible ne s'ouvre pas par la foi en une vérité révélée, mais par un jeu de facultés humaines, l'imagination et la mémoire. On peut alors interpréter *Le Grand Théâtre* comme la forme d'une nouvelle mise en scène de l'Apocalypse, une forme moderne, c'est à dire sans transcendance et sans salut, mais pas sans désir. Le désir soutient l'imagination poétique, cette faculté de créer à partir des images des formes de l'existence. Ainsi l'efficacité de l'Apocalypse ne porte pas sur sa dimension morale ou religieuse. L'effet de lecture de ce texte sur le fils n'est ni de provoquer sa conversion, ni de mouvoir sa volonté (perspective morale). C'est l'écriture qui est en jeu, avec ses effets, le plaisir et la jouissance, ouvrant à la perspective esthétique.

L'ÉCRITURE POÉTIQUE DANS UNE DIALECTIQUE DE LA PAROLE ET DE L'ÉCRITURE

Au thème de l'Apocalypse se superpose celui de l'écriture poétique. Le poète peut aider à sortir du langage scientifique qui « explique seulement le monde qui tombe sous nos sens et notre intelligence » (*GTh*, III, 1079). « Rien de ce que nous inventons ne peut sortir de ce monde-là. » Allo voit en Jean la figure de l'écrivain libre dans la composition des tableaux tout en respectant le statut de révélation des paroles entendues. Giono s'inspire de ses questionnements. En s'appuyant de façon distanciée sur l'analyse d'Allo, Giono rejoue et prolonge la geste de Jean.

LE TÉMOIN

Par la figure du narrateur, Giono crée un effet de distanciation entre l'écrivain et le personnage qui ouvre l'espace de la fiction. Le narrateur du *Grand Théâtre* se présente comme un témoin dont la tâche se limiterait à la transcription des longues démonstrations paternelles sans logique apparente. « J'ai essayé d'en reproduire le flux à moitié endormi et l'apparent désordre. » (*GTh*, III, 1083). Giono s'amuse à donner une dimension historique donc crédible au récit. « J'avais dix ans, mais le langage de mon père m'était familier. » (1069). Le passage à l'écriture de la parole entendue n'est-il qu'un reportage ? N'a-t-il qu'à reproduire le flux et l'apparent désordre ? La lecture d'Allo donne au lecteur quelques clés de compréhension de la fiction que construit Giono. Allo insiste sur la forte personnalité de Jean, l'auditeur de la Parole divine et l'unique spectateur des visions et articule écriture inspirée et forme littéraire. « Il n'y a, à vrai dire, qu'une seule vision : un drame aux actes successifs, au moins depuis le chapitre IV jusqu'à la fin » dont l'écriture relève d'« un travail artistique fort conscient », un travail « humain de mémoire, d'imagination, de combinaisons, de style » (A, CLXVII). Cela signifie que l'écrivain peut écrire le même drame sous des formes multiples. Par une théorie du symbolisme de l'ancien Orient Allo résout la difficulté de la spécificité de l'écriture prophétique. Il soutient que l'écrit oriental reconnaît une synonymie des symboles analogue à la synonymie des mots, ce qui rend les « images visuelles » interchangeables donnant l'impression « d'un apparent désordre ». L'exégète, selon cette perspective, a pour tâche de « trouver un fil conducteur à travers ce désordre partiel » (A, LXIV), c'est-à-dire de retrouver l'élément caché du symbole pour faire sens

> C'est un certain désordre apparent, un enchevêtrement dans la suite des tableaux eux-mêmes, qui empêche de reconnaitre sans travail [...] le progrès de l'idée prophétique. Pour arriver à la résoudre, il est nécessaire d'en étudier les procédés de composition. (A, LXX)

Giono met le narrateur dans une position similaire, devant « cet apparent désordre » (*GTh*, III, 1083) dans sa tentative « d'en reproduire le flux » mais il efface toute référence à l'inspiration divine pour rester dans la sphère de l'imagination poétique nourrie de lectures.

LA LIBERTÉ, PRINCIPE DE L'ÉCRITURE POÉTIQUE

Le témoin est plus qu'un simple scribe. L'écriture prophétique est l'œuvre d'un poète auditeur de la Parole divine, jamais déliée de ses traditions scripturaires ni de ses représentations culturelles, dans un rapport de la Parole à l'écriture à la fois normé et libre. Allo insiste sur le fait que Jean était contraint par « une tradition consacrée » tout en exerçant sa liberté créatrice, ce qui en fait un « génie naturel surélevé par l'inspiration divine » (A, LV). Il explique ce fonctionnement :

> [Le livre] est composé d'emprunts bibliques, mais Jean les a combinés avec un grand art. [...] Il est rare qu'il emprunte une scène ou la suggestion d'une vision sans en modifier les détails, sans s'écarter de l'original avec la plus entière liberté, ou combiner des traits qui ont été rapprochés de contextes différents. Cette manière d'user des matériaux de l'Ancien Testament a cours d'un bout à l'autre de l'Apocalypse et elle est une caractéristique du livre. (Allo, CLXVI-CLXII, 92, 93, 95, 107)

Ce travail de transcription et de recomposition inspire Giono. La liberté de l'écrivain prend d'abord la forme littéraire du monologue où la parole du père traduit son interprétation personnelle du texte lu seul (*GTh*, III, 1084). La liberté poétique se rejoue dans l'écriture du fils. L'image des sauterelles à la chevelure de neige (1074) oppose deux attitudes face au fléau : le médecin pragmatique – mange ses tartines de pus, et le poète compose une image poétique qui dépasse le fait historique. Cette image relève d'une combinaison de sources et d'un jeu de symboles. Giono décrit la sauterelle par un dicton arabe tiré du commentaire d'Allo : « La sauterelle ressemble, pour la tête, au cheval, pour le poitrail au lion, pour les pattes au chameau, pour le corps au serpent, pour les antennes aux cheveux de la vierge. » (A, 131). La tradition biblique désigne une des plaies d'Égypte par la nuée de sauterelles (Exode 10). Jean attribue aux sauterelles des cheveux « comme les cheveux des femmes » (Ap 9, 8 in A, 127), la tradition arabe décrit les antennes semblables « aux cheveux de la vierge » (A, 131) et Giono leur attribue des « cheveux de la neige » en jouant sur la proximité sonore des mots *vierge* et *neige* et sur le symbole de la chevelure blanche. Dans la tradition apocalyptique apocryphe il est réservé à la figure de Dieu et symbolise son éternité (A, LIII et 14). Allo montre que Jean la reprend et la transpose du Père au Fils au service de sa christologie, manifestant ainsi qu'il lui reconnait la même nature divine que le Père, reconnaissance prolongée avec le titre divin d'Alpha et d'Omega : « Et sa tête et ses cheveux [étaient] blancs comme de la laine blanche comme neige » (Ap 1,13, in A, 14 et L-LIII). Or Giono, en donnant aux sauterelles cette couleur symbolique de la puissance et de la divinité, opère un renversement de sens similaire à celui des chevaux vert et blanc. La symbolique des mots qui assurait à l'intérieur de références culturelles le sens est détournée par l'imagination du poète. L'imagination est alors le lieu de la liberté. Giono met en lumière dans cette approche de l'Apocalypse des facultés humaines, la mémoire et l'imagination poétique pour passer de la sensation à l'expérience de création.

LA RELATION DE FILIATION

Le rapport dialectique de la parole et de l'écriture s'inscrit dans un rapport de filiation. Jean le Prophète est auditeur de la Parole divine puis chargé de l'écrire (Ap 1, 11). L'écriture de cette Parole se réfère à une Écriture qui le précède. De façon analogue, le narrateur transcrit les paroles du père nourries de l'Écriture. La figure du père est donc centrale dans la genèse de l'écriture puisque médiatrice de deux écritures. L'écriture du fils donne une forme et une cohérence au désordre apparent de la parole du père et produit une fiction capable de reconfigurer la réalité. Il s'en dégage une figure de l'écrivain héritier et critique des traditions littéraires et religieuses, écrites et orales. Cette généalogie figure dans le texte sous une forme humoristique par le jeu des prénoms : narrateur, auteur et père portent le même prénom, (*GTh*, III, 1070). Jean IV, fils de Jean III le prophète non inspiré, mais lecteur de Jean « Fils de Zébédée », le Voyant auditeur de la Parole (*GTh*, III, 1073, 1075, 1078, 1079, 1081, 1082, 1086) « prophète de Patmos » (1086[9]). L'inscription dans la généalogie se marque aussi par des formules humoristiques. Giono fait dire au père : « disons (comme Jean, fils de Zébédée) quelques grandioses lieux communs » (1078), reprenant une formule récurrente d'Allo pour désigner les matériaux communs aux apocalypses. Transcrire les discours du père ne se réduit donc pas à fixer des paroles mais à faire œuvre » ; l'écriture produit une œuvre en hommage au père souvent sous la forme d'autoportrait.

Nous avons tenté de montrer combien la découverte de l'ouvrage d'Allo de la bibliothèque du Paraïs peut expliquer en partie le geste créateur dans *Le Grand Théâtre*. L'écriture de Giono advient toujours dans un rapport intertextuel avec la littérature mais aussi avec le commentaire biblique. La fiction combine la liberté dans l'usage des sources et le caractère dramatique de l'interprétation au service d'un portrait chaleureux du père, figure en oxymore, hédoniste et tragique, anarchiste nourri d'images glanées dans ses lectures et transformées par sa propre imagination pour traverser, souverain, les événements de la vie. Dressant le portrait d'un homme qui vit à l'ombre douce du monde biblique, de Dante et de l'Arioste qui savent conjuguer l'imagination poétique et le merveilleux (*GTh* 1084) le père devient une figure de la critique d'une rationalité moderne et technologique. Ce père en effet « entre peu à peu avec méfiance dans le XXe siècle » (*GTh*, III, 1086).

Ce portrait cependant dépasse le simple hommage à un père. Giono l'inscrit dans une généalogie de créateurs, elle-même écrite au sein d'une double analogie centrale dans la théologie chrétienne : celle de la relation de Dieu le Père au Fils Créateur de toutes choses, et celle de la voix divine, Parole adressée au Prophète Jean, chargé de mettre par écrit ses visions. Cette relation cependant relève de la littérature

9 Allo, *L'Apocalypse*, *op. cit.*, p. 86. Allo, en opposition aux hypothèses exégétiques nées des méthodes historico-critiques, maintient la thèse classique qui reconnait en Jean, fils de Zébédée, l'auteur de l'*Apocalypse* et du quatrième évangile, ce qui pour la majorité des exégètes contemporains n'est qu'une fiction de l'église primitive.

qui lui donne la force de dépasser le sordide de la vie quotidienne dépeinte par le narrateur dans la description de la maison (*GTh*, III, 1070). Le portrait inscrit au cœur de sa composition une relation filiale enrichie par les analogies analysées par le bibliste Allo. Dans Le *Grand Théâtre*, Giono fils, Jean IV, l'écrivain, se reconnaît héritier d'un père qu'il configure comme porteur d'une tradition orale construite sur ses lectures et ses libres interprétations. Ce « Souviens-toi » structurant une mémoire commune est à la source de l'écriture gionienne. Ce qui est dévoilé est le besoin du poète, « seul habilité à écrire le journal du futur » (1087) C'est l'art même d'écrire qui est le thème de ce texte et le poète en est la figure centrale. Le besoin de poète pour échapper à l'enfer du présent dramatique est un thème gionien : « Sans le secours du poète, on ne peut connaître le chemin qui délie des enlacements de l'enfer. » (*TV*, VII, 680).

Francine CHAROY
Institut catholique de Paris

CINQUIÈME PARTIE

PROPHÉTISME, POÉTIQUE ET ESTHÉTIQUE

JEAN GIONO, DU PROPHÈTE AU CONTEUR

Histoire d'un changement de scénario auctorial

> Il arrive qu'avec le temps des écrivains se racornissent, se recroquevillent curieusement. [...] Prisonnier [*sic*] du dérisoire fantôme de ce qu'ils ont été, les voilà déjà morts. [...] D'autres procèdent à un renouvellement tel qu'on en vient – comme s'il s'agissait de deux individus distincts – à opposer leur ancien à leur nouveau visage. Beau tour de force que pareille mue et combien s'en révèlent capables[1] ?

C'est sur cette pensée que s'ouvre le texte de Jean-Louis Bory consacré à Jean Giono dans son recueil de critiques *Tout feu tout flamme*. L'écrivain revient ici sur le mythe bien connu des « deux Giono » : celui des années Trente, chantre lyrique des paysans, mage du Contadour ; celui d'après 1945, romancier virtuose aux traits balzaciens ou stendhaliens – avec, entre ces deux visages, « le *trou noir* de la guerre[2] ». Nous nous proposons de revenir à notre tour sur ce mythe, devenu un poncif de la critique gionienne, en nous concentrant sur deux figures auctoriales célèbres de Giono : celles du prophète et du conteur.

Avant d'aller plus loin, nous souhaiterions tout d'abord revenir sur notre approche, qui s'inscrit dans le champ des études portant sur l'auteur. Depuis la fin des années Soixante-dix, l'auteur a en effet fait son retour dans la critique littéraire, qui l'aborde non plus seulement comme le producteur mais aussi comme « le produit de son œuvre[3] » ; non plus seulement comme une personne réelle mais comme une

1 Jean-Louis Bory, « Giono ou Janus-le-Bleu », p. 147-148 in Roland Bourneuf, *Les Critiques de notre temps et Giono*, Paris, Garnier frères, 1977.

2 Cette formule est de Jean-Yves Laurichesse dans *Giono et Stendhal : chemins de lecture et de création*, Aix-en-Provence, Publications de l'Université de Provence, 1996, p. 13.

3 Jérôme Meizoz, *Postures littéraires : mises en scène modernes de l'auteur*, Genève, Slatkine Érudition, 2007, p. 45.

figure fantasmatique, un « écrivain imaginaire[4] ». Si l'auteur est le premier à donner, par ses œuvres, par ses propos et par ses conduites littéraires, une image de soi diffusée dans le public, le discours des autres contribue également à sa figuration : comme le note Jérôme Meizoz, « un auteur n'est jamais, pour le public, que la somme des discours qui s'agrègent ou circulent à son sujet, dans le circuit savant comme dans la presse de boulevard[5] ». C'est pourquoi l'image est pour l'écrivain un paradoxe : bien qu'elle soit nécessaire à tout auteur en ce qu'elle lui permet d'exister sur la scène littéraire, lui conférant une apparence qui est aussi une identité, elle peut en même temps s'avérer réductrice, voire aliénante, si elle est en décalage avec les désirs ou les buts de l'écrivain[6] – quand elle n'échappe pas complètement à sa maîtrise. En certains cas, il arrive aussi qu'avec le temps une image devienne caduque, incitant l'auteur à en prendre une autre ; l'écrivain opère alors ce que José-Luis Diaz appelle un « changement de scénario auctorial[7] ». Ainsi, la figure de l'auteur se révèle être un objet mouvant, pluriel, complexe, sans cesse retravaillé par l'écrivain lui-même ainsi que par « tous les discours qui participent à cette collective création biographique[8] ».

Nous souhaiterions analyser le retour de Giono sur la scène littéraire après 1945, perçu par les critiques de l'époque comme la miraculeuse métamorphose de « Giono I » en « Giono II[9] », comme un exemple de changement de scénario auctorial permettant d'étudier la plasticité et la complexité de la figure de l'auteur. Dans un premier temps, nous reviendrons sur le processus de *défiguration* qui a altéré, à partir de la fin des années Trente, l'image du prophète attachée à Giono. Nous étudierons ensuite le processus de *refiguration* de son image auctoriale qui s'est opéré dans l'après-guerre, en montrant comment la figure du prophète a été éclipsée par une autre figure adverse, celle du conteur.

---

4 José-Luis Diaz, *L'Écrivain imaginaire : scénographies auctoriales à l'époque romantique*, Honoré Champion, 2007, p. 19.

5 Meizoz, *Postures littéraires*, *op. cit.*, p. 45.

6 Diaz, *L'Écrivain imaginaire*, *op. cit.*, p. 23.

7 *Idem*, p. 145.

8 Meizoz, *Postures littéraires*, *op. cit.*, p. 45.

9 Nous reprenons ici la façon dont Jean-Louis Bory nomme « l'ancien » et « le nouveau » Giono en parodiant le vocabulaire généalogique – ce qui n'aurait sans doute pas déplu à Giono lui-même, lui qui utilisa ce procédé pour plusieurs personnages de ses romans (Angelo I et Angelo III dans le cycle du *Hussard*, Frédéric I et Frédéric II dans *Un roi sans divertissement*). *Cf.* « Giono ou Janus-le-Bleu », art. cité, p. 150.

Enfin, nous interrogerons les effets de duplicité que peut produire l'image auctoriale quand elle se compose de facettes aussi contradictoires que dans le cas de Giono.

DÉFIGURATION : DU MAGE DU CONTADOUR AU COLLABORATEUR

NAISSANCE D'UNE FIGURE AUCTORIALE

Au cours des années Trente, Giono infléchit sa première posture en s'attribuant un rôle de plus grande envergure. Jusqu'ici, l'écrivain était perçu comme un chantre de la nature, un « poète conteur » proche des auteurs antiques que l'on aimait à surnommer « l'aède de Manosque[10] » et que l'on représentait souvent sous les traits d'un paysan ou d'un berger provençal. Encouragé par les lettres de ses lecteurs, Giono souhaite, à travers ses œuvres, agir sur les hommes et améliorer leur existence en leur restituant le contact avec la vie naturelle[11]. À travers différents articles parus dans la presse, l'écrivain s'assigne pour fonctions de « sauver, guider, guérir[12] » ; se présentant tour à tour comme « ouvreur de fenêtres » ou « professeur d'espérance », il se donne pour mission de « donner des joies nouvelles » à ses lecteurs. « On retrouve ici [...] le poète mage, prophète ou phare de Victor Hugo et d'autres romantiques », observe Pierre Citron[13]. Outre ces modèles, sans doute l'influence du poète américain Walt Whitman, découvert par Giono en 1925, joue-t-elle aussi pour beaucoup dans la construction de cette nouvelle scénographie auctoriale. Comme le souligne Jacques Le Gall, la posture du poète-prophète qu'adopte l'écrivain dans les années Trente est inspirée par Whitman autant que par Hugo, et se forme autour d'« une conception de l'écriture comme consolation voire comme moyen de guérison[14] ».

10 Michel Gramain, *La Réception de l'œuvre de Jean Giono de 1934 à 1944*, Thèse de doctorat, sous la direction de Mireille Sacotte, Université de Paris III, 1999, p. 31-32. Cet ouvrage sera désormais cité dans le texte sous la forme de l'abréviation MG.

11 Pierre Citron, *Giono 1895-1970*, Paris, Seuil, 1990, p. 201-202.

12 *Idem*, p. 204.

13 *Idem*, p. 205.

14 Jacques Le Gall, « Jean Giono – Walt Whitman : O Captains, my Captains ! » (*Rev.* 7, 257).

Avec la parution en 1935 du roman *Que ma joie demeure*, cette image de prophète va se consolider alors que le personnage de Bobi, cette espèce de Messie apportant avec lui la joie sur le plateau de Grémone, est perçu par le public comme un double de l'auteur (MG, 87). L'aventure du Contadour, survenue peu de temps après la parution du roman, alimente la légende d'un Giono « mage ». Très vite la presse répand le bruit que Giono a créé autour de lui une communauté ; le cliché du « grand prêtre » se propage et contribue à alimenter la confusion entre l'écrivain et son personnage Bobi. Jérôme Meizoz note que les œuvres fictionnelles d'un auteur peuvent participer à la construction de sa posture, donnant l'exemple de Rousseau associé au Saint-Preux de *La Nouvelle Héloïse*[15]. Il semble que la scénographie auctoriale de Giono ait elle aussi été influencée par la figure d'un de ses personnages, brouillant les frontières entre le réel et la fiction. Cet amalgame apparaît nettement dans la lettre qu'un Contadourien adresse à l'écrivain, en septembre 1935 : « Bobi est revenu, écrit-il en parlant de Giono. Je l'ai revu au Contadour. Il m'a apporté cette "joie de vivre" qui est sa raison d'être[16]. »

La parution de l'essai *Les Vraies Richesses* en 1936, dont de nombreux passages ont des accents prophétiques, contribue également à renforcer la figure d'un Giono « mage ». Selon Michel Gramain, c'est « la conjonction de l'expérience du Contadour et de la publication des *Vraies Richesses* [qui] fait naître l'image du prophète, du gourou » (MG, 156). Par la suite, Giono se consacre de plus en plus à des essais qui dénoncent les méfaits de la civilisation industrielle moderne et leur opposent l'éloge de la vie naturelle, renforçant ainsi sa posture de prédicateur. Le seul roman publié durant cette période messianique, *Batailles dans la montagne*, confirme cette image prophétique en mettant en scène un autre personnage de « sauveur » dans la lignée de Bobi, éloquemment appelé *Saint-Jean*[17]. Cette figure auctoriale du prophète va toutefois bientôt être altérée par un processus de défiguration dont on peut distinguer deux phases.

15 Meizoz, *Postures littéraires*, *op. cit.*, p. 31-32.

16 Lettre de Jean Vachier à Jean Giono du 16 septembre 1935 (*J*, 54).

17 Pierre Citron désigne Bobi et Saint-Jean comme des personnages de « sauveur » (*cf. Giono*, *op. cit.*, p. 282).

DE GIONO AU « GIONISME »

La première de ces deux phases commence avant la guerre. Au fur et à mesure, la figuration de Giono en mage, abondamment relayée par la presse, devient de plus en plus caricaturale. Toute une partie du public, en effet, trouve alors dans les œuvres de l'écrivain une philosophie qui prend les traits d'une religion. Selon Michel Gramain c'est en 1937 que la presse se met à désigner ce nouveau culte par l'expression de « gionisme » (MG, 590). La dimension religieuse que prend la figure de Giono est confirmée par le fait que les visites rendues à l'écrivain, racontées par différents témoins dans la presse, sont qualifiées de « pèlerinages de Manosque[18] ». De même, le portrait de l'auteur, tiré en grand nombre d'exemplaires par *La NRF* « pour les nombreux et fervents admirateurs de Jean Giono », selon la formule du journaliste André Billy dans le numéro du 6 août 1938 du *Figaro* (MG, 280), prend un caractère sacré : l'image devient alors l'*idole*, c'est-à-dire l'image divinisée, objet d'adoration[19]. L'iconographie de l'écrivain, rappellent Nausicaa Dewez et David Martens, constitue en effet « l'un des modes de sacralisation du littéraire » ; elle peut endosser « la fonction d'une icône [...] potentiellement sujette à un regard idolâtre[20] ». Un article du journaliste Maximilien Vox, paru le 10 février 1939 dans *Micromégas*, corrobore cette interprétation, décrivant les portraits qui circulent de Giono comme « des sortes de retables et d'icônes » (MG, 326).

Face au « sacre » et à la « *starisation*[21] » de Giono, deux attitudes sont possibles : l'adoration, qui perpétue le mythe ; l'irrévérence, qui vise à le démystifier. C'est que la « tentation sacrilège est proportionnelle à la vénération, l'iconoclastie à l'idolâtrie », pour reprendre les mots d'Olivier Nora[22]. La manière dont André Billy se moque du portrait de Giono, en racontant comment il l'a fixé « au mur d'un petit pavillon rustique,

18 Citron, *Giono*, *op. cit.*, p. 282.

19 Nous reprenons ici la définition que donne José-Luis Diaz de l'idole. *Cf. L'Écrivain imaginaire*, *op. cit.*, p. 45.

20 Nausicaa Dewez et David Martens, « Iconographies de l'écrivain : du corps de l'auteur au corpus de l'œuvre », in Nausicaa Dewez et David Martens (dir.), *Iconographies de l'écrivain au XXe siècle : usages et enjeux : un portrait en pied*, Interférences littéraires, nouvelle série, n° 2, mai 2009, p. 21.

21 Les deux vont de pair, comme l'a montré José-Luis Diaz (*L'Écrivain imaginaire*, *op. cit.*, p. 3).

22 Olivier Nora, « La visite au grand écrivain », in *Les Lieux de mémoire*, Paris, Gallimard, « Bibliothèque illustrée des histoires », 1986, vol. 3, p. 577.

dans le fond de [s]on jardin », où « des outils de jardinage et accessoires de sport lui feront un voisinage très convenable » (MG, 280), relève ainsi d'une « jouissance tout iconoclaste[23] » qui n'est que le pendant de l'adoration dont cette image fait l'objet. De même, l'expression *gionisme*, les appellations de *Saint Giono* ou *Jean-le Magnifique* que l'on trouve dans la presse, peuvent tout aussi bien traduire « une dévotion totale » qu'« un trait railleur », observe Michel Gramain (MG, 591).

Ainsi, parallèlement au développement du culte de Giono, les attaques contre le prophète du Contadour se multiplient vers la fin des années Trente. Dans la presse, on raille tout à la fois le style et les idées de l'écrivain : la critique de la verbosité et de la grandiloquence du langage sert à mieux dénoncer la philosophie nébuleuse et naïve du mage du Contadour (MG, 297). C'est cependant le climat d'excessive admiration dont Giono est entouré qui provoque l'exaspération des médias ainsi que leur méfiance, face à l'influence que le « (faux) prophète » exerce sur une partie de la jeunesse (MG, 193, 196). On suppose en outre que cette adulation dont l'écrivain fait l'objet le rend orgueilleux, lui faisant perdre tout sens critique (MG, 237). Beaucoup voient dans cette tournure prophétique que prend la posture de Giono une sorte de dérèglement, se traduisant par une double boursouflure : celle, morale, de l'homme, dont la suffisance est décrite comme extrême ; celle, littéraire, de l'œuvre, dont la philosophie et le style sont jugés emphatiques. Au fond, le « gionisme » serait une sorte de maladie, ce que suggère d'ailleurs le jeu de mots de René Char qui désigne avec malice les adulateurs de l'écrivain comme « ceux atteints par la gionisse[24] ! » Aussi la figure auctoriale du prophète se voit-elle progressivement déformée, caricaturée, échappant en grande partie au contrôle de son auteur.

LA LÉGENDE DU COLLABORATEUR

Ce processus de défiguration de l'image auctoriale va s'aggraver au moment de l'Occupation, tandis que la figure du prophète se brouille peu à peu avec celle du collaborateur par le biais de deux types de médiatisation, à la fois opposées et complémentaires : d'une part celle de la presse de la collaboration, qui dans l'ensemble fait l'éloge de

23 Nora, « La visite au grand écrivain », art. cité., p. 578.

24 Cette anecdote est rapportée par Jacques Pugnet, *Jean Giono*, Paris, Éd. Universitaires, « Classiques du XXe siècle », 1955, p. 18.

Giono jusqu'en 1942[25] ; d'autre part celle de la presse de la résistance, qui multiplie les attaques à son encontre.

Dans la presse de la collaboration, Giono est un auteur souvent convoqué et célébré comme le prophète du retour à la terre, le professeur des joies simples et naturelles : la légende du mage du Contadour fait ici l'objet d'une réappropriation par l'idéologie vichyste. Richard Golsan rappelle en effet que « la célébration de la vie paysanne, de la nature et de la Provence dans les romans de Giono convenait parfaitement aux thèmes majeurs de la Révolution nationale, c'est-à-dire au retour à la terre et à l'importance des régions du pays[26]. ». Ainsi, d'anciens Contadouriens associés à l'hebdomadaire collaborateur *La Gerbe*, à l'instar de Marc Augier ou de Christian Michelfelder, tentent de « ressusciter le Giono d'avant-guerre dans sa stature de prophète » (MG, 367). Dans sa « Lettre à Jean Giono » du 19 septembre 1940, Raymond Asso prolonge la représentation topique de Giono en mage. Appelé « gardien de joie » et « berger d'hommes », l'écrivain est fêté comme un guide pour la jeunesse et la nation, un prophète mystique appelant à un retour à la terre (MG, 1152-1153). La figure iconique du prophète prend ici une tournure inquiétante, se confondant avec celle du collaborateur.

En outre, la presse de la résistance contribue également à faire de Giono l'une des figures les plus actives de la collaboration. Claude Morgan propose, dans son article « Le cas Jean Giono », publié dans *Les Lettres françaises* en juin 1943, un résumé venimeux de l'évolution de l'écrivain[27]. Jusqu'à *Que ma joie demeure*, Giono se serait contenté de chanter la vie ; mais à partir du Contadour, Giono, « tel Jupiter dans son Olympe », « entouré d'admirateurs brûlants », aurait fini par se prendre « pour Dieu » et par « adresser des messages à l'univers ». Le cliché caricatural du prophète est ici repris, mais pour être ensuite entremêlé à l'image du collaborateur : les messages de Giono relèveraient en effet

25 Comme Michel Gramain l'a montré, le succès de Giono n'est pas unanime dans la presse collaboratrice : si *La Gerbe* et *Comœdia* sont élogieuses, les publications d'extrême droite se montrent souvent malveillantes. Par ailleurs, à partir de 1943, c'est la presse tout entière qui semble liguée contre l'écrivain. *Cf. La Réception de l'œuvre de Jean Giono de 1934 à 1944*, *op. cit.*, p. 474 et 531.

26 Richard Golsan, « Jean Giono et la "collaboration" : nature et destin politique », *Mots*, n° 54, mars 1998, *Le roman politique*, p. 87.

27 Claude Morgan, « Le cas Jean Giono », *Les Lettres françaises*, 15 juin 1943. Cité par Citron, *Giono*, *op. cit.*, p. 355-356.

d'une idéologie nazie de par leur opposition à la science et à la raison ; quant à sa profession de foi de pacifisme intégral, au moment même où se précisait la menace hitlérienne, elle témoignerait de sa lâcheté et préfigurerait sa défection sous l'Occupation.

À la Libération, la légende du collaborateur devient officielle lorsque Giono est inscrit sur la « liste noire » du Comité national des écrivains (CNE), qui recense les auteurs compromis afin d'inciter à leur *boycott*. Un article des *Lettres françaises*, de Tristan Tzara, achève de livrer un portrait infâmant de Giono[28]. La période du Contadour y est présentée comme l'« époque prénazie » de son évolution ; la figure du mage, quant à elle, se trouble pour devenir celle du bonimenteur : si Giono enseigne à « une troupe de gens faibles » « le mépris des valeurs de ce monde, de l'argent », lui-même « ne se prive pas des biens méprisables de ce monde » et « amasse beaucoup d'argent ». Aussi le prêche du prophète du Contadour n'est-il qu'une « escroquerie intellectuelle », révèle Tristan Tzara ; par ailleurs, son apologie de la nature dissimule une haine de la culture et de l'esprit qui correspond parfaitement aux plans d'Hitler et de Pétain[29]. De nouveau la figure du mage du Contadour s'entremêle, à la Libération, avec celle du collaborateur.

Si l'on peut reprocher à Giono de ne pas avoir suffisamment pris ses distances avec les milieux de la collaboration, il convient de rappeler que l'écrivain n'a pour autant jamais cherché à promulguer le régime de Vichy, encore moins le nazisme. Les torts de Giono se limitent en effet à la publication de son roman *Deux Cavaliers de l'orage* dans *La Gerbe* ainsi qu'à la fréquentation de certaines figures de la collaboration[30]. Notons que beaucoup d'autres écrivains se sont trouvés dans ce cas, sans être pour autant victimes du même ostracisme, à l'instar de Cocteau, Colette, ou encore Claudel. Ce traitement sévère réservé à Giono par le CNE s'explique par le poids des communistes au sein de la Résistance : l'écrivain a en effet entretenu des relations conflictuelles avec ces derniers

---

28 Tristan Tzara, « Un romancier de la lâcheté », *Les Lettres françaises*, 7 octobre 1944. Cité par Bourneuf, *Les Critiques de notre temps et Giono*, *op. cit.*, p. 87-91.

29 *Idem*, p. 90.

30 Lors de son voyage à Paris en mars 1942, Giono rencontre Gerhard Heller, de la Propaganda-Staffel, Karl Epting, de l'Institut franco-allemand, ainsi que les dirigeants de *La Gerbe*, rapporte Michel Gramain. En outre, certaines de ses interviews, à l'instar de celle publiée dans *La Gerbe* le 19 mars 1942, témoignent d'une attitude ambiguë vis-à-vis de Vichy. *Cf.* Gramain, *La Réception de l'œuvre de Jean Giono de 1934 à 1944*, *op. cit.*, p. 422 et p. 1222-1226.

dans les années Trente, les accusant de militarisme et renvoyant dos-à-dos Hitler et Staline ; il semble, à la Libération, en payer le prix[31].

Les attaques répétées dont Giono fait l'objet à la Libération achèvent le processus de défiguration de son image auctoriale ; cette dernière, remaniée par des tiers et échappant au contrôle de l'écrivain, se voit déformée, altérée, abîmée. Il faut ici souligner que cette défiguration est d'un tout autre degré que celle qui était à l'œuvre dans les années Trente. Si Giono était avant la guerre un auteur discuté, les caricatures dont il faisait l'objet visaient le plus souvent à le tourner en dérision ; bien que dévalorisantes, elles ne remettaient pas réellement en cause sa stature de grand écrivain. Les accusations de collaboration, quoiqu'elles reprennent volontiers les clichés satiriques du prophète, sont d'une autre dimension : elles visent moins à déclencher le rire que l'indignation, et jettent sur l'écrivain un discrédit moral qui met en danger sa légitimité littéraire. À la Libération, en effet, le CNE, « [fort de la double légitimité littéraire et nationale qu'il a conquise dans la lutte clandestine, [...] s'impose comme une nouvelle instance régulatrice du champ littéraire et joue un rôle important dans sa restructuration », comme le rappelle Gisèle Sapiro[32]. Se présentant comme une association de défense corporative et de réglementation de la profession sur des bases éthiques, il se dote d'un pouvoir d'excommunication. Dès lors, Giono, jugé indigne d'exercer la profession d'écrivain, se voit exclu du champ littéraire au nom de principes moraux. Ainsi, le jeu des représentations auctoriales, loin d'être anodin, s'avère à l'inverse capital lorsque l'imaginaire révèle sa puissance effective et engendre des conséquences tout à fait réelles.

31 Michel Gramain montre comment Giono, dès sa prise de position pacifiste lors de la crise de Munich en 1938, devient aux yeux des communistes « l'emblème de l'acceptation de l'hitlérisme, de la complicité passive » et fait régulièrement l'objet d'articles diffamatoires ; cette campagne calomnieuse se poursuit et s'intensifie sous l'Occupation et à la Libération (*Idem*, p. 321 et 568.

32 Gisèle Sapiro, *La Guerre des écrivains (1940-1953)*, Paris, Fayard, 1999, p. 564.

REFIGURATION : DU PROPHÈTE AU CONTEUR

LA CÉLÉBRATION DE LA NAISSANCE D'UN « NOUVEAU GIONO » DANS LA PRESSE

Pour mettre fin à son ostracisme, Giono va devoir procéder dans l'après-guerre à une reconstruction de sa posture qui s'apparente aux yeux du public à une seconde naissance. Les œuvres que l'écrivain publie après plusieurs années de silence semblent ainsi trancher du tout au tout avec celles des années Trente. Les premières à paraître (*Un roi sans divertissement* puis *Noé*, en 1947) ouvrent la série des *Chroniques*. Mais c'est le succès unanime du *Hussard sur le toit*, publié en 1951, qui permet à Giono de retrouver sa stature d'avant-guerre, et qui fait connaître à tout un large public ce qu'on a appelé son « renouvellement ».

Le public applaudit cette métamorphose miraculeuse, abondamment relayée et mise en scène dans la presse qui aime à grossir les oppositions entre « l'ancien » et « le nouveau » Giono. Or, de ce premier Giono, on ne retient souvent que l'image négative du prophète du Contadour, à laquelle on oppose une autre figure, celle du « grand conteur d'histoires[33] ». Ainsi, selon un article des *Nouvelles littéraires* de janvier 1950, le « maître à penser[34] » d'avant-guerre a disparu, laissant place au « conteur ». Même constat dans *Le Mercure de France*, où l'on peut lire dans un article de mars 1950 : « Ce n'est plus ici le Giono lyrique et prophétique, mais un romancier robuste, pénétrant, maître de lui [...][35]. » Un autre article des *Temps modernes*, en août 1951, annonce : « Giono n'a pas fini de nous étonner. Délaissant la houlette du berger, la bure du prédicateur [...], le voici chroniqueur, nous racontant au jour le jour sa vie, celle de son village, ses histoires... avec l'intarissable verve de la commère de service[36]. » Simple

33 Giono appartient « à cette race des grands "conteurs d'histoires" qui [...] ont maintenu dans sa ligne la littérature d'Occident », écrit Maximilien Vox (« Croissance de Giono », *Livres de France*, janvier 1951).

34 René Lalou, *Les Nouvelles littéraires*, 26 janvier 1950 (cité par Michel Gramain, « L'œuvre de Jean Giono dans la presse de 1950 », *Rev.* 2, 140).

35 S. P., *Le Mercure de France*, 1er mars 1950 (cité par Gramain, *idem*, p. 138).

36 Bernard Dort, *Les Temps modernes*, août 1951 (cité par Michel Gramain, « La réception de l'œuvre de Jean Giono dans la presse de 1951 », *Rev.* 3, 193).

« romancier », « conteur », « chroniqueur », « commère » : le mage du Contadour prend ici les traits de figures plus familières ; renonçant aux « prêches » et aux « prophéties[37] » d'avant-guerre, il se contente de raconter, avec la virtuosité qui est la sienne, des « histoires ». À la vanité supposée d'un prophète sentencieux, s'oppose l'humilité d'un chroniqueur bonhomme.

Sans surprise, le style de Giono change lui aussi. Un article de *La Gazette de Lausanne* d'avril 1948 remarque que le propos « insupportable » du « tribun apocalyptique » a cédé la place à « un récit qu'on dirait conté à mi-voix[38] ». Dans *Le Figaro littéraire*, en juillet 1951, on constate que désormais le romancier « s'efface derrière ses personnages », et que l'ancien prophète « atténue les éclats de son lyrisme[39] ». Un article de *La Gazette des lettres*, de septembre 1951, parle quant à lui d'« une langue familière et rapide » qui a remplacé l'ancien « lyrisme littéraire[40] ».

En outre, tandis que le premier Giono se caractérisait par son optimisme et par sa foi en l'homme, au point qu'on le taxait souvent de naïveté, le second présente dans son œuvre une « humanité plus complexe, plus variée, plus inattendue, infiniment plus féroce » mais aussi « moins lyrique, moins prompte à l'illusion, plus sombre », selon un article des *Nouvelles littéraires* de janvier 1950[41]. Ce nouveau regard porté sur le monde, mêlant le « pessimisme » à l'« humour[42] », témoignerait d'une plus grande lucidité de la part d'un écrivain devenu « un psychologue sans illusion sur la bonté naturelle de l'homme[43] », peut-on lire dans la presse suite à la parution du *Hussard*.

Enfin, la métamorphose de Giono se donne également à lire sur un plan thématique. Un article d'*Opéra*, en juin 1951, relève que « l'amour » que l'écrivain portait « aux cerfs et aux chevaux », « le naturel et la grâce » avec lesquels il savait « évoquer leur démarche », sont désormais

37 Maurice Nadeau, « La tragédie au village », *Combat*, 23 février 1950.

38 Emmanuel Buenzod, « Sourciers et rêveurs », *La Gazette de Lausanne*, 10 avril 1948.

39 Jean Blanzat, *Le Figaro littéraire*, 14 juillet 1951 (cité par Gramain, « La réception de l'œuvre de Jean Giono dans la presse de 1951 », art. cité, p. 189).

40 Robert Kanters, *La Gazette des lettres*, 15 septembre 1951 (cité par Gramain, *idem*, p. 191).

41 René Lalou, *Les Nouvelles littéraires*, 26 janvier 1950 (cité par Gramain, « La réception de l'œuvre de Jean Giono dans la presse de 1950 », art. cité, p. 140-141).

42 « Intérim », « Le Hussard sur le toit par Jean Giono », *Les Nouvelles littéraires*, 6 décembre 1951.

43 Robert Kanters, « Maturité de Jean Giono », *Samedi-Soir*, 5 janvier 1952.

appliqués « aux humains[44] ». La parution du *Hussard* vient confirmer ce constat : Giono, « délaissant les troupeaux pour les caractères[45] », fait preuve d'« un renouvellement assez rare chez un auteur dont les thèmes semblaient parfois un peu figés ou exclusifs de tous autres[46] ».

Ces oppositions entre « Giono I » et « Giono II », grossies et caricaturées par la critique de façon à mettre en scène une transformation spectaculaire, confirment la tendance relevée par José-Luis Diaz : quand elle devient trop complexe, la figure que le lecteur se construit d'un auteur est schématisée et « souvent le principe d'épargne fait qu'on ramène ces divers côtés à deux, en faisant jouer la logique de l'antithèse ou de l'oxymore[47] ». Dans la presse, ce changement de scénario auctorial est volontiers décrit comme une glorieuse résurrection. Ainsi Bernard Fallois proclame-t-il dans le magazine *Opéra*, en juin 1951 : « Le gionisme est mort. Vive Giono[48] ! » Ce qui est ici célébré, c'est bien la mort du prophète du Contadour, dont les funérailles signent la renaissance de l'écrivain sous les traits d'un conteur virtuose.

L'ENTRETIEN LITTÉRAIRE, LIEU DE NÉGOCIATION DE L'IMAGE AUCTORIALE

Outre la presse, un autre lieu d'observation privilégiée de ce processus de refiguration auctoriale est l'entretien littéraire. Ce dispositif, en effet, confronte l'auteur à un tiers qui propose de lui une image ne correspondant pas toujours à celle que l'auteur se fait de lui-même. L'écrivain doit alors procéder, selon Ruth Amossy, à un « retravail de l'ethos préalable » qui s'apparente à une véritable « négociation de l'identité[49] ».

C'est bien une telle négociation qui semble à l'œuvre dans les entretiens que donne Giono au cours des années Cinquante, et notamment dans ses entretiens avec Jean et Taos Amrouche, réalisés en 1952. Comme le note très justement Henri Godard, Giono vient à ce moment-là « de

44 Bernard de Fallois, *Opéra*, 13 juin 1951 (ité par Gramain, « La réception de l'œuvre de Jean Giono dans la presse de 1951 », art. cité, p. 189).

45 Bernard de Fallois, « Pour saluer Giono », *Opéra*, 19 décembre 1951.

46 Auteur anonyme, cité par Gramain, « *Le Hussard sur le toit* : réception du roman (1951-1952) » (*Rev.* 4, 174).

47 Diaz, *L'Écrivain imaginaire*, *op. cit.*, p. 209.

48 Bernard Fallois, *Opéra*, 13 juin 1951 (cité par Gramain, « La réception de l'œuvre de Jean Giono dans la presse de 1951 », art. cité, p. 189).

49 Ruth Amossy, *La Présentation de soi : ethos et identité verbale*, Paris, Presses Universitaires de France, 2010, p. 103.

sortir d'une période de purgatoire et d'éloignement » grâce à des œuvres radicalement différentes de celles qu'il avait publiées avant la guerre ; il s'agit donc pour lui « de confirmer cette reconquête toute récente du public en imposant de soi cette image nouvelle » (*Amr.*, 16). Jean Amrouche, à l'inverse, renvoie à plusieurs reprises Giono à la « légende » qui lui est rattachée depuis les années Trente : « il y a des cohortes d'une ou deux générations de jeunes gens qui voient en vous un prophète, un dieu, qu'on voit sous divers déguisements… », lui rappelle-t-il (*Amr.*, 37). Les réponses de Giono au sujet de sa « légende » sont cinglantes. Il commence par se désolidariser vivement de cette figure prophétique : « tout cela est extrêmement désagréable pour moi, qui déteste faire le pontife, tout ce qui est prophète et qui vaticine, tout ce qui pérore. Cette légende provient, la plupart du temps, de gens qui ne m'ont jamais vu. »

Ensuite, l'écrivain dénigre les rencontres du Contadour et diminue leur portée, déclarant : « Le Contadour, c'était proprement zéro. » (*Amr.*, 150). Selon lui, cette expérience, qu'il réduit à une sorte de camp de vacances, est davantage née du contexte historique que de son œuvre : « les lois sociales de l'époque » ont permis aux ouvriers d'avoir pour la première fois des congés payés (149) ; face à ces cohortes de nouveaux vacanciers, Giono n'aurait joué le rôle que d'un « Guide Bleu » de sa région (218). Ainsi, d'après l'écrivain, le Contadour a été « un malentendu total » (150) entre lui et ses lecteurs : il ne voulait qu'« oxygéner » (151) ces jeunes gens venus des villes. En aucun cas il ne prétendait leur montrer le chemin du bonheur, lequel ne peut être que strictement « personnel » et variable selon chaque individu (156). Giono explique : « Les livres que j'écrivais, ce n'était pas du tout des messages. […] On a appelé ça des messages. Par maladresse ou inconscience, j'ai laissé accréditer le mot “message”. » Ce sont les lecteurs qui portaient en eux l'histoire du Contadour, et non lui-même, ajoute-t-il (149). L'écrivain rejette ainsi sur son public la responsabilité de l'expérience passée, qui résulte selon lui d'une erreur de compréhension ; son propre comportement est réduit à de la négligence. Giono se livre ici à une complète réécriture de son scénario auctorial des années Trente, réécriture qui lui permet d'appuyer sa posture nouvelle :

> Ce que je refuse formellement de faire désormais, c'est de donner des messages […]. Ce que je veux apporter, désormais, c'est du divertissement, de la distraction. Un point c'est tout ! Et tout ce qu'on me fera dire à côté […] sera une erreur. (*Amr.*, 157)

L'humble tâche de distraction que s'attribue le romancier contrecarre, comme pour mieux l'effacer, la posture orgueilleuse du prophète sentencieux. Pour éviter de voir de nouveau son image lui échapper, Giono prend ici les devants et dénie par avance toute interprétation de son œuvre et de son projet qui différerait de la sienne.

L'écrivain tient tant à « liquider l'histoire du Contadour[50] » (*Amr.*, 161) et à se débarrasser du costume encombrant du prophète qui lui est lié, qu'il va même jusqu'à déprécier sur le plan littéraire les œuvres datant de cette époque. Cet autodafé symbolique possède une vertu initiatrice évidente : la condamnation des œuvres passées vise à laisser la place aux œuvres nouvelles. Comme le remarque Henri Godard, les « livres les plus maltraités sont *Le Serpent d'étoiles* et *Que ma joie demeure*, ceux qui avaient le plus contribué à former de lui sa première image » (*Amr.*, 17). Du second, Giono déclare que c'est un livre « raté » (210). Quant au premier, décrit par Jean Amrouche comme « un texte ésotérique, révélateur d'une vérité, d'une expérience secrète apparentée au mystère dionysiaque » (76) – bref, tout ce que Giono à présent rejette –, l'écrivain dit à son sujet : « Je l'ai écrit parce que j'avais besoin de trois mille francs pour partir en vacances. » (72). Devant l'incrédulité de Jean Amrouche, Giono surenchérit, se présentant comme un simple « commerçant » : au lieu « de vendre deux ou trois kilos de macaronis ou un fromage de gruyère, j'ai vendu une histoire sur les bergers » (*Amr.*, 73-74). Pour éloigner le spectre du « prophète », Giono est prêt à lui opposer une figure tout aussi négative, du moment qu'elle s'avère suffisamment forte pour contrecarrer l'*imago*[51] du mage : celle du simple « vendeur de livres », dont les œuvres s'apparentent à des produits commerciaux au même titre que les denrées alimentaires.

De la même manière, Giono a recours à l'image du travailleur et de l'artisan pour contrecarrer toute remarque de Jean Amrouche qui le ramènerait trop à la figure romantique du prophète. Quand Jean Amrouche se met à parler d'« inspiration », il répond aussitôt : « Pas d'inspiration non, il n'y a jamais que du travail. [...] je suis l'ennemi de l'inspiration. » (*Amr.*, 80) Et lorsque le journaliste se met à parler de la poésie de Giono en des termes un peu trop mystiques, demandant à

50 L'expression est de Jean Amrouche.

51 Nous reprenons ici ce terme, issu de la psychanalyse, qu'utilise José-Luis Diaz pour désigner « toute image imposée du dehors » qui s'avère être « aliénante, impérative, réductrice » pour le sujet et dont il cherche à se libérer (*L'Écrivain imaginaire*, *op. cit.*, p. 47).

l'écrivain s'il croit que l'« expérience poétique » peut permettre à l'homme « de participer à une réalité au-delà de l'apparence », Giono rétorque : « non, c'est simplement un divertissement, [...] une façon de lutter contre l'ennui », avant d'ajouter n'être qu'« un artisan d'images » (131).

Ainsi, l'image du prophète qui était attachée à Giono depuis le milieu des années Trente est profondément remodelée après la guerre. Dans la presse, cette figure n'est évoquée que comme une image appartenant désormais au passé ; elle est opposée à la figure du conteur qui semble désormais prendre sa place. Dans ses entretiens, Giono tente d'en diminuer la portée, voire de l'effacer totalement, afin de mieux pouvoir présenter de lui une image nouvelle : celle d'un humble romancier se contentant de proposer, à travers ses histoires, un divertissement à ses lecteurs.

TROUBLES DE L'IMAGE, LA FIGURE AUCTORIALE COMME PALIMPSESTE

Nous voudrions, pour finir, réinterroger ce processus de refiguration de l'image auctoriale, qui est plus complexe qu'il n'y paraît. Plutôt que de la simple substitution d'une figure par une autre, il nous semble qu'il faut davantage parler ici de superposition, de brouillage. L'image auctoriale d'un écrivain est semblable à un palimpseste, c'est-à-dire, selon la définition de Gérard Genette, à « un parchemin dont on a gratté la première inscription pour en tracer une autre, qui ne la cache pas tout à fait, en sorte qu'on peut y lire, par transparence, l'ancien sous le nouveau[52] ». Cette « duplicité[53] » fait que le premier Giono n'a pas tout à fait été évincé par le second, mais resurgit régulièrement dans l'imaginaire du lecteur – quand ce n'est pas dans l'imaginaire de l'écrivain lui-même.

Nous n'en donnerons qu'un exemple parmi d'autres, celui d'un article de Raymond Gimel, publié dans *Le Provençal* en mars 1954. Cet article nous a semblé intéressant en ce qu'il montre non seulement la résurgence de la figure du prophète, mais également la coexistence d'images auctoriales perçues comme contradictoires par le journaliste. Comme Giono évoque ses projets du moment (ses « Notes sur Machiavel », d'une part ; la suite du *Hussard sur le toit*, d'autre part), Raymond Gimel s'interroge : « Cet homme d'allure balzacienne qui me parle de la sorte,

52 Gérard Genette, « Prière d'insérer », *Palimpsestes. La littérature au second degré*, Seuil, « Points Essais », 1982.

53 *Idem*, p. 556.

de Machiavel et de l'aventure stendhalienne de son héros, cet écrivain [...] dans cette grosse robe de chambre, est-ce bien l'auteur du *Chant du Monde* et de *Regain*[54] ? » Les deux figures de Giono, l'ancienne et la nouvelle, se brouillent. De même, quand Raymond Gimel amène le sujet de l'exode rural – qui prête, il est vrai, à un retour en arrière – et quand Giono lui déclare qu'il serait simple de « faire retourner les gens à la campagne », le journaliste note cette fois :

> Je regarde Giono.
> Où est l'auteur du *Hussard*, le « Présentateur » de Machiavel ?
> Revoici Jean-le-Magnifique, comme s'il redescendait du Contadour, les cheveux mouillés de vent. Le poète de la terre et de l'eau, du Jour et de la Nuit, [...] Homère qui prend le monde dans sa main creuse[55].

Dans ce passage comme dans le précédent, l'image auctoriale se trouble, confirmant sa nature « palimpsestueuse », pour reprendre le bel adjectif inventé par Philippe Lejeune[56]. La figure ancienne du prophète de la nature se lit, en transparence, sous celle du romancier balzacien – à moins que ce ne soit l'inverse.

« Giono ou Janus le Bleu » – tel est le titre de l'article de Jean-Louis Bory sur lequel nous avons ouvert notre réflexion. Cet écrivain aux multiples visages qu'est Giono n'a pas fini de nous intriguer ; il ne peut en tout cas que nous inviter à penser l'auteur comme un « kaléidoscope mouvant[57] », selon la formule de Ruth Amossy, dont l'identité ne saurait être conçue « comme un ensemble fixe d'attributs », mais plutôt « comme un processus dynamique[58] » en constante réélaboration.

Annabelle MARION
Université Paris-Diderot

54 Raymond Gimel, « Feux éteints, terre désertée », *Le Provençal*, 8 mars 1954.

55 *Ibidem.*

56 Cité par Genette, *Palimpsestes*, *op. cit.*, p. 557.

57 Ruth Amossy, « La double nature de l'image d'auteur », *Argumentation et Analyse du Discours*, 15 octobre 2009, n° 3, <http://journals.openedition.org/aad/662> (consulté le 29 avril 2020).

58 Amossy, *La Présentation de soi*, *op. cit.*, p. 27.

VOIX PROPHÉTIQUE ET VOIX POÉTIQUE CHEZ JEAN GIONO

Le cas des *Fragments*

Le 20 septembre 1943, voilà ce que Giono écrit dans son journal à propos de *Fragments d'un paradis* qui n'est alors qu'à l'état de projet :

> Il faudrait que *Fragments* soit un adieu à la poétique (comme Don Quichotte est un adieu à la *grandeur* – et non pas une satire de la chevalerie [...].) Il faudrait que *Fragments* soit un adieu à la poétique, au lyrisme, au « mensonge » sans lequel il n'y a pas d'art, je veux dire au subjectif. (*JO*, VIII, 313)

« Un adieu à la poétique » : c'est ce que semble accomplir l'écrivain dans ce qu'on a pu appeler le changement de manières, la mutation stylistique ou le recentrage de Giono pendant la Seconde Guerre mondiale. Pourtant, quelques mois plus tard, le 17 février 1944, Giono exprime le souhait – toujours dans son journal – de faire de *Fragments d'un paradis* un « très grand et très sordide poème » (*JO*, VIII, 400) et, à sa publication en 1948, il lui donne le sous-titre de « poème » (*Par.*, III, 863). Ces hésitations font écho aux questions qui agitent Giono quant à la place à accorder dans son œuvre à la poésie, depuis les années Trente où la « densité poétique » hante son rapport à l'écriture jusqu'à l'année 1947 où il signe son dernier poème en vers, « Le Cœur-Cerf », véritable adieu à la poétique.

Ce dernier poème fait partie d'un ensemble connu sous le titre de « Fragments » et comprenant « La Chute des anges », « Un déluge », écrits entre septembre 1944 et janvier 1945, et « Le Cœur-Cerf » daté du 2 octobre 1947[1]. Ces poèmes sont à la fois un retour et un adieu à la poésie. En effet, Giono n'a pas composé de poème en vers depuis le début des années Vingt, si l'on exclut les chansons intégrées à ses romans,

1 Pour le détail de la composition et de la publication des trois poèmes, voir la Notice de Pierre Citron (*Po.*, VIII, 1302).

et il n'en composera plus jamais, allant jusqu'à renier ces « Fragments » en les présentant comme « traduits du bulgare, sans nom d'auteur[2] » alors qu'ils font l'objet d'une publication commune chez Antoine Rico en 1969. Malgré ce reniement, les « Fragments » retiennent notre attention à plus d'un titre.

Premièrement, les trois poèmes sont habités par de multiples tensions : versification classique et vers libre, lyrisme et familiarité, ton mystique et ironie grinçante, autant de contradictions qui brisent l'unité poétique et font de ces « Fragments » un « mélange unique de grandeur et de bouffonnerie » (*Po.*, VIII, 1302) pour reprendre les termes de Pierre Citron. L'unité de ces trois poèmes réside bien plutôt dans l'inspiration biblique qui donne lieu à des interactions entre Dieu, les anges, les archanges et les hommes, tantôt au Paradis, tantôt sur Terre. Déluge et Apocalypse nourrissent par ailleurs l'imaginaire millénariste de Giono en accord avec le contexte d'écriture et ses répercussions sur l'auteur.

Deuxièmement – et c'est l'objet de cet article –, l'inspiration biblique, si elle n'est pas absente de l'œuvre gionienne, est loin de dominer sa production poétique. Des sonnets d'adolescent au recueil *Accompagnés de la flûte* (1924), Giono trouve sa source d'inspiration chez les poètes gréco-latins, parnassiens ou symbolistes. Même son admiration pour des poètes comme Agrippa d'Aubigné ou Claudel ne le conduira pas à composer des vers mystiques – jusqu'à ces « Fragments ». La question est donc de savoir pourquoi Giono fait ses adieux à la poésie à travers une voix prophétique, puisque c'est bien une voix prophétique en question que présente Giono dans ces poèmes. Il use de la voix prophétique la plus explicite, à savoir la parole divine incarnée dans le verbe poétique (d'où le titre initial de « Un déluge » : « Dieu dit »). Par là, il éprouve son style d'avant-guerre et le place dans une impasse, annonçant alors « l'avènement » d'une nouvelle voix, qui se méfie des hommes, de l'écriture prophétique et de la poésie. Autrement dit, les poèmes d'après-guerre peuvent être considérés comme la dernière tentative – et l'échec – d'incarner la parole prophétique dans le vers. Nous pouvons même y voir le tournant déjà accompli entre la première et la deuxième manière de Giono, signe que ce dernier ne croit plus à la poésie-prophétie et s'oriente d'ores et déjà vers une poétique inverse, où la vérité ne s'incarnera plus dans la parole de l'écrivain mais se révèlera en creux.

2 *Fragments*, Éditions de Manosque, 1969.

POÉSIE ET PROPHÉTIE EN QUESTION

Arrêtons-nous tout d'abord sur le caractère prophétique de la poésie chez Giono. Cette tendance n'avait pas échappé à Jean Guéhenno qui, dans son journal, en date du 27 mars 1942, écrivait à propos de *Triomphe de la vie* (1941) :

> Le mensonge consiste en ceci que vivant hors de notre temps (et le sachant) il prétende pourtant être un guide et prophétiser. [...] Mais dans ce fatras vaniteux, quel goût admirable des choses apparaît, quel plaisir à les nommer : rien qu'en les nommant, il semble qu'il les palpe, les caresse de ses gros doigts de Dieu, à la lettre les crée. Poète ! Quel sens merveilleux de la vie. La vie n'est pas la vérité. Et s'il ment, c'est peut-être que la vie ment[3].

Nous rencontrons ici l'image du poète-démiurge qui crée un monde par les mots. Guéhenno va jusqu'à associer Giono à Dieu en évoquant « ses gros doigts de Dieu ». On retiendra cependant le doute émis quant à la véracité de cette création : « La vie n'est pas la vérité. Et s'il ment, c'est peut-être que la vie ment. » C'est précisément ce « mensonge » ou cette prétendue vérité que Giono va refuser à la poésie. Fatigué des accusations de prophète portées contre lui, il se méfiera désormais de la poésie que les figures hugolienne et rimbaldienne associent à la recherche de la vérité. Refusant le rôle de guide, il refuse en même temps de s'adonner à la poésie. Les entretiens avec Jean et Taos Amrouche en 1952 sont sur ce point révélateurs. À la question de Jean Amrouche portant sur le sens que Giono accorde à l'expérience de Rimbaud lorsqu'il « considère que la vie ordinaire que nous menons tous n'est véritablement qu'une apparence, et que, par le moyen d'une espèce d'exorcisme, nous pouvons vaincre cet ennui, ce caractère faux, et accéder à la vérité » (*Amr.*, 132), Giono se dérobe :

> Je ne pourrai rien vous répondre d'intelligent là-dessus [...]. Je prends du plaisir à lire un poète comme je prends du plaisir à la vie, comme je prends du plaisir au soleil, au vent et à la pluie. Le poète, pour moi, n'est pas différent [...]. Je suis très éloigné de tous ces débats. (*Amr.*, 132)

3 Jean Guéhenno, *Journal des années noires (1940-1944)*, Paris, Gallimard, 1947, p. 169.

Par là, Giono désacralise la poésie et renie la figure du poète-voyant. Quand, par la suite, Jean Amrouche compare l'expérience poétique à la « transsubstantiation », Giono répond là encore de manière catégorique : « Non, c'est simplement exprimer une image que j'ai sentie, c'est tout. » (*Amr.*, 133) ; au point qu'Amrouche croit son interlocuteur froissé par « l'accus[ation] d'être un poète » – non pas froissé, mais prudent : Giono tient à éloigner l'image de prophète qu'on lui attribue depuis les années Trente, notamment après l'expérience du Contadour. Au cours de l'entretien suivant, il précisera sa pensée :

> Ce que je refuse formellement de faire désormais, c'est de donner des messages ou d'écrire des poèmes. On se trompe toujours sur la valeur d'un poème, on se trompe toujours sur la valeur d'un message, même s'il est simple, et s'il est loyalement donné. (*Amr.*, 157)

On ne peut être plus clair : pour Giono, « écrire des poèmes » équivaut à « donner des messages ». Être poète, c'est être prophète, ce qu'il « refuse formellement de faire désormais ».

Quelques années avant ces entretiens, Giono alliait pourtant voix poétique et voix prophétique dans les « Fragments ». Plutôt que d'y voir une rupture brusque, ce que Giono récuse[4], nous pouvons déjà entendre dans ces poèmes une voix prophétique dévoyée et, parallèlement, une voix poétique affaiblie derrière l'apparent élan lyrique et visionnaire. Dans « La Chute des anges » par exemple, les strophes sont d'inégale longueur, les vers sont parfois libres, parfois réguliers – les octosyllabes alternent avec les alexandrins, dont quelques-uns sont fautifs –, l'énonciation est incohérente (qui parle, et à qui ? Le poète à une femme, les hommes à Dieu ?) et, plus globalement, le ton est hétérogène : les anges sont comparés tantôt à des « oiseaux » et à des « arbres » (*Po.*, VIII, 490), tantôt à des « colporteurs » (489) et des « adjudants-majors » (490). Les expressions populaires comme « tant qu'il y a de la vie, il y a de l'espoir » (493) côtoient les passages sublimes : « Ils ont lutté jusqu'au dernier acte de foi, / avant de se laisser consoler / par le vertige / des gouffres qu'ils ont creusés eux-mêmes » (490). Cette absence d'unité est le reflet de la crise que traverse Giono. Le « désarroi intérieur[5] » provoqué par le déclenchement de la guerre et les désillusions qui s'ensuivent conduisent à une impasse : la poésie n'est

4 « Il n'y a pas eu de rupture brusque » (*Amr.*, 161).

5 Voir la Notice de Pierre Citron (*Po.*,VIII, 1303).

plus en mesure de porter l'espoir que Giono entendait professer. Dans les années Quarante, Giono est donc en proie à un débat intérieur qui voit s'opposer l'exigence d'être « un professeur d'espérance » (*EV*, III, 203) et l'amer constat d'un monde en déréliction qui le met au désespoir.

Ce conflit, lisible dans les « Fragments », se manifeste également dans *L'Eau vive*, qui paraît en 1943 et regroupe des textes écrits entre le début des années Vingt et le début des années Quarante, ce qui nous permet de voir les tensions à l'œuvre dans sa conception de la poésie. Dans « Aux sources mêmes de l'espérance », texte de 1933, Giono associait encore la poésie à une mission de prophète :

> [Le poète] est obligé de voir plus loin, il est obligé de pressentir [...]. Son travail à lui, c'est de dire. Il a été désigné pour ça. Les autres font. Alors, en toute justice, pour qu'il ait permission et droit de vivre, il doit être un professeur d'espérance. (*EV*, III, 203)

« [V]oir plus loin », « pressentir », être « désigné » : tout dans ce texte apparente la figure du poète à celle du prophète. Dans le même recueil, les extraits publiés du projet intitulé *Chute de Constantinople* remettent en question cette conception. Ainsi, *Promenade de la mort et départ de l'oiseau bagué le 4 septembre 1939* exprime davantage le désespoir que l'espoir. Les carnets préparatoires sont explicites :

> Arrivé au milieu de ma vie sans avoir eu de jeunesse. / Et comme tous ceux de ma génération ayant essayé de vivre au milieu des orages, des déluges et d'une sorte de pétrissement de la terre plus cruel que les pétrissements géologiques qui bouillonnaient dans des déserts. / Quand je vois que le nouveau pain du monde va être pétri en mélangeant à notre poussière la poussière des nations, je sens dans mon sang des colères, des rages, des joies, des tristesses et des désespoirs d'oiseaux. / Mon désespoir, c'est le poème des oiseaux. (*EV*, III, 1169)

Ce poème des oiseaux devait constituer la première partie de l'œuvre projetée : là encore, résurgence et échec de la poésie. En effet, le poème promettait une reconstruction paysanne après la révolte du peuple contre la guerre. Mais cet élan prophétique retombe fin 1940 car les désillusions dues à la défaite et à l'Occupation sont plus fortes. Le poème des oiseaux est abandonné face à l'impossibilité historique et poétique d'être un professeur d'espérance. Janine et Lucien Miallet, auteurs de la Notice de *L'Eau vive*, le notent bien :

> Cette vision qu'il aurait voulue prophétique s'était évanouie lorsque l'Europe avait à Munich reculé devant la guerre [...]. Puisque le vieux monde, l'année suivante, a donné le branle à une Apocalypse (qu'il prend pour une guerre banale), les paysans doivent reprendre les armes contre la guerre elle-même ; ainsi s'explique le mélange de dérision et de fièvre qui donne à *Promenade de la mort* un ton si particulier. (*EV*, III, 1179)

Ainsi s'explique aussi l'élan mystique miné par l'ironie dans les « Fragments ». Dieu lui-même annonce l'Apocalypse dans « Un déluge » : nous pouvons y voir la vision prophétique de l'effondrement de la civilisation[6] qui hante Giono dans les années Quarante. Toutefois, la figure divine est tournée en dérision par la familiarité et l'ironie qui caractérisent son discours :

> Quand j'ai dit miracle je n'ai pas seulement voulu dire Parthénon sur tous les tertres, mais pitrerie divine, Songe d'une nuit d'été et Cirque d'hiver.
>
> Jonglez avec la pomme de Newton.
>
> Promenez-moi le postulanum d'Euclide comme le bœuf gras à travers la forêt de Brocéliande.
>
> Ce n'est pas la première fois qu'un grand chirurgien se foutra de la gueule d'un tétanique. (*Po.*, VIII, 501)

Ces versets parodiques tournent en dérision le Verbe divin. L'ouverture du poème – « Dieu dit » (*Po.*, VIII, 497) – est à entendre comme un détournement du pouvoir démiurgique de la parole divine et, par la même occasion, de la parole poétique. Ici, le Verbe censé incarner la Vérité et la Création représente au contraire la bouffonnerie et la destruction. C'est dire si Giono ne croit plus en la poésie ni en sa capacité à incarner l'espoir et à exprimer la vérité.

Plus que de la dérision, c'est de l'auto-dérision qui caractérise le poème « Un déluge ». Giono contrefait la figure du démiurge et déconstruit alors sa propre autorité auctoriale. De même que Dieu organise l'Apocalypse avec « un vêtement de travail » (*Po.*, VIII, 499), exige que « cette fois tout soit fait avec méthode » (497) et que ses anges se tiennent à leur « poste » (498), Giono n'envisage plus le poète comme un « professeur d'espérance » mais comme un « ouvrier » (*Melv.*, III, 27) ou encore un « artisan d'images » (*Amr.*, 132). Il l'écrira plus tard dans une de ses

6 « L'humanité va changer de sens (civilisation) », écrit Giono dans ses carnets préparatoires pour *Promenade de la mort* (*Ibid.*, 1176).

chroniques journalistiques, « La laideur » : « S'exprimer par l'écriture [...] est devenu une profession tout court, alors qu'elle était une profession de foi. » (*Palz.*, 66). Laïcisation de la poésie, pourrait-on dire, à laquelle participe Giono en dépossédant l'écrivain du pouvoir créateur et presque sacré de la poésie, tout en revêtant l'écriture de valeurs nouvelles à l'œuvre dès les « Fragments ».

AVÈNEMENT D'UNE POÉTIQUE NOUVELLE

L'« adieu à la poétique » que constituent les « Fragments » est en même temps l'expression d'un renouvellement dans la poétique gionienne. Le ton, le style et l'esprit des trois poèmes annoncent, entre autres, les Chroniques romanesques. Tout d'abord, « Un déluge » et « Le Cœur-cerf » sont, en dépit de l'imaginaire apocalyptique de Giono, porteurs d'un espoir. Ils ne se contentent pas de clore une œuvre poétique mais ouvrent également de nouvelles perspectives. Dans « Un déluge », Dieu dit en conclusion du poème :

> Je suis le seul à savoir prétendre le nouveau du monde.
> C'est-à-dire :
> tendre à l'avance sur le désert éternel, par-delà l'horizon, et juste devant ma proue, le rivage des Indes Occidentales. (*Po.*, VIII, 511)

Après le déluge reste donc la découverte du « Nouveau monde » qui n'est pas tant l'Amérique que la nouvelle « manière » d'écrire de Giono. Ces Indes Occidentales sont, en quelque sorte, le terrain que va explorer Giono dans ses Chroniques avec cette formidable inventivité et ce renouvellement incessant de la forme. « Le Cœur-cerf », lui, annonce de manière encore plus explicite la transition opérée par Giono. Adam, le « cœur-cerf », est enfermé au Paradis – image paradoxale qui assimile le Paradis à une prison. Giono va se libérer en même temps qu'Adam : ce dernier échappe à la surveillance de l'archange (dont nous rappelons qu'il hante l'écrivain depuis le début des années Quarante, ce qui renforce l'assimilation de Giono à Adam), il quitte sa prison dorée et traverse le monde des hommes, mouvement également accompli par l'auteur qui abandonne son imaginaire mystique pour porter son attention sur les hommes. Nous savons par ailleurs que le cerf, chez Giono, notamment dans *Que ma joie demeure*[7], incarne la liberté, signe que l'évasion du cœur-cerf correspond à une émancipation chez l'auteur. Les Carnets préparatoires de *Chute de Constantinople* éclairent ce rapport entre Giono et le cœur-cerf, notamment les notes concernant le personnage de Monseigneur : « Monseigneur / Le cerf de *Que ma joie demeure*. Devient un saint montagnard, porteur du lyrisme et de la poésie. Se retire dans la forêt de chênes [...]. » (*EV*, III, 1176-1177). Le cerf est bien associé au lyrisme, à la poésie ; c'est pourquoi il doit « se retirer », n'étant plus en adéquation avec le monde. De même, Giono fait ses adieux à la poésie, ne la considérant plus capable d'exprimer le monde d'après la Seconde Guerre mondiale.

De fait, après que le cerf a joui de sa liberté – ce dont témoigne le refrain « Galope, Galope » qui manifeste l'élan visionnaire du cœur-cerf – sa course fantastique aboutit à une série de questions problématiques : « Et les imaginaires, où sont-ils ? / Les innocents aux mains pleines d'univers et de roues de fortunes ? » (*Po.*, VIII, 524). Ces questions expriment l'insuffisance du réel auquel se heurte l'élan lyrique. La dernière question, surtout, qui constitue d'ailleurs une section du poème à elle toute seule, est révélatrice : « Comment ferons-nous désormais pour vivre gentiment à la petite semaine ? » (526). Autrement dit : comment s'accommoder du réel après avoir traversé un monde merveilleux ? Il ne s'agit pourtant pas d'une impasse. Malgré la désillusion, le poète ne fuit pas, il interroge. L'homogénéité du poème par rapport aux deux autres écrits près de trois ans auparavant est le signe que Giono a peut-être déjà trouvé la réponse à cette question. Et pour cause : Giono y songe depuis 1940. Dans son carnet de notes pour *Chute de Constantinople*, il écrivait : « Nous n'avons pas eu de jeunesse. Il est facile de répondre : et puis après ? C'est précisément cet après qui est terrible, car maintenant nous voici arrivés au milieu de la vie. » (*EV.*, III, 1170). La question de l'« après » est donc existentielle aux yeux de Giono, car il s'agit de renouveler son écriture pour vivre « à la petite semaine » (*Po.*, VIII, 526).

Nous savons ce que donnera ce renouvellement d'écriture : les Chroniques romanesques, déjà en germe dans « Le Cœur-cerf » à travers la recherche formelle, la densité du style et l'humour qui met à distance

7 « Il [le cerf] sera tout entouré de liberté. Il restera immobile dans cette liberté, comme la pointe de l'avoine qui ne sait pas de quel côté pencher et qui attend le vent. » (*Q*, II, 560).

le goût de Giono pour le baroque et nourrit son regard moqueur sur les passions humaines. À titre d'exemple : « La science infuse diffuse à bride abattue. La sagesse des nations s'use les cuisses sur le suif des mâts de cocagne, et le bon sens populaire en toge et képi pompon, s'en va chez le photographe. » (*Po.*, VIII, 523)

Nous pouvons même voir dans la coloration bouffonne des tableaux à la Jérôme Bosch et à la Brueghel les mêmes opéras-bouffes que seront les Chroniques. En effet, en 1947, lorsqu'il compose « Le Cœur-cerf », Giono a déjà théorisé le genre de la Chronique. Dans son *Journal* de 1946, le 20 septembre, il écrit : « Chroniques II ou III, IV, V etc. Matin de septembre – y mêler la vie moderne (c'est sûrement le moule qui permet le plus de richesse. Toutes les formes sont permises, même le poème.) » (*Rev.* 1, 64). Puis, le 1er octobre : « Composer opéra-bouffe de la façon la plus libre [...]. De temps en temps venir aux temps actuels. Le IV, le V, le VI avec les formes les plus diverses. Aller jusqu'au poème. En tout cas jusqu'au poème en prose, certainement. » (66-67). Il est intéressant de voir que Giono n'a pas complètement renoncé au poème – du moins au poème en prose – même si, dans les faits, il n'en écrira plus. Cette énergie créatrice dont fait état le journal de 1946 est le témoin d'une crise résolue : l'"adieu à la poétique" qu'entendait faire Giono au début des années Quarante s'est transformé en la création d'une nouvelle poétique. À ce titre, les « Fragments » ont été les terrains d'une exploration et d'une expérimentation fécondes puisque le poète a dépassé la crise qu'avaient provoquée le contexte historique et l'angoisse métaphysique qui en résultait. Sophie Milcent-Lawson le dit bien dans l'article « POÉSIE » du *Dictionnaire Giono* : « Cette étonnante cavalcade du cœur-cerf constitue un "carrefour gionien" riche d'échos avec tout le reste de l'œuvre[8]. »

Nous voudrions insister sur le fait que ces « Fragments », en tant que « carrefour gionien », vont dans le sens d'un changement de manière lent, progressif et sans discontinuité. Dans son article sur « Le recentrage de Giono à partir de 1939 », Pierre Citron écrivait que ce recentrage « n'a pas comporté de tournant aigu et décisif. Il s'agit plutôt d'un long virage, marqué par quelques secousses plus appuyées, à côté de

8 Sophie Milcent-Lawson, « POÉSIE », p. 741-744 in Mireille Saccotte, Jean-Yves Laurichesse (dir.), *Dictionnaire Giono*, Paris, Classiques Garnier, 2016, p. 742.

changements de cap progressifs[9] ». Plaçant les débuts de l'interrogation de Giono sur son art en 1937, il précise que les « amputations » ont été suivies de « ressourcements » pour aboutir à une « unification[10] ». Par « amputations », Pierre Citron désigne, entre autres, la « fin de tout message direct » ; par « ressourcements », il entend la découverte de domaines « plus vastes et plus riches que ceux qu'il a dû abandonner[11] ». L'étude des « Fragments » nous a montré cette recherche d'équilibre entre amputation et ressourcement, et ce tout au long des années Quarante.

Les nuances sont nécessaires quand on aborde la mutation poétique de Giono. Elles le sont d'autant plus que Giono lui-même semble avoir été tiraillé entre son attirance innée pour la poésie et sa défiance envers le langage poétique qui prétend incarner la vérité. Le 14 novembre 1943, il écrit dans son *Journal* les résolutions suivantes : « Je m'efforce de cerner le plus possible le fait quotidien. Mon goût de l'invention m'entraîne vers un lyrisme obscur [...]. Serrer et décrire ce qui arrive ; le plus banal, ne rien inventer. En acquérir le style, si possible. » (*JO*, VIII, 360). L'année suivante, il confirme cette orientation :

> Peut-être, à force d'écrire simplement des notes journalières, arriverai-je à m'imposer la discipline du style sans surcharge. J'ai été trop séduit par le mot et le son qu'il a. J'ai écrit trop facilement pendant dix ans. J'ai perdu ces dix ans [...]. Il est temps que je trouve. (*JO*, VIII, 399)

Nous percevons chez Giono l'envie de céder à sa veine lyrique, le regret du temps où il professait de la poésie. D'ailleurs, dans les mêmes années, alors même qu'il fait ses adieux à la poésie, il écrit des ouvrages où la conception prophétique de la poésie réapparaît comme par réflexe. En 1940, dans *Pour saluer Melville*, il écrit : « Être poète, c'est précéder le destin des hommes. Il ne suit pas ; il n'est pas contre : il précède. » (*Melv.*, III, 71). Dans *Triomphe de la vie* (1942), il proclame : « Je ne suis qu'un poète ; et surtout un poète pour moi-même. De l'endroit où je me place je ne vois plus : je ne peux que prévoir. » (*TV*, VII, 684). Dans *Virgile* enfin, achevé début 1944, il qualifie le poète latin, à qui il s'identifie, de « prophète et [de] guide » (*Virg.*, III, 1054). À nouveau,

9 Pierre Citron, « Le recentrage de Giono à partir de 1939 », *Études littéraires*, vol. 15, n° 3, décembre 1982, Éd. Les Presses de l'Université de Laval, 1982, p. 454.

10 *Ibidem.*

11 *Ibidem.*

c'est peut-être le journal de 1946 qui donne la clé de cette indétermination ou irrésolution quant à la conception de la poésie : à propos des images prosaïques de Laforgue, Giono énonce cet aphorisme éclairant : « Il n'y a pas d'anti-poétique, il y a des habitudes en poésie comme en tout. » (*Rev.* 1, 43). Autrement dit, nous pouvons lire les « Fragments » non véritablement comme un « adieu à la poétique », mais comme un adieu à cette habitude qu'avait Giono de faire de la poésie une prophétie. Giono quitte une « habitude poétique » pour en forger une nouvelle, celle qui recherche le renouvellement des formes, celle qui redéfinit le style et le ton en opposition avec le mysticisme des années Trente, et celle qui multiplie les voix narratives pour remettre toujours en question cette instance auctoriale supérieure qui apparentait autrefois le poète au prophète. Les Chroniques romanesques, qui remettent en question la narration traditionnelle censée détenir la vérité du récit, montrent que Giono n'apparente plus l'écrivain à un prophète. Au contraire, Giono renonce à la toute-puissance de sa parole d'auteur dans le roman, ce qu'il ne pouvait faire en poésie. Preuve que Giono change de statut, quitte le monde élyséen pour le monde des hommes. Lors des entretiens avec Jean et Taos Amrouche, alors qu'il évoque le poème « Un déluge » dont il a mis un extrait en épigraphe de son roman *Noé*, il explique que Noé est un homme qui conserve en lui « les images du monde pour les rendre visibles après le Déluge », non comme un Dieu, comme un ange, mais bien comme un homme :

> Alors, dans ce livre-là, je considérais que l'auteur était une sorte de Noé qui emportait dans son arche personnelle, c'est-à-dire dans son âme et dans son cœur, les personnages qu'il transplantait ensuite dans des terres ou les livres qui étaient les livres d'après. (*Amr.*, 288)

Anne-Aël Ropars
Université de Bretagne Occidentale

L'« EAU VIVE » DE LA PAROLE DANS L'ŒUVRE DE JEAN GIONO

Entre poésie et prophétie

« Souviens-toi de l'Apocalypse. Les poètes écrivent le journal du futur. » (*GTh.*, III, 1087). Tels sont les mots que prononce Jean-Antoine Giono à son fils dans *Le Grand Théâtre*, liant, dès l'enfance du romancier, textes saints et poésie. Cette intertextualité biblique dans les œuvres de Jean Giono est visible depuis *Colline* jusqu'aux derniers romans à travers le titre des ouvrages ou les prénoms des personnages. Pourtant, s'il est vrai que la Bible fait partie du terreau imaginatif du romancier, elle n'en est pas moins, pour lui, « un livre de littérature[1] », tout comme le sont les *Bucoliques* de Virgile. Jean Giono le père rapproche d'ailleurs ces deux œuvres en exprimant que l'Apocalypse « C'est mon Virgile » (*GTh.*, III, 1084) et le fils dira que la Bible représentait pour son père « à la fois une littérature extraordinaire, – en même temps que de l'histoire, – de l'imagination fantastique et féerique [...]. » (*JB*, II, 1229).

Le prophète gionien serait donc, *a priori*, à rapprocher du « poète ». Poète chrétien incarné par l'apôtre Jean pour le père (portant le même nom) ; poète païen en la figure de Virgile pour le fils[2]. Mais un tel rapprochement est complexe. Étymologiquement, le prophète est celui qui « dit à l'avance » (du grec *pro-phêmi)* ; d'un point de vue biblique, il est celui qui sait avant les autres grâce à l'action de Dieu et qui a pour but de transmettre ce savoir divin. Ainsi, sa « mission est de rappeler le peuple élu à l'obéissance de la loi et au refus de l'idolâtrie, en le menaçant d'une colère divine destructrice et en annonçant les bienfaits à venir[3] ».

1 Jean Carrière, *Jean Giono. Qui suis-je ?*, Lyon, La Manufacture, 1985, p. 127.

2 « Et dans mes mains, je tenais le prophète et le guide ! » (Virg., III, 1054).

3 Sylvain Piron, « La parole prophétique », *in* Nicole Bériou, Jean-Patrice Boudet, Irène Rosier-Catach (dir.), *Le Pouvoir des mots au Moyen Âge*, Turnhout, Brepols, 2014, p. 261. L'apôtre Paul définit la fonction prophétique exercée dans l'église de Corinthe : « Celui qui prophétise, au contraire, parle aux hommes, les édifie, les exhorte, les console. » (1 Corinthiens 14, 3).

Sans se restreindre à l'évocation d'un futur (comme dans l'Apocalypse de Jean), il possède un rôle d'éclairage sur le passé qui permet d'édifier, d'exhorter et de consoler ses contemporains.

Dans les œuvres gioniennes, nombreux sont les personnages s'apparentant à des « prophètes » en tant qu'ils sont animés par un « souffle », une « force[4] » (*C*, I, 178) supérieure similaire à celle décrite dans Jérémie. 1, 7-9 : « Puis l'Éternel étendit sa main, et toucha ma bouche ; et l'Éternel me dit : Voici, je mets mes paroles dans ta bouche. » Mais chez Giono, qui n'a cessé de rappeler qu'il était « éloigné de toute forme de religion[5] », il serait vain de chercher une origine divine à cette parole inspirée. Par conséquent, si le « vrai » prophète est écouté pour sa parole que le divin légitime, le poète tient un rôle plus complexe. Si Aristote considère dans *Constitution d'Athènes*, le poète Épiménide comme un prophète, on connaît bien l'injonction que faisait Platon à l'égard de cette profession. De même, si en 1751, l'*Encyclopédie Jaucourt* considère que la poésie est « le langage des dieux[6] », l'Ulysse gionien incarne le menteur par excellence dont la « force [poétique] était née de sa cervelle » mais, ajoute-t-il, « Il n'avait rien à craindre des dieux. Tout s'était fait avec leur permission » (*C*, I, 925). On se proposera donc ici de montrer en quoi prophète et poète tendent à se rapprocher dans les romans gioniens, dont le dénominateur commun serait cette « eau vive de la parole ».

PROPHÈTES CHRÉTIENS ET POÈTES GIONIENS

Car c'est bien le verbe qui, dès l'origine, lie le prophète et l'aède. C'est donc logiquement que nous pouvons retrouver la rhétorique prophétique dans les œuvres gioniennes comme le soulignait Jean Arrouye prenant l'exemple de Janet dans *Colline*. Dans ce roman, suite à l'assèchement

4 Il est question de la « grande force » ; Joselet in *Solitude de la Pitié* (*SP*, I, 508) est animé de la « force » qui lui permet de savoir « comment se fait la vie » ; dans *Présentation de Pan* (I, 762), le « souffle de Pan » anime un des conteurs de la veillée ; enfin dans *Le Déserteur* (V, 212), le personnage est animé par « les puissances de derrière l'air. »

5 Carrière, *Jean Giono*, *op. cit.*, p. 109-110.

6 *Encyclopédie Jaucourt*, 1re édition, 1751, t. 13, p. 459-463.

de la source qui alimentait le hameau des Bastides Blanches, Gondran se tourne vers celui qui l'avait découverte et qui « sait » (*C*, I, 180) comment trouver l'eau. Après avoir refusé un temps de parler, Janet dit : « Tu veux savoir ce qu'il faut faire, et tu ne connais pas seulement le monde où tu vis. Tu comprends que quelque chose est contre toi, et tu ne sais pas quoi. [...] Je parie que tu n'as jamais pensé à la grande force ? » (178-179).

Cette interrogation résonne avec les mots de Jésus dans Matthieu. 13, 13 : « C'est pourquoi je leur parle en paraboles, parce qu'en voyant ils ne voient point, et qu'en entendant ils n'entendent ni ne comprennent. » C'est donc un langage parabolique et paradoxal auquel a recours le vieux Janet pour expliquer ce qui est, de son propre aveu, « un peu compliqué » (*C*, I, 178). Usant de métaphores, de comparaisons et d'interrogations tout au long de son monologue qui coule de lui comme « si la bonde avait sauté d'un tonneau oublié », le personnage gionien réutilise maints schémas et images bibliques comme lors de la comparaison : « T'es comme un fermier ; il y a le patron. » ; qui n'est pas sans rappeler la parabole des vignerons[7] présente dans les évangiles de Luc, Matthieu et Marc. Ce qui caractérise ce « patron » aussi nommé « père des caresses » (179), c'est sa propension à la pitié et c'est « pour ça [...] qu'il est le maître et qu'ils l'aiment et lui obéissent », ajoute Janet. Au contraire de la Genèse, nulle hiérarchisation entre les êtres vivants (désignés par le pronom *ils*), nul assujettissement par l'humain[8] dans les romans gioniens. La pitié du dieu peut même se transformer en violence « quand les hommes ont trop fait de mal, il n'a pas besoin de grand chose », ajoute Janet. On retrouve donc dans ce passage certaines caractéristiques de la parole prophétique : rappel à l'obéissance, menace de la colère divine et annonce d'événements futurs. Ce don de prévision, Janet le rappelle d'ailleurs à Gondran avant d'entamer son monologue. Comme si les prophéties passées et réalisées servaient de garantie et de légitimité aux futures :

7 Matthieu 21, 33-34 ; Marc 12, 1-11 ; Luc 20, 9-18.

8 Genèse, 2, 25-29 : « Dieu fit les animaux de la terre selon leur espèce, le bétail selon son espèce, et tous les reptiles de la terre selon leur espèce. Dieu vit que cela était bon. Puis Dieu dit : Faisons l'homme à notre image, selon notre ressemblance, et qu'il domine sur les poissons de la mer, sur les oiseaux du ciel, sur le bétail, sur toute la terre, et sur tous les reptiles qui rampent sur la terre. [...] Dieu leur dit [à l'homme et la femme] : Soyez féconds, multipliez, remplissez la terre et l'assujettissez ; et dominez [...] sur tout animal qui se met sur la terre. »

« Et tu sais que quand je dis quelque chose, c'est vrai. Tu te souviens de ta femme ? Je t'avais prévenu, pas vrai ? Tu l'as vue, pendue ! » (177).

Autre personnage aux allures de prophète, le nouveau fermier de Fra-Joséphine dans *Que ma joie demeure* qualifie Bobi, l'acrobate qui s'est installé à la Jourdane, de « poète » (*Q*, II, 602) avant de lui montrer en quoi son entreprise, bien que louable, d'apporter la joie sur le plateau de Grémone, est vouée à l'échec. Comme dans *Colline*, la discussion débouche sur un long monologue prophétique conjugué au futur. La conversation se conclut ici par une mise en garde envers Bobi, souvent considéré comme personnage messianique : « Il s'agissait surtout de savoir, dit-il, que nous sommes opposés. Nous nous rapprocherons, ou bien – il fit un geste de bouleversement – tu éclateras comme une étoile perdue. » (610). Un peu plus d'un an après, la prophétie semble se réaliser. Aurore, délaissée, s'est suicidée, « tout a raté » (757) concède Bobi. Ce personnage qui jusqu'ici avait toujours été assimilé au motif astral, prend une dernière fois la route lors d'une « nuit sans étoile » (753). Au terme d'une marche proche d'un chemin de croix et alors que la vérité lui semble enfin dévoilée : « La foudre lui planta un arbre d'or dans les épaules. » (777). À la manière d'un autre personnage gionien, Bobi éclate pour prendre « enfin les dimensions de l'univers » (*Roi*, III, 606). Certains personnages seraient donc capables de voir avant, de prévoir les événements futurs. Si aucune méthode n'est invoquée dans le cas du fermier de *Que ma joie demeure*, pour d'autres, l'inné est avancé comme en étant la source. Ils savent, écrit Giono, par « science de bête » (*Q*, II, 508) comme Bobi ou par « prescience d'insecte » (*JB*, II, 97) dans le cas de L'Homme noir. Cet homme, précepteur de Jean Giono dans *Jean le Bleu*, est décrit ainsi :

> Il parlait d'abord de la voix et de la main pour me montrer autour de moi les formes, la vie. Il faisait passer en moi la conviction que tout ça n'était pas seulement une image perçue par nos sens, mais une existence, une pâture de nos sens, une chose solide et forte qui n'avait pas besoin de nous pour exister, qui existait avant nous, qui existerait après nous. Une fontaine. Une fontaine au bord de notre route. Celui qui ne boira pas aura soif pour l'éternité. Celui qui boira aura accompli son œuvre. (*JB*, II, 97-98)

Une fois encore, on retrouve un écho biblique de ce passage rappelant les paroles de Jésus rapportées dans l'évangile de Jean 4, 14 : « [...] celui qui boira de l'eau que je lui donnerai n'aura plus jamais soif et l'eau que je lui donnerai deviendra en lui une source d'eau qui jaillira jusque dans la vie éternelle. » Par cette intertextualité, Giono confère à son personnage un statut de prophète dont la parole est une source d'espérance.

Le dernier personnage que nous prendrons comme exemple est Joselet. Tout comme Bobi ou Toussaint dans *Le Chant du monde*, il est un guérisseur – il remboîte les membres déboîtés comme Bobi replace l'épaule de Jacques (*Q*, II, 450-451), il fait « la lecture des étoiles » (*SP*, I, 507) mais, contrairement au poète-acrobate, Joselet, lui, a « tout quitté de ce qui est l'envie des femmes ». Afin d'expliquer son don prophétique, son monologue expose, au présent à valeur de vérité générale, sa conception du monde assimilable à un grand mécanisme fait de milliers de roues. Mais, dit-il à Giono, « j'aurais beau vous expliquer, vous n'arriveriez pas à savoir » (509) à moins d'entasser la force du monde en soi.

À plusieurs reprises, donc, lorsqu'il est question de personnages au don prophétique, on retrouve ce couple de « quelqu'un qui sait » (*C*, I, 180) et de celui qui, comme Jourdan, Gondran ou Giono, « commence à savoir » (*Q*, II, 461). Le premier délivre un enseignement parfois hermétique pour le second car recourant comme on l'a vu à des paraboles, métaphores et paradoxes. C'est que, comme l'écrivait Giono au sujet de Virgile pourtant « prophète et [...] guide » (*Virg.*, III, 1054) :

> Nous ne trouverons peu à peu ces éléments que si nous abandonnons les plans préconçus. Et c'est ici que Virgile nous sert, non pas en tant que Virgile [mais] comme valeur première avec laquelle un homme de notre époque, non pas savant mais sensible, essayera de créer des valeurs secondes. (*Virg.*, III, 1039)

Ainsi, le discours de ces personnages ne vise en aucun cas la transmission d'une connaissance (ils ne sont pas « savants » au sens moderne) mais d'une interrogation, d'une remise en question par le seul pouvoir des mots. Or, comme l'explique Jean Zumstein, là est également la visée des récits paraboliques de la Bible, non pas « un gain de connaissance, mais un changement dans la compréhension de la vie, une conversion de sens de l'existence[9] ».

Cependant, force est de constater que la majorité des interlocuteurs n'est que peu réceptive aux paroles de ceux qui savent. Si le message de Janet produit une prise de conscience chez Gondran, le personnage est

9 Jean Zumstein, « Jésus et les paraboles » in Jean Delorme (dir.), *Les Paraboles évangéliques*, Paris, Cerf, « Perspectives nouvelles », 1989, p. 227.

rapidement gagné par la peur devant cette vérité nouvelle. Si « c'était si simple, à l'ancienne façon [pense-t-il] ça laissait beaucoup de choses dans la nuit. Maintenant il va falloir vivre avec ce qui est désormais éclairé et c'est cruel ! » (*C*, I, 180-181). L'effet de cette parole est finalement de courte durée : « Il a essayé de s'habituer à l'idée du monde selon Janet, et, plus il y réfléchit, plus il doute. » (187). Au doute succède le rejet des paroles et de celui qui les profère, pourtant à l'origine de la découverte de l'eau, condition de vie de la communauté. Il est à présent considéré comme étant « de l'autre côté de la barricade, avec la terre, les arbres, les bêtes, contre nous. » (189). Perçu comme néfaste, Janet n'est pourtant rien de plus (ou de moins) qu'un intermédiaire entre cette force de la terre et les hommes qui ne parviennent pas à dépasser le sens littéral du message transmis. La faute à l'utilisation de termes et expressions « étranges » (225) et, écrit le romancier, « accepter l'étranger ça va tout seul, mais accepter "l'étrange" n'est pas à la portée de tout le monde. » (*Dés.*, VI, 225).

Cette mise à l'écart des prophètes est, selon Samuel Junod, inhérente à leur position entre divin et humain : « Son origine est donc une vocation qui arrache l'homme à son milieu, à sa profession, à ses attaches, pour en faire un exilé parmi ses proches[10]. » Exilé socialement dans le cas de Janet qui a « une tête pas comme tout le monde » (*C*, I, 140), renonciation au mariage et vie quasi monacale pour Toussaint ou Joselet dans la nouvelle éponyme. Joselet qui « sait comment se fait la vie » (*SP*, I, 509) et peut prédire « à l'avance [...] mille choses qui arriveront » (*SP*, I, 508) grâce au « gros sacrifice » (509). Mais l'exil est aussi géographique et social comme le montre la situation du « Déserteur » qui, bien que produisant chansons et portraits au profit de la communauté dans laquelle il vit, conserve une distance avec elle. Giono écrit :

> Cette première manifestation de l'art du Déserteur, qui se développera dès qu'il aura trouvé sa "résidence" [une cabane dans les bois située en dehors du village], n'est à ce moment-là qu'une raison de vivre. Elle restera bien, au fond, toujours une raison de vivre ; mais elle aidera aussi ce personnage errant à faire son compte avec les puissances de derrière l'air. (*Dés.*, VI, 212-213)

Cet art est un moyen d'expression pour l'homme qui use également du double sens des mots « un qui était celui dont tout le monde se servait,

10 Samuel Junod, *Agrippa d'Aubigné ou les misères du prophète*, Genève, Droz, 2008, p. 203.

l'autre qui appartenait au vocabulaire particulier dont le Déserteur seul usait pour se garder vivant » (*Dés.*, VI, 211). Plus qu'un devoir, l'expression de ce message lui est nécessaire ; elle est une "raison de vivre". C'est là le destin de ceux qu'il nomme « professeur d'espérance » dans la nouvelle « Aux sources mêmes de l'espérance » :

> À cette seule condition, il a sa place à côté des hommes qui travaillent, et il a droit au pain et au vin. Car il ne travaille pas, lui, ce qu'il fait, il est obligé de le faire. [...] lui, le poète, [...] est obligé de voir plus loin, il est obligé de pressentir. [...] Son travail à lui, c'est de dire. Il a été désigné pour ça. Les autres font. Alors, en toute justice, pour qu'il ait la permission et droit de vivre, il doit être un professeur d'espérance. (*EV*, III, 203)

Et Melville d'ajouter qu'« être poète, c'est précéder le destin des hommes. Il ne suit pas ; il n'est pas contre : il précède. Et il ne sert pas. Il y a dans cette nécessité de suffisantes raisons de malheur » (*Melv.*, III, 71).

FAIRE RÉENTENDRE LE CHANT DU MONDE GRÂCE À L'EAU VIVE DE LA PAROLE

Le rôle des poètes serait donc de dire comment reconquérir la joie et vivre. Pourtant, Giono dans « Vie de Mlle Amandine », pose un acerbe constat sur la littérature à travers les mots de son personnage :

> Vous qui êtes français, dites-moi, pourquoi, dans tout votre trésor littéraire, vous n'avez pas de livres remèdes ? [...] Pourquoi n'avez-vous jamais eu le courage, vous Français – ou la bonté – ou la générosité de soi – de dire oui à la vie. [...] Ne penserez-vous jamais à ceux qui ont besoin de comprendre le monde ? (*EV*, III, 170)

Abondant en ce sens, Melville dira que « c'est le sort de l'homme qu'il faut exprimer. Mais je n'ai pas été encore assez étranglé » (*Melv.*, III, 38) ajoute-t-il. En effet, l'acquisition de ce savoir permettant d'accéder au bonheur ne va pas sans son lot de violence, de cruauté et de souffrance, ce que ne peut supporter Gondran préférant rebrousser chemin devant cette « voie du Salut [...] couverte d'épines » (*Dés.*, VI, 236).

Ainsi, vrais prophètes et vrais poètes se rejoindraient chez Giono dans cette souffrance inhérente de l'homme dont les sens ont « une forte personnalité » (*EV*, III, 203) qui le rendent poreux au souffle de Pan ; au Chant du monde, à cette musique du vent qui met tout en mouvement. Mais, à la différence du prophète, homme souvent simple à l'instar de Janet ou du protagoniste de *L'homme qui plantait des arbres*, le poète doit accomplir un cheminement plus long qu'il se doit de partager pour donner, par avance, des raisons d'espérer. Ainsi, dans sa préface des *Vraies Richesses*, Giono écrit :

> Cette terre panique où je marche, on a cru que je prétendais y trouver l'explication de tout. J'y cherchais un simple départ. La vie a voulu que je sois obligé d'y découvrir moi-même les chemins. Ceux qu'on me proposait, j'en voyais le déroulement me porter vers le désespoir. Je suis revenu vers les premières traces. Je les ai remontées pas à pas. [...] Je ne cherchais plus le chemin, j'étais la recherche même. (*Q*, II, 1351-1352)

Cette joie, née de l'« apprentissage panique » (*Q*, II, 1352) se rapproche du salut chrétien tout en lui donnant une autre dimension comme le suggère la page suivante :

> La joie de Jésus peut être personnelle. Elle peut appartenir à un seul homme, et il est sauvé. Il est en paix, il est en joie pour maintenant et pour toujours, mais seul. Cette solitude de joie ne l'inquiète pas, au contraire : il est l'élu. Dans sa béatitude, il traverse les batailles une rose à la main.
>
> Mais la joie panique, il est impossible de la garder pour soi-même. Elle nous est donnée par toute l'épaisseur de la vie. Celui qui l'a, s'il ne la partage, ne fait que la toucher et la perdre. (*Q*, II, 1353)

Pour Giono, le vrai prophète, celui qui sait, c'est avant tout celui qui écoute et qui transmet, qui donne avec une « générosité hémorragique » (*HT*, IV, 1170) à l'instar de Toussaint dans *Le Chant du monde*. « Le poète », ce « professeur d'espérance » doit être le relais entre le chant du monde et ses contemporains grâce à cette « puissance poétique de l'homme qui est en contact direct avec la nature » (*EV*, III, 1193). Ni entièrement prophète, ni simple poète au sens d'artiste des mots, le poète gionien inspiré par le souffle de Pan est tel Melville, « un rebelle », un déserteur par nécessité qui voudrait « donner à tout le monde le paradis naïf qui s'émerveille en lui » (*Dés.*, VI, 222).

Cette naïveté serait le corollaire de cette possibilité de savoir inné que possèdent ces « hommes nus et crus » (*JB*, II, 128) dont parle le père de l'auteur. Geneviève Bollème note à ce propos qu'« au sujet savant, on a opposé le sujet sans savoir ni culture, qui, de par sa spontanéité native, posséderait le secret de la parole vive puisqu'il n'en a point d'autre pour s'exprimer et vivre[11] ». Cette parole vive parfois difficilement compréhensible pour les non-initiés est pourtant la plus naturelle, et la plus à même de réconforter et de faire naître l'espérance pour peu que l'on ait « l'humilité de faire appel à l'instinct, à l'élémentaire » (*JB*, II, 97). « J'avais bêtement pensé qu'on pouvait ouvrir des fenêtres ; j'avais oublié que les gens possédaient des bibelots qu'ils ont peur de voir bousculer par les courants d'air[12] » écrivait Giono à Gaston Gallimard suite au refus de sa première préface à l'édition Pléiade de *Machiavel*. Or, être un poète c'est justement tout mettre « en bombe » (*EV*, III, 412), détruire le vieil ordre de l'habitude pour faire de nouveau circuler l'ancien chant du monde, le souffle poétique inspiré. Et si le commun rejette le prophète panique et le poète, c'est pourtant la destinée de tout être selon Giono qui écrit dans « Provence » :

> Ils me font rigoler quand ils disent que je suis un poète. Triste défaite des corps qui ont perdu le goût de vivre parce qu'ils ont perdu la façon. C'est vrai que c'est presque toujours péjoratif, mais ils en seraient eux-mêmes des poètes, c'est-à-dire de vrais hommes, s'ils avaient encore la vieille façon amoureuse, la naturelle façon amoureuse de faire la connaissance des choses. (*EV*, III, 209)

Cette joie, cette unité retrouvée permettant aux prophètes de dire par avance, de comprendre la marche du monde n'a donc rien à voir avec une élection divine. Elle est simplement l'accomplissement « de [s]a destinée d'homme » (*Q*, II, 1356). Pour comprendre le monde, réentendre son chant, il faudrait libérer son corps et son esprit afin que l'unité de l'être soit recréée ; il faudrait, selon l'étymologie, « prendre avec soi » comme le suggérait l'épigraphe de *Noé* :

> Et j'ai dit à Noé :
> – Comme je peux le dire à tout homme :
> – Fais entrer dans ton cœur toute chair de ce qui est au monde pour le conserver en vie avec toi
> … et j'établirai mon alliance avec toi. (*Noé*, III, 609)

11 Geneviève Bollème, *Le Peuple par écrit*, Paris, Seuil, 1986, p. 232.

12 Giono, Lettre du 19 décembre 1951, *Lettres à la NRF (1928-1970)*, Édition établie, présentée et annotée par Jacques Mény, Paris, Gallimard, 2015, lettre 336.

Les poètes peuvent aider à la compréhension mais c'est un choix personnel que de savoir, c'est un cheminement de la découverte de soi pour reprendre le titre d'un ouvrage de Sonia Atiah[13]. Tels des phares, les poètes-prophètes gioniens dont « on remarque à peine que leurs mains ouvertes éclairent l'ombre comme des veilleuses » (*JB*, 128) ouvrent la voie à leurs contemporains. C'est d'ailleurs ce que suggère la fin de « l'Avant-Propos » de *Que ma joie demeure* :

> Ici, le lecteur trouvera encore une fois la succession des saisons. Je voudrais qu'il les considère comme les forces les plus éminentes et qu'il ne puisse pas s'en arracher. Le problème de l'établissement de la joie est peut-être pour lui encore plus tragique, car sans doute la recherche-t-il sans le secours des printemps et des étés. On verra que dans ce livre non plus on ne la trouve pas. J'espère qu'il comprendra que ça n'a aucune importance. S'il le comprend, il sera sur le chemin de sa joie. Sinon, qu'il ne perde pas confiance, c'est que j'aurai mal travaillé. (*Q*, II, 1349)

LA MODERNITÉ
SALE TEMPS POUR LES PROPHÈTES

Mais ces personnages inspirés par cette « grande force » ou « sombre force [qui] monte de la terre, les emplit et les instruit. » (*EV*, III, 102) se font plus rares à mesure que l'on entre dans la modernité. Si Giono écrivait dans *L'Eau vive* : « La pluie, le vent, l'orage, chante à leurs oreilles les enseignements sacrés. [...] Tout, tout, l'enseigne et lui parle, le dirige, le fait ! Le fait homme. » (*EV*, III, 102) ; aujourd'hui « nous avons perdu le grand enseignement » (*EV*, III, 103) à cause de cette civilisation moderne qui a « installé sur la terre le malheur des corps » (*Q*, II, 1353).

Cette modernité est en réalité plurielle. Il y a d'abord celle liée au progrès économique et technique. Ainsi, dans *Que ma joie demeure*, Bobi présente à Jourdan l'argent comme « une lèpre » (*Q*, II, 459) ; dans la notice de *L'Eau vive*, le narrateur met en cause la rapidité des

13 Sonia Atiah, *Jean Giono : chemins mythiques vers la découverte de soi*, Université de Bourgogne, « Littératures », 2013.

moyens de transports qui aurait coupé les hommes de leur environnement et de leur capacité à sentir. Pour exemplifier cela, il oppose la lenteur de la marche à la rapidité de l'automobile. Cette vitesse « inhumaine » conduirait à perturber les sens et la capacité à ressentir le monde « bourré de sensations que seul le rythme lent de la marche peut rendre perceptibles » (*EV*, III, 1158). « Grossièreté des prétendues victoires de la technique moderne. » conclut-il. C'est que l'ère moderne, définie comme « premières convulsions d'un changement de civilisation » (375) a imposé la loi de l'instantanéité et de la mécanisation des actions.

Mais la modernité est aussi idéologique comme le suggère la nouvelle « Les larmes de Byblis ». La question « Savez-vous que Pan est mort ? » (*EV*, III, 126) ouvre ce récit dont les paragraphes aux allures de versets font état de la déchéance et de la mort de plusieurs divinités antiques. Les hommes, quant à eux, ne révèlent leur présence qu'à travers les armes qu'ils emploient pour la chasse, des armes de plus en plus sophistiquées passant d'une flèche « faite d'un jeune brin d'osier » (127) à « un long javelot [...] tout en fer ». Et puis vient le jour où

> [l]es hommes entrent sans peur dans le bois sacré. Ils ont apporté à deux pour la laver la statue du nouveau dieu. Il est cloué sur une croix comme un voleur, et s'il est nu, c'est pour qu'on voie bien sa plaie, une grande plaie au fond de laquelle on voit son cœur comme un fruit rouge. (*EV*, III, 127.)

Or, cette nouvelle religion aurait amené avec elle l'idée que le bonheur ne pouvait s'acquérir que par le spirituel, reléguant le corporel dans le domaine du bas. C'est là l'une des raisons que le romancier invoque quant à son choix de supprimer le nom de Jésus en reprenant le titre de la cantate de Bach pour son œuvre *Que ma joie demeure* :

> [J]'ai supprimé le premier mot, le plus important de tout l'appel, le nom de celui qu'on appelle, le seul qui, jusqu'à présent, ait compté pour la recherche de la joie ; je l'ai supprimé parce qu'il est un renoncement. Il ne faut renoncer à rien. Il est facile d'acquérir une joie intérieure en se privant de son corps. Je crois plus honnête de rechercher une joie totale, en tenant compte de ce corps, puisque nous l'avons, puisqu'il est là, puisque c'est lui qui supporte notre vie, depuis notre naissance jusqu'à notre mort. Contenter l'intelligence n'est pas difficile ; contenter notre esprit n'est pas non plus trop difficile. Contenter notre corps, il semble que cela nous humilie. Lui seul connaît cependant une éblouissante science. (*Q*, II, 1352)

De tout ceci résulterait une cassure dans l'intégrité de l'être humain : « Les formes de société dans lesquelles nous avons vécu jusqu'à maintenant ont installé sur la terre le malheur des corps. » (*Q*, II, 1353) et, résultat, « le pauvre corps ne sait plus » (*Q*, II, 549). Or, « le plus magique instrument de connaissance, c'est moi-même » (*EV*, III, 206) écrivait le romancier dans « Provence ». Il faudrait donc, pour atteindre la joie, se libérer de cette modernité et retrouver le chemin de ce que le romancier nomme « connaissance panique ».

Mais, écrit Giono, « Chaque fois que l'homme a été affamé d'espérance et d'équilibre, il a gâché la terre et l'eau, il a entassé les pierres, il a bâti, il a bâti devant lui la forme désirée du rythme immobile et de l'ordre. » (*EV*, III, 201). Cet ordre artificiel, fait de « matières mortes[14] » ne laisse plus passer le « Chant du monde ». Et cette rupture entre le monde et les hommes est désormais passée dans le domaine de « l'habitude » (*Q*, II, 455) ce que révèlent plusieurs textes. Dans la nouvelle « La Grande Barrière », le narrateur constate avec peine que, malgré ses gestes de pitié pour rassurer une hase blessée, sa « main qui caressait était plus cruelle que le bec du freux. Une grande barrière nous séparait. [...] Il en a fallu de nos méchancetés entassées pendant des siècles pour la rendre aussi solide » (*SP*, I, 523). Cette idée de rupture entre le monde des humains et le reste, on la retrouve également dans *Batailles dans la montagne*, récit au cours duquel on peut lire que « [l]e monde semblait avoir des répondances avec tout sauf avec les hommes. » (*BM*, II, 946). Giono écrit encore dans « Aux sources mêmes de l'espérance » : « Trop de murs, nous sommes au bout de notre époque, nous sommes arrivés à un moment de notre désespoir où notre férocité va nous jeter les uns sur les autres. Les poètes ne savent plus. Ils ont tout fait. Tout ce qu'il faut faire. » (*EV*, III, 202).

Aussi faudrait-il, pour atteindre le vrai savoir et donc la joie, se libérer car, demande Giono, « Qui dans la société moderne, peut avoir assez de liberté pour connaître le monde ? » (*SP*, I, 523). La condition *sine qua non* de ce procédé semble être le passage de l'égoïsme à la générosité. « Je donne ce que j'aime à ceux que j'aime. Pour que nous ayons des sacs également chargés sur la route. Vers la joie. » (*Q*, II, 1356) écrit le romancier dans sa préface aux *Vraies Richesses*. L'expérience panique doit être partagée, elle ne peut appartenir à un seul du fait même de son étymologie (*pan* signifiant « tout ») et de ce qu'elle représente dans

14 Jean Giono, *Les Vraies Richesses*, Paris, Grasset, Cahiers Rouges, 2002, p. 34.

les romans gioniens : le grand Tout, le « rond du monde » (*UB*, I, 237), expression qui revient à de multiples reprises sous la plume du romancier.

Cette pensée cyclique et panique amène au constat suivant : pour être libre, l'homme doit être entier, comme ce qui l'entoure afin de s'y fondre, de le comprendre réellement. Mais dans ce schéma, que peut le prophète gionien ? On l'a vu, dans le meilleur des cas, il n'est pas écouté, dans le pire, il est mis au ban de la société. Ainsi, dans « Aux sources mêmes de l'espérance » on peut lire que « [d]e temps en temps, sur la lisière des forêts les poètes criaient : le malheur ! le malheur ! ou bien : le bonheur ! le bonheur ! ce qui revenait au même puisque ce bonheur nul n'arrivait à le construire. » (*EV*, III, 201). Ce que peut et doit faire le poète, c'est montrer la voie, éclairer cet ancien chemin oublié qui mène aux genoux de Pan. Mais, rappelle Giono, chacun se doit de faire son propre cheminement car « mes expériences ne sont pas universelles et les poèmes cosmiques [...] ne seront pas là pour servir d'assises à de vastes théories » (*EV*, III, 103).

L'eau, élément central des romans gioniens, surtout les premiers, se retrouve dans les paroles des figures prophétiques. Ayant recours aux mêmes schémas situationnels et rhétoriques que leurs homologues chrétiens, le but de même que l'inspiration qui les anime en sont différents. Mais, chez Giono, le Dieu des évangiles laisse place à une force au nom mouvant, à la fois chant de l'eau et de la terre, associée à Pan. Être prophète n'est donc pas tant être « élu » par le divin qu'accomplir sa destinée d'homme naturel. En somme, être poète et prophète revient presque à la même chose pour le romancier : c'est retrouver la correspondance avec le rond du monde. Ces voix prophétiques gioniennes sont un nouvel exemple du syncrétisme de l'auteur qui, à travers elles, mêle inspiration païenne (l'eau vive de Byblis, le « souffle de Pan » (*EV*, III, 103) des forces de la terre) et schémas bibliques. En somme, dans ses œuvres « [i]l est incontournable que, dans ce jaillissement poétique, il faut tenir compte de tout ce qui est sorti du livre de messe, du cantique et du recueil de Chants de Noël » (*PP*, I, 762).

Marion STOÏCHI
Université Jean Jaurès de Toulouse

JEAN GIONO, ENTRE *MANOSQUE* ET *MARTINIQUE*

« Mantique »

L'ENTOUR

Il n'est pas sorcier d'attribuer à Giono une voix prophétique, au vu du monde essoufflé dans lequel, cinquante après sa disparition, nous évoluons. Mais Giono est encore ange annonciateur sur un autre plan, plus résolument littéraire, en ce que son texte ne cesse aujourd'hui d'en innerver d'autres, qui nous sont contemporains. Nous n'entendons pas pour autant mettre à jour une généalogie, ni nous efforcer à détecter des sources : mais on cherchera à voir jusqu'où cette voix mantique a porté, et continue de porter par-delà les frontières régionales dans lesquelles on l'a longtemps confinée. Notre approche de l'œuvre gionienne, résolument axée sur la contemporanéité du geste de lire, sur le *hic et nunc* du texte, portera essentiellement sur les trois premiers romans. En tenant compte des données environnementales actuelles, une telle démarche intégrerait celles-ci à une vision autrement plus globale : celle du « Tout-Monde », telle qu'en a formulé la conception Édouard Glissant :

> J'appelle Tout-monde notre univers tel qu'il change et perdure en échangeant et, en même temps, la « vision » que nous en avons. La totalité-monde dans sa diversité physique et dans les représentations qu'elle nous inspire : que nous ne saurions plus chanter, dire ni travailler à souffrance à partir de notre seul lieu, sans plonger à l'imaginaire de cette totalité. Les poètes l'ont de tout temps pressenti[1].

---

1 Édouard Glissant, *Traité du Tout-Monde*, Paris, Gallimard, 1997. Ce propos en quatrième de couverture se poursuit toutefois par une mise en garde : « Mais ils furent maudits, ceux d'Occident, de n'avoir pas en leur temps consenti à l'exclusive du lieu, quand c'était la seule forme requise. Maudits aussi, parce qu'ils sentaient bien que leur rêve du monde

Voilà qui ferait de cette trilogie gionienne une affaire non plus exclusivement française, mais suggèrerait qu'elle recoupe l'actuel champ littéraire d'une francophonie toujours en expansion. Pour sûr, étudier « Giono et l'environnement » serait un choix trop platement évident dans le contexte qu'on vient d'évoquer : sans compter qu'à ce sujet, tout a été dit et redit. Mettons à profit l'éloignement géographique qui est le nôtre par rapport au « terroir » naturel qui était le sien pour jeter sur cette œuvre un regard novateur. Lire Giono dans une telle perspective (éco- ou géo-centrée, et non plus giono-centrique), c'est aussi tenir compte du Lieu à partir duquel on le (re)lit. Les enjeux aujourd'hui n'étant plus d'ordre local, mais global, y compris en littérature, on cherchera à connaître l'usage que ferait de l'œuvre de Giono un lecteur qui aurait par exemple soulevé l'un ou l'autre volume de Glissant, parcouru deux, trois livres de Chamoiseau – ces auteurs ayant sans doute eux-mêmes été des lecteurs de la « trilogie de Pan ». Au souci purement écologique s'ajoutera ainsi une interrogation « échologique », lorsque nous nous demanderons dans quelle mesure les premiers textes de Giono et le message vitaliste qu'ils colportent trouvent à se transmettre dans d'autres œuvres, plus périphériques, pour s'y pérenniser tout en s'altérant. Ces textes de Glissant, de Chamoiseau, d'autres encore, nous les recevons dans la continuité du flux gionien : il n'y a plus ni premier ni second, chacun se trouvant doublé par son autre.

Il existe donc une valeur proprement prophétique de l'œuvre de Giono, qui permet de reconnecter à de vieux savoirs qui font la part entre une nature nourricière et une nature hostile, sans plus chercher à la dominer, ni à la conquérir. Une telle relecture ou lecture réactualisée de l'œuvre de Giono ne saurait trouver à se légitimer par le seul contexte écologique du « monde abimé » dans lequel « nous vivons[2] » ; afin d'éviter les épanchements nostalgiques ou les dérives passéistes, elle doit nécessairement s'inscrire dans une réflexion théorique contemporaine : d'où ce passage inévitable par Glissant et la notion de Tout-Monde par lui avancée. Rien n'annonce plus clairement cette notion glissantienne que la nouvelle « Le Chant du monde », qui précède de quelques années le roman éponyme :

---

en préfigurait ou accompagnait la Conquête. La conjonction des histoires des peuples propose aux poètes d'aujourd'hui une façon nouvelle. La mondialité, si elle se vérifie dans les oppressions et les exploitations des faibles par les puissants, se devine aussi et se vit par les poétiques, loin de toute généralisation. »

2 C'est le titre du numéro 860-861 de la revue *Critique* (janvier/février 2019).

la nature, que les Romantiques croyaient avoir apprivoisée, n'est « pas un simple spectacle pour nos yeux » (*SP*, I, 536), encore moins un jouet laissé entre nos mains : « [...] on s'est servi de tout ça. Il ne faut pas s'en servir. » (537). Et Giono de rêver d'une œuvre en laquelle l'homme n'apparaîtrait plus « isolé » (536) de ce qui l'entoure, mais remis « à sa place » (537), parmi les collines ou les landes, les champs ou les plages qui forment « une société d'êtres vivants[3] » à laquelle le vieux Janet rendait déjà hommage. Glissant sur ce point lui fait écho, en renchérissant : « la défense du paysage est le premier acte du poète[4]. » Pas plus chez lui que chez Giono, la pensée n'est qu'écologique. Car cette conscience de l'environnement s'inscrit dans une vision plus large et plus haute, une vision qu'on pourrait dire poétique du monde, ouverte à une défense des « mille lieux » qui la composent : « [...] à savoir que le tout est dans chaque partie, que chaque partie reflète le tout, que les équilibres sont transitoires, que la mutation et le changement sont permanents, que le renouvellement est le principe, que l'incertain et le hasard dominent, et que l'impensable [...] tétanise le tout[5] », comme le dira pour sa part dans un entretien Patrick Chamoiseau, auteur proche d'Édouard Glissant. Ou pour l'exprimer dans les termes que s'est choisi Giono : c'est Pan et la terreur qu'il inspire.

Plus tard, Glissant passera de la notion de « paysage », jugée trop romantique, à celle de « l'entour », qui dessine une zone de contact et d'échange constant entre les humains et leur environnement, un lieu de fluidité entre le culturel et le naturel : la « connivence avec l'entour[6] ». Ce dernier mot se trouve déjà dans *Colline*, où il est employé au sujet d'une source : « À part la montagne de Lure et les arbres, c'est sûrement la plus ancienne chose de l'entour. » (*C*, I, 169). *Entour* est un vieux mot qui ne s'emploie plus qu'au pluriel de nos jours. Il est frappant qu'on le

3 « On donne à mon avis une trop grande place aux êtres mesquins et l'on néglige de nous faire percevoir le halètement des beaux habitants de l'univers. » (*SP*, I, 536). Chamoiseau semble avoir réalisé ce vœu qu'exprime Giono d'un roman sans hommes, avec *Les Neuf consciences du Malfini*, où se dit la relation entre un rapace et un colibri, l'homme n'apparaissant guère au milieu de ce petit monde aviaire. Giono lui-même laissa brièvement la parole aux oiseaux, dans son roman, *Le Chant du monde*, à coups de petites répétitions : « Oui, oui, oui. – Que si, que si. – Où, où, où ? » (*CM*, II, 396-397).

4 Édouard Glissant, *L'Intention poétique*, Paris, Gallimard, 1969, p. 83.

5 Cité dans Hannes De Vriese, « Entretien avec P. Chamoiseau. L'écriture de la nature ou le texte vivant », *Revue critique de fixxion française contemporaine*, n° 11, 2015, p. 128-132.

6 Édouard Glissant, *Une Nouvelle Région du monde*. Paris, Gallimard, 2006, p. 49.

trouve chez Giono, comme chez Glissant, qui en fera un mot-concept, le préférant à *environnement*, trop chargé à son goût de préoccupations occidentales. Le monde dont il parle implique un ailleurs plus abîmé encore que l'Ouest préfère oublier ou masquer sous la pacotille exotique. Comme l'auteur l'exprime au revers de la couverture de sa *Poétique de la Relation* :

> Esthétique de la terre ? Dans la poussière famélique des Afriques ? Dans la boue des Asies inondées ? Dans les épidémies, les exploitations occultées, les mouches bombillant sur les peaux en squelette des enfants [...] ? Oui. Mais esthétique du bouleversement et de l'intrusion. Trouver des équivalents de fièvre pour l'idée « environnement » (que pour ma part je nomme entour), pour l'idée « écologie », qui paraissent si oiseuses dans ces paysages de la désolation[7].

« La terre c'est pas fait pour toi, unique, à ton aisance » (*C*, I, 178), avertissait déjà le vieux Janet tout fiévreux : et comme « tu as regardé l'alentour sans te rendre compte [...] tu n'as jamais pensé à la grande force », renchérit-il. Cet « entour » ou cet « alentour », c'est ce que Chamoiseau appellera pour sa part « l'horizontale plénitude du vivant » dans son entretien avec De Vriese, citant à l'appui de ses propos précisément *Regain* de Giono parmi les grands livres ouvrant sur la question.

LITTÉRATERRE

En fidèle continuateur de la pensée d'Édouard Glissant, Patrick Chamoiseau fera intervenir dans plusieurs de ses romans aussi ce souci de la Relation à l'entour. Ce fut déjà le cas en 1997 dans *L'Esclave vieil homme et le molosse*, qui raconte la fuite éperdue dans la forêt d'un vieil esclave que poursuit le chien féroce de son maître : faite de lianes et de mangroves, cette forêt, d'une densité insondable, ne permet d'avancer qu'assez péniblement. Il n'est pas jusqu'au style de ce bref récit, très chargé, opaque, baroque au possible, qui n'en vienne à se plier, par mimétisme, aux emmêlements de branches et de racines, propres à la mangrove. Nous avons soutenu

7 Édouard Glissant, *Poétique de la Relation*, Paris, Gallimard, 1990.

ailleurs que certaines de ses pages ne sont pas sans évoquer des passages de *Vendredi ou les limbes du Pacifique*, dans lequel Michel Tournier inversait les rapports de l'esclave au maître – roman auquel, quinze ans plus tard, Chamoiseau ferait ouvertement un sort, avec *L'Empreinte à Crusoé*[8]. Il ne s'agit pourtant pas de retracer des influences, mais plutôt d'indiquer des confluences, qui résulteraient en des recoupements textuels obtenus en raison d'un même parti-pris écologique. Ainsi du thème de la fusion tellurique : « Je voulus me vautrer dans cette terre d'où s'élevaient tant de forces [...]. Je me couvris d'humus puis de tuf ramené dessous mes ongles fouisseurs. Mon corps découvrait l'appétit des racines, la solitude gourmande des vers-de-terre[9]. » Déjà chez Tournier, l'on trouvait des accents similaires : « Là il perdait son corps et se délivrait de sa pesanteur, dans l'enveloppement humide et chaud de la vase [...]. Seuls ses yeux, son nez et sa bouche affleuraient dans le tapis flottant des lentilles d'eau et œufs de crapaud[10]. » Humus humain.

Mais ce n'est pas seulement à Tournier que font songer de tels passages. C'est à Giono, surtout, pour lequel Chamoiseau n'hésite pas à professer son admiration, comme lorsqu'il cite, dans le récent entretien déjà cité, *Regain* et *Le Grand Troupeau* : ces romans, dit-il, lui ont donné conscience « que le réel est complexe, inter-rétroactif, que la vie est dans tout, et qu'il y a partout et en tout de l'invisible et de l'impensable ». Il va de soi que Giono figure en bonne place dans sa « Sentimenthèque », sorte de bibliothèque affective colportée tout au long de son essai *Écrire en pays dominé*, également paru en 1997 : « De Giono : Le Lieu, construit comme un secret de joie, puis comme la trame d'une lucidité[11]. » – le « Lieu », comme on se rappellera, est un concept proprement glissantien. On songera à la manière toute gionienne dont l'esclave vieil homme en fuite célèbre les arbres « tous immenses[12] » et « vivants », ou encore comment « chaque doigt » de sa main devient « racine avide, feuillage sensible ». L'animal qui le poursuit à son tour se végétalise. C'est ainsi qu'« on ne distingue plus la façon de son poil. Des mousses, des pistils d'orchidées, des fibres d'anana-bois se sont greffées à son pelage[13] »

8 Voir Jean-Louis Cornille, *Chamoiseau...fils*, Paris, Hermann, 2014, p. 69-92.

9 Patrick Chamoiseau, *L'Esclave vieil homme et le molosse*, Paris, Gallimard, 1997, p. 91.

10 Michel Tournier, *Vendredi ou les limbes du Pacifique*, Paris, Gallimard, 1967, p. 38.

11 Patrick Chamoiseau, *Écrire en pays dominé*, Paris, Gallimard, 1997, p. 155.

12 Chamoiseau, *L'Esclave vieil homme et le molosse*, *op. cit.*, p. 86.

13 *Idem*, p. 88.

– passage que l'on rapprochera du début du *Grand Troupeau* (roman que Chamoiseau cite dans ce même « Entretien » avec De Vriese), où les troupeaux de moutons descendent en grand nombre des collines : « dans leur laine il y avait de grosses abeilles de la montagne prisonnières, mortes ou vivantes. Il y avait des fleurs et des épines » (*GT*, I, 546). Dans un ultime retournement, le molosse finit par lécher la main de sa victime au lieu de le déchirer : ainsi est enfin franchie ce que Giono a appelé « la Grande Barrière » (521) qui sépare les hommes et les animaux, et contredit leurs mimétismes et leurs métamorphoses[14] ; et c'est par un mimétisme analogue que le texte chamoisien se mue en son intertexte gionien.

Ce thème fusionnel ressurgira quelques années plus tard, dans le roman suivant de Chamoiseau, le volumineux et très fouillé *Biblique des derniers gestes*, dont le héros ne cesse d'arpenter le monde, de se déplacer d'un continent à l'autre, moins en combattant pour la liberté qu'en botaniste expérimental, puisant sa véritable force dans le règne végétal. De fait, ce ne sont, dans la première partie du roman, que forêts, jardins, plantes et fleurs, racines, radicelles et rhizomes : la mangrove encore. Rebelle à présent âgé, Balthazar Bodule-Jules, qui fut de toutes les luttes contre l'oppresseur colonial, est sur le point de mourir ; le narrateur, venu comme d'autres, le veiller, entend raconter ses derniers gestes : le guérillero est devenu héros guéri. Si le premier chapitre s'intitule « Le livre de l'agonie », Bodule-Jules n'expirera que neuf cent pages plus loin, non sans avoir délivré son message final aux accents glissantiens. Ou faudrait-il dire : gioniens ? Car c'est bien d'un hommage à Pan qu'il est ici question. Écoutez plutôt le moribond :

> Il n'y a pas de place pour moi dans cette alchimie qui appelle toutes les vies d'alentour. Les papillons savent. Les abeilles savent. Les mouches savent. Les hannetons savent. Les coccinelles savent. Les chenilles savent. Les fourmis savent. Ou plutôt s'ils ne savent pas, ils sont dans ce mouvement de la vie qui s'organise pour durer[15].

14 Titre d'une nouvelle issue de *Solitude de la pitié* (1931) : cette « barrière » est telle entre l'homme et la bête que l'animal que veut soigner le narrateur meurt de frayeur sous les caresses qu'il lui donne. Sur le rapport à l'animal chez Giono, voir l'article d'Alain Romestaing, « In the shadow of Pan/Dyonisios », *Contemporary French and Francophone Studies*, 16,4, 2012, p. 523-533.

15 Patrick Chamoiseau, *Biblique des derniers gestes*, Paris, Gallimard, 2002, p. 828. Dorénavant tout renvoi à ce texte sera signalé par *B*, suivi de sa pagination.

On se souviendra du vieux Janet, dans *Colline*, devenu grabataire après une chute ; à demi-paralysé au lit, le voici qui halète d'« une petite haleine d'oiseau. Il a fermé les yeux. Il regarde dans son dedans ; vers la cave de sa poitrine » (*C*, I, 178). Ensuite tout coule de source, il se met à « déparler », en évoquant Pan, « la grande force des bêtes, des plantes et de la pierre », qui n'ont pas peur de Pan : ils « le connaissent », dira Janet sur son lit de mort (178-180) : c'est leur « patron ». « C'est ça qu'il faut savoir [...]. » (180).

Giono reviendra peu après sur ce personnage central de *Colline* dont il avoue, dans sa « Présentation de Pan », avoir bien connu le modèle : « J'ai veillé sur l'agonie du vrai Janet. » (*PP*, I, 773) – veillée dont il a tiré un surplus de conscience : « je comprends bien d'autres choses, mon vieux Janet, maintenant que tu as fini » (*C*, I, 777). Car c'est l'entour entier qui participe à cette veillée : « Toute la colline est venue autour de ce lit, avec ses bêtes, avec ses arbres. » Il y avait même des fois où ça sentait « la chèvre » (774). Le même phénomène d'invasion naturelle se retrouve dans *Biblique des derniers gestes*, lorsque le narrateur venu veiller Bodule-Jules à l'agonie « entendit gémir des fromagers et pleurer d'immenses touffes de bambous » (*B*, 48) ; « l'on vit s'accumuler dans le jardin [...], des charrois de manioc, des sacs de patates douces », des « poissons-coffres », des « congres verts » et même « un cabri ». Drôle de nom d'ailleurs, que ce Bodule, nulle part enregistré ; c'est, vous l'aurez compris, en réalité l'anagramme de *double*. Quant à « Biblique », dans le titre, ce mot n'intervient qu'une fois dans le texte ; c'est à la toute dernière ligne : le marqueur des paroles muettes du vieil homme ayant gravé « dans nos mémoires [...] la démesure biblique de ses derniers gestes » (852). Bibliques en raison donc de leur démesure : démesure du personnage, de ses combats comme de ses ébats, démesure encore du volume du livre qui compte plus de huits cents pages, enfin non le moins biblique en raison de son caractère éminemment mantique.

Orphelin, Bodule fut pris en charge par une femme des bois, sorte de sorcière bénéfique, guérisseuse, dépositaire de savoirs ancestraux, « d'une sapience millénaire », (*B*, 362) ; celle-ci l'initiera aux secrets de la nature et ne cessera d'apparaître à ses côtés en temps de détresse, de maléfice ou de menace : c'est Man l'Oubliée. On ne sait rien de son passé, sinon qu'elle a dû beaucoup souffrir pour s'entourer de tant de solitude (275) ; ni de sa façon de s'exprimer, sans doute en créole, appuyée sur des sentences populaires (282). Mais l'on connaît sa passion pour la décoction de racines, et sa connaissance des plantes, comme lorsqu'elle sort « d'un baluchon deux-trois racines inconnues [ayant] la forme de poupées miniatures » (654) ou qu'ayant tisonné un feu de bambous secs, elle « enjoignit aux membres de cette famille d'en prendre une pincée et de la répandre sur leurs terres d'alentour » (511) ; respectueuse des arbres et des racines, elle est aussi amie des animaux : devant elle, on a « le sentiment d'être en face d'un grand arbre » (272), conclut Bodule. Une fois son savoir transmis, elle disparaîtra de la vie de son protégé, devenu adulte : mais celui-ci, l'oubliant peu à peu, ne cesse pourtant de la deviner à ses côtés (317) ; sa mort, qu'elle ne craint guère (364) n'est jamais certaine, pas plus que son absence. On ne sait trop si elle s'est muée en arbre ou en poussière de papillon : « Nulle trace de Man L'Oubliée [...]. Comment s'en allaient ces êtres si puissants ? Devenaient-ils un arbre, une roche, une source ? » (766). Bodule opte pour une explication spectrale : « S'il ne trouva jamais Man L'Oubliée, il dut retenir de cette ultime recherche qu'*elle était là.* Qu'elle n'avait pas disparu mais qu'*elle avait cessé d'apparaître.* » (806) ; et d'ajouter que cette découverte lui conféra « un petit regain ». Il n'y a à cette explication aucun hasard : dans *Regain*, déjà, rôdait ce personnage fantomatique qui disparaissait, pour aussitôt réapparaître sous une forme incertaine, vaguement végétale : c'est, aussi sorcière que L'Oubliée[16], La Mamèche que Giono nous présente d'emblée « debout comme un tronc d'arbre » (*R*, I, 343). C'est bien elle, cette femme-arbre qui se déplaçait en faisant « hop », que percevaient Arsule et Gédémus errants sur le plateau venteux – forme qui finit par les égarer de leur chemin et les mener à Aubignane auprès de Panturle : « Ça, là-bas, droit dans l'herbe et tout noir, avec des bras, on dirait ? – Ça, c'est encore un arbre [...], un arbre mort [...]. Qu'est-ce que ça pourrait être autrement ? » (*R*, I, 353). Entre ces deux femmes, les échos se prolongent et se précisent : « [...] une chose nous a poussés vers ce pays, hors de notre route, avec de la peur. C'était elle qui se dressait dans les herbes. » (398), affirme Arsule au sujet de Mamèche ; quant à Man L'Oubliée, elle veillait, en se promenant avec Bodule, « à ne jamais virer sept fois de suite à gauche » lorsque les

16 Comme lorsque, dans un rituel abscons, elle « a fait bouillir des pommes de terre [...], des vieilles, des grosses, des toutes. Quand elles ont été cuites, elle les a alignées sur la table, elle les a encore comptées puis elle s'est mise à calculer sur ses doigts. » (*R*, I, 344).

broussailles « se crispaient sur leur chemin pour les obliger à virer » (*B*, 241). Quand Arsule et Panturle traverseront ensuite le même plateau où elle eut si peur du vent qui la poussa vers lui, l'homme soudain s'arrête, puis détourne sa femme de ce qu'il a vu : « Un petit paquet comme un fagot de courtes branches bien sèches, parce que ça tinte, et quelque chose de rond, dessus, qui ne s'équilibre pas, comme une courge d'eau et qui a tendance à glisser. » (*R*, I, 397) : le cadavre de Mamèche.

D'autres résonances, plus générales, interviennent. Il y a d'abord la question de l'oralité chez l'un et l'autre conteur. On se souvient que Giono se présentait comme un simple « phonographe » (*PP*, I, 761) ; pareillement, Chamoiseau se dira « marqueur de paroles[17] », utilisant même un enregistreur pour sauvegarder la parole des vieux conteurs. Cependant ni l'un ni l'autre ne s'engagera plus que de mesure dans le combat linguistique : Giono s'opposa au mouvement félibrige et à Mistral ; Chamoiseau, malgré l'éloge rendu à sa langue natale, se gardera bien de passer pour créoliste, et n'écrira qu'en français, à la différence d'un Raphaël Confiant. Il y a le rapport aux noms, également, qui est extrêmement labile : aucun n'est fixe ; ce ne sont que des surnoms ; la plupart d'ailleurs sont traités comme des substantifs, précédés qu'ils sont de l'article défini : « Une d'ici. On y disait la Mamèche. » (*R*, I, 398) ; « Un qu'on disait le Panturle » (363) ; « Arsule » s'appelait d'abord Irène, ce n'était qu'un nom de scène ; un tel est L'Onésime (328). Pareillement chez Chamoiseau : « L'Oubliée », « Le Nicole » (*B*, 364), etc. Cependant il ne nous appartient pas ici de décider s'il y a eu influence de l'un sur l'autre, ou simple similarité dans l'expression d'un même imaginaire entourant la figure de la sorcière ou de l'agonisant. Si Giono ne développe guère les personnages qu'il campe, c'est aussi qu'il donne la proéminence à la nature plus qu'aux raffinements psychologiques ; dans l'univers rural essentiellement masculin qu'il dépeint, le personnage de Mamèche, méritait, plus que tout autre, d'être suivi plus longuement : la véritable oubliée, c'est elle. Chamoiseau, semble l'avoir recueillie en soumettant certains passages de *Regain* et de *Colline* à un développement hypertrophié[18].

17 *Solibo Magnifique*, Paris, Gallimard, 1988, p. 225.

18 Selon Bertrand Westphal (*La Géocritique*, Paris, Minuit 2004), le référent spatial d'un texte est déjà lui-même en partie chargé de références littéraires. Dans ses prises de position sur la référentialité, il n'exclut nullement l'hypothèse suivie ici, selon laquelle le référentiel est aussi (est surtout) fait de couches textuelles antérieures : quelles sont les pages qui se cachent sous les paysages ?

POSTLUDE À PAN

Mais comment passe-t-on si lestement de Chamoiseau à Giono ? C'est un saut considérable. Il doit y manquer un chaînon. Et ce chaînon manquant, c'est toujours dans les Caraïbes qu'on peut le trouver. Il s'agit de *La Montagne ensorcelée* court roman du Haïtien Jacques Roumain, publié en décembre 1931, et sous-titré « Récit paysan ». On n'y décèle guère le lyrisme emporté, si caractéristique du premier Giono, mais il y règne un même souci de la concision, en sus d'une trame narrative sensiblement pareille. En voici succinctement l'histoire : la mère Placinette, à présent veuve et vieillie, possède une grande connaissance des plantes. Le diminutif qui la marque dit le peu de place qu'elle occupe au village ; sur celui-ci pèse depuis peu une sorte de malédiction, « une terreur bizarre[19] » : un petit garçon est décédé, un taureau est mort, la récolte est gâtée en raison d'une sécheresse suivie des pluies diluviennes. On cherche donc un bouc émissaire ; ce sera Placinette, puisque, un peu sorcière, elle vit à l'écart des autres : « et puis tu es comme une étrangère » (*ME*, 56), lui dit-on, « tu connais les feuilles qui guérissent » (58). On aura sans doute reconnu à nouveau La Mamèche, cette autre étrangère dont le surnom est lui aussi dérivé d'un diminutif (Mammucia en italien), sorcière venue du Piémont, à qui il arrive de traiter de porc la Madonne ; Placinette lui ressemble ; c'en est même le portrait tout craché : comme son aînée, lit-on, elle aussi « blasphème » (59). Quant à son père, à présent trépassé, Occéna Tithomme, c'est, à n'en pas douter, le spectre de Janet qui revient à travers lui, tant il se met à « déparler » à son tour : « Et puis il parle, il parle, un langage que tu ne peux pas comprendre, un langage qui te donne froid, comme quand tu traverses un bois, la

19 Jacques Roumain, *La Montagne ensorcelée*, Port-au-Prince, Collection indigène, 1931, p. 68. Dorénavant signalé *ME*, dans notre texte, suivi de sa pagination. Ce récit est à la base d'un roman plus important et plus ambitieux sur le plan social, *Gouverneurs de la rosée*, qui parut en 1944, l'année même de la mort de l'auteur. En voici la leçon : « Ce n'est pas Dieu qui abandonne le nègre, c'est le nègre qui abandonne la terre et il reçoit sa punition : la sécheresse, la misère et la désolation. » (Jacques Roumain, *Gouverneurs de la rosée*, [1944], Paris, Zulma, 2013, p. 35), dit le héros socialiste, justement prénommé Manuel, pour qui seule l'action collective peut sauver la paysannerie. Œuvre culte aux Antilles, elle y inspira de nombreuses imitations, d'après Patrick Chamoiseau et Raphaël Confiant (dans *Lettres créoles*, Paris, Gallimard, 1999, p. 196).

nuit. » (63). Et tout comme son aîné provençal, on le soupçonne de jeter des sorts : « [...] un tel est mort, une telle est malade [...]. » (64). Il sera lui aussi assassiné par ses congénères.

Ainsi, de part et d'autre, on trouve des paysans, repliés sur eux-mêmes dans les hauteurs, superstitieux et plongés dans la crainte, qui, après avoir subi revers sur revers, préparent collectivement le sacrifice d'une victime expiatoire[20]. De fait, le verdict qui conclut les noirs conciliabules des villageois est aussi clair que dans le roman de Giono : « Il faut en finir avec cette chienne de Placinette. » (*ME*, 93). Ces rapprochements avec *Colline* n'ont pas échappé à un lecteur perspicace. Roger Gaillard a, dès 1965, fait observer les nombreux recoupements entre les deux récits[21]. Ceux-ci sont quelquefois textuels, comme dans cette phrase : « Tu crois qu'il n'y a pas de vent, puisque tu ne vois pas ce qui remue les feuilles et les herbes. » (*ME*, 71), manifestement en écho à l'argument que Janet utilise à plusieurs reprises : « Alors comme ça tu crois que l'air c'est tout vide ? » (*C*, I, 138) ; « Et derrière l'air, tu sais, toi, ce qu'il ya derrière l'air ? » (150).

Mais il n'y a pas que *Colline* qui soit sollicité par Roumain, comme le soutient Gaillard. *Regain* aussi s'offre à la reprise. Quelque fois même ces emprunts sont très précis, et l'on pourrait dire de l'écriture de Roumain ce que lui-même affirme au sujet des propos d'un de ses personnages : « [...] ses phrases prennent des chemins de traverse et s'arrêtent aux carrefours de tous les détails. » (*ME*, 24). On se souvient peut-être du chemin d'Aubignane qui mène à la maison de Mamèche : « [...] les herbes poussent à travers lui comme à travers un serpent mort. » (*R*, I, 329). Voici maintenant le sentier qui mène à la case de Placinette : « Vous n'avez pas vu le chemin qui passe devant sa porte ? [...] Il ne va pas tout droit, non. Il court comme une couleuvre. » (*ME*, 86). Cela est même souligné dès l'incipit : « Le sentier qui y mène [luisait] comme une peau de couleuvre abandonnée. » (15). Ainsi, Roger Gaillard n'a pas tout dit ; ce n'est pas seulement la lecture de *Colline* qui influença *La Montagne* : on y trouve encore d'évidentes traces d'une lecture de *Regain*, avec ce personnage sorcier de Placinette si proche de La Mamèche, et qui à son tour annonce Man L'Oubliée, dont le narrateur chamoisien

20 Y figurent même deux idiots du village : « Désilus, le simple » (*ME*, 69) et Gagou, l'innocent dans *Colline*.

21 Roger Gaillard, *L'Univers romanesque de Jacques Roumain*, Québec, Chicoutimi, 1965.

suppose qu'elle s'exprimait au moyen d'« apatoudi » – sentences profondes comme celle qui suit : « Apatoudi d'avoir une solution, il faut savoir être content quand un autre trouve une solution meilleure. » (*B*, 859).

Il faut imaginer Roumain découvrant *Colline* dès sa parution ; séduit par le parler fruste des personnages, subjugué par les similarités qui existent entre des modalités rurales si distantes l'une de l'autre, il a l'idée de traduire, de transposer, dans une urgence fulgurante, l'histoire provençale de Giono en son île, également sous le coup d'une sécheresse récurrente : et voilà comment *Colline* accouche d'une *Montagne*. Seconde innovation : il ajoute au personnage du vieux sorcier, celui d'une sorcière qui sera cette fois bel et bien sacrifiée ; rien ne viendra sauver Placinette des villageois qui complotent sa mort, à la différence de Janet qui meurt avant que ses voisins ne mettent à exécution leur plan. Certes, son hameau n'est pas la plantation, mais en lisant Giono, Roumain a dû se dire : ces paysages arides, c'est nous, ces habitants sans ressources, c'est nous encore, et leurs collines sont comme nos mornes. Enfin quelle n'a pas dû être sa surprise en tombant sur ce mot par lequel Giono désigne à plusieurs reprises le délire de Janet : il « déparlait » (*C*, I, 138, 207). Il s'agit d'un vieux mot, à connotation régionale, que le dictionnaire *Robert* ne retient pas, mais qui selon *Larousse* n'est plus d'usage qu'aux Antilles : d'ailleurs, Roumain l'utilisera parmi d'autres créolismes dans *Gouverneurs de la rosée*, lorsque Manuel, qui refuse tout recours à la religion, s'entend dire par sa mère de ne pas « déparler[22] ». Déparler, aller à l'encontre du bien-parler, choisir l'oralité contre le bel-écrire sera donc aussi sa mission, autant qu'elle l'a été pour Giono : celui-ci tourne créole, comme l'autre provençal ; c'est un seul et même combat, à la fin. Par-delà l'analogie des titres et des milieux dépeints, c'est en effet d'abord le caractère oralisé des deux textes qui frappe[23]. Roumain en outre parsème ses phrases de locutions créoles (et sur ce plan, il annonce Chamoiseau), comme Giono se targue de s'exprimer comme les paysans de sa région : « dis m'nom à li » (*ME*, 90), « pou m'woué » (99). Si ces deux « langues » n'ont rien en commun, les déformations

22 Roumain, *Gouverneurs de la rosée*, *op. cit.*, p. 34.

23 Une oralité perçue comme plus spontanée, plus proche de la nature : « Je vais te dire. C'est un peu compliqué : faut voir les choses de haut ; comme qui dirait de la cime d'un arbre [...]. » (*C*, I, 178) ; « Bon, je vous parlais de Placinette. Une maîtresse-femme, ah, pour ça, une négresse qui peut te faire voir bleu quand c'est rouge. » (*ME*, 85).

littéraires auxquelles les auteurs les soumettent ne manquent pas de se recouper : est-ce à Manosque ou à Port-au-Prince qu'on dit « Alorsse » (82) pour alors ; « icitte » (95) pour ici ?

S'il est certain que Roumain a lu *Colline* dès sa sortie et que la lecture qu'il en a faite l'a profondément influencé pour *La Montagne ensorcelée*, la grande innovation de sa part aura été de substituer au vieux Janet, sourcier aux allures de sorcier, ce personnage féminin sur lequel faire reposer toute la malédiction de la terre : Placinette, qui semble sortir tout droit de *Regain*. Mais comment expliquer que de tels échos aient pu se produire avec un livre à peine paru ? Il paraît peu vraisemblable (mais on ne peut l'exclure) que Roumain, dont le roman sera publié en décembre 1931 alors que *Regain* n'a paru qu'un an plus tôt, ait pu lire à tête reposée ce dernier volume de la trilogie de Pan. On objectera qu'il a très bien pu en avoir vent au moment de se mettre à écrire, puisque des extraits de *Regain* furent publiés dans la revue *Europe*, dès octobre 1929. Mais ne serait-il pas plus plausible de supposer que cette similarité entre les deux sorcières soit le fait d'un mimétisme déjà bien engagé de la part de Roumain ? Celui-ci, ayant transposé *Colline* en un autre milieu, aurait tout naturellement ressenti le besoin de créer un personnage tel que celui de la Mamèche : à force de lire Giono, de se plonger dans *Colline* au point de s'en inspirer, l'auteur se serait avéré en mesure d'anticiper le prochain livre de son modèle et d'inventer ce personnage de Placinette que Chamoiseau prolongera ensuite avec le personnage de Man L'Oubliée[24].

Longtemps la critique s'est constituée à partir d'un texte conçu tantôt comme une fin en soi, tantôt comme une origine à laquelle il fallait revenir. Et ce n'est qu'assez récemment qu'une conception plus fluctuante, instable, et pour tout dire dynamique du texte s'est développée, laissant au lecteur plus de latitude pour en explorer les virtualités. Dans cette optique, la lecture ne s'ajoute pas simplement au texte, elle le produit, l'invente ou le réinvente à chaque fois. Une approche « écho-critique » consisterait dès lors à rendre audible les rappels et les échanges entre systèmes textuels distincts, sans qu'on puisse parler d'imitation ou de

24 S'il n'y a pas beaucoup de références à Haïti, dans *Biblique des derniers gestes*, il n'en est pas moins souvent fait référence aux zombies et aux pratiques vaudoues. Par ailleurs, Roumain, dont il était déjà question dans *Lettres créoles*, figurera bien sûr aussi dans la « sentimenthèque » chamoisienne.

plagiat, encore moins de hasard ou de coïncidence, mais seulement de zones de contact floues, de franges pas franches du tout, de légers effleurements plutôt que de frottements durs ou de heurts indéniables entre textes voisins. On a imaginé un Giono créolisant, mais l'on pourrait tout autant imaginer un Glissant s'exprimant au travers d'un lourd accent provençal ou un Chamoiseau proférant ses éloges en occitan… voire en roumain.

Jean-Louis CORNILLE
Université du Cap (Afrique du Sud)

LA RÉCEPTION DES ŒUVRES DE JEAN GIONO ET SA TRADUCTION EN CHINE

Une vision contextualisée de son « prophétisme »

Jean Giono, après la sortie de *la Trilogie de Pan*, a décidé de consacrer sa vie à la littérature. Son nom figure désormais parmi les plus grands écrivains français du XXe siècle, bien que, de son vivant, il ait été en marge de tous les mouvements littéraires. De 1923 où il a publié sa première série de poèmes en prose dans une revue marseillaise, à 1970, où il a rédigé son dernier texte, *l'Iris de Suse*, Jean Giono a parcouru un long chemin dans la carrière littéraire. Pendant toutes ces années, il a réfléchi à la relation entre la nature et l'homme, il a envisagé la quête du bonheur, il s'est penché sur les rapports de l'écrivain et de l'écriture. Jean Giono est admiré dans le monde entier et l'admiration pour cet écrivain né en Provence commence à atteindre la Chine. Par contre, les traductions et la réception de ses œuvres restent peu exploitées en Chine jusqu'à présent. Dans le cadre de l'anniversaire du cinquantenaire de son décès, nous nous proposons d'étudier ce sujet et cela avec les trois objectifs suivants.

Le premier objectif de cet article consiste à retracer l'histoire des traductions des œuvres de Jean Giono en Chine pour comprendre la raison pour laquelle l'écrivain est connu surtout dans les cercles d'intellectuels chinois et beaucoup moins familier aux lecteurs chinois ordinaires.

Le deuxième objectif consiste à retracer la réception des œuvres gioniennes en Chine, ainsi qu'à faire une rétrospective des critiques concernées. À partir de cela, nous essayerons de classer et d'analyser les différentes caractéristiques de la réception de Jean Giono en Chine depuis son introduction pour bien esquisser le portrait de l'écrivain aux yeux des Chinois.

Le dernier objectif est de montrer la nouvelle portée des œuvres gioniennes dans la Chine du XXIe siècle qui est confrontée aujourd'hui à d'immenses problèmes de tous genres, surtout dans le domaine écologique.

À cela nous voulons ajouter que la traduction des œuvres gioniennes et des articles de presse sur lesquels est fondée notre recherche sont tous parus en chinois simplifié, non en chinois traditionnel qui est utilisé plutôt à Taiwan, Hongkong et Macao. Autrement dit, nous étudions la traduction et la réception des œuvres gioniennes en Chine continentale.

LA TRADUCTION DES ŒUVRES GIONIENNES EN CHINE

DES ANNÉES TRENTE JUSQU'À LA FIN DES ANNÉES SOIXANTE-DIX

Mme Zhou Xia, dans son mémoire de master « Études sur Jean Giono et sa *Trilogie de Pan* », a évoqué le début de la traduction des œuvres gioniennes en précisant que « c'est à partir des années Quatre-vingts du XXe siècle qu'ont commencé la traduction, l'introduction et les études des œuvres gioniennes[1] ». Pourtant, selon notre travail de documentation, la première traduction pourrait remonter aux années Trente du XXe siècle. C'est en 1934 que l'Édition Tianma de Shanghai a publié *Anthologie des nouvelles de la France contemporaine.* Ces nouvelles ont été sélectionnées et traduites par Monsieur Dai Wangshu. Poète et traducteur, M. Dai est l'une des principales figures de l'école « moderniste ». Son rôle dans l'introduction de la littérature étrangère en Chine est fondamental, en particulier grâce à ses traductions de poèmes et d'ouvrages en prose d'auteurs français, russes, espagnols, italiens. Il a étudié à l'institut franco-chinois de Lyon pendant la période des années 1932-1934. Dans l'*Anthologie des nouvelles de la France contemporaine*, Giono est le premier écrivain qu'il a présenté avec la traduction chinoise de *Solitude de la pitié.* Cela amènerait à penser que le style de Giono plaît beaucoup à M. Dai. Ce texte traduit en chinois est suivi d'une brève introduction à Jean

1 Zhou Xia, « Études sur Jean Giono et sa Trilogie de Pan », mémoire de Master, Université de Xiangtan, 2007, p. 2.

Giono où M. Dai a souligné surtout que Giono est « un des écrivains populaires dans le monde littéraire de la France actuelle[2] » et qu'il « représente exactement la littérature populaire française[3] ».

Depuis son travail, on n'a plus vu de traduction chinoise des œuvres de Giono. Cette situation a duré jusqu'à la fin des années Soixante-dix, période où la Chine venait de sortir de la Grande Révolution culturelle et se préparait au renouveau économique et culturel.

L'absence de traductions de son œuvre a entraîné un retard important dans l'étude de Giono en Chine.

DES ANNÉES QUATRE-VINGTS AU CHANGEMENT DE MILLÉNAIRE : VRAI DÉBUT DE LA TRADUCTION ET DE L'ÉTUDE DES ŒUVRES GIONIENNES EN CHINE

Les traductions de Jean Giono en Chine ont repris au début des années Quatre-vingts, période de transition de la littérature chinoise. Sortie du chaos de la Grande Révolution culturelle qui a duré dix ans, la Chine entrait dans une nouvelle époque de Réforme et d'Ouverture. Les milieux littéraires chinois, qui avaient connu une période compliquée d'un point de vue culturel et spirituel, avaient passionnément besoin de renouveau et d'enrichissement. Les lecteurs chinois, quant à eux, éprouvaient un grand désir de connaître le monde extérieur après avoir souffert pendant dix ans d'une vie culturelle très limitée et coercitive.

Après une longue période de silence, qui ne frappait pas seulement l'écrivain français, la Chine redécouvrit avec engouement les grands classiques occidentaux du XXe siècle si longtemps ignorés, redoutés, critiqués ou interdits. Dès 1979, des traductions d'œuvres littéraires occidentales ont été publiées. La traduction des œuvres gioniennes recommença enfin mais parcimonieusement : pendant une vingtaine d'années seuls cinq romans de Giono ont été traduits en chinois.

Il semble que Giono restait en marge de l'intérêt des traducteurs chinois. Par contre, selon la statistique non exhaustive que nous avons réalisée, on peut signaler un phénomène paradoxal concernant les traductions des œuvres de Giono en Chine. D'une part, seuls 5 romans

2 *Anthologie des nouvelles de la France contemporaine*, Dai Wangshu trad., Shanghai, Éditions Tianma, 1934, p. 18.

3 *Ibid.* Selon l'expression chinoise en version originale, « la littérature populaire », signifie une littérature qui appartient au peuple ordinaire ou aux masses laborieuses.

ont eu leur version chinoise sur les vingt-quatre romans achevés durant toute sa vie par Giono ; d'autre part, certaines œuvres gioniennes ont été traduites ou retraduites plusieurs fois pendant les années Quatre-vingts et Quatre-vingt-dix du XXe siècle, intégrées dans une quinzaine d'anthologies de la littérature occidentale. Ces traductions comprennent principalement des essais et des nouvelles de Giono, par exemple *Automne en Trièves*, *l'Homme qui plantait des arbres*. On peut y trouver également quelques extraits de ses romans tels que *Regain* et *Le Chant du monde*.

Depuis 1980, les traducteurs chinois accordent de plus en plus d'attention aux œuvres gioniennes. Le cercle des intellectuels chinois, plus précisément, les professeurs-traducteurs parlant français commencent à traduire les livres de Giono sous trois formes :

- Certains livres sont traduits et publiés dans leur intégralité, comme *la Trilogie de Pan*, *Le Chant du monde*.
- D'autres œuvres paraissent dans des anthologies d'auteurs étrangers : cela concerne plutôt les essais de Giono ou ses nouvelles comme *Automne en Trièves* ;
- Des essais ou des nouvelles de l'auteur paraissent dans des périodiques littéraires.

Ainsi, dans la Chine continentale, pendant la période des années Quatre-vingts aux années Quatre-vingt-dix, on voit la publication des six romans traduits : *Regain*, traduit par M. Luo Guolin, éditions de l'Enseignement et la Recherche des Langues étrangères, 1980 ; *Le Chant du monde*, traduit par M. Luo Guolin et Mme Ji Qinglian, éditions de l'Enseignement et la Recherche des Langues étrangères, 1982 / éditions de l'Art et de la Littérature de la Province de l'Anhui, 1994 ; *Trilogie de Pan : Colline*, *Un de Baumugnes*, *Regain*, traduit par M. Luo Guolin, éditions de l'Art et de la Littérature de la Province de l'Anhui, 1994 ; *Un roi sans divertissement*, traduit par M. Yang Jian, éditions Yilin (Yilin Press), 1995 ; *Le Hussard sur le toit*, traduit par Mme Pan Lizhen, éditions Yilin (Yilin Press), 1998.

À l'aube du XXIe siècle, aucune nouvelle traduction de l'œuvre gionienne n'a vu le jour. Pourtant, montrant un grand intérêt pour les valeurs que Giono a fait valoir dans ses ouvrages, quelques maisons d'édition chinoises ont décidé de rééditer 4 romans qui ont été traduits et publiés au XXe siècle. À savoir : *Le Hussard sur le toit*, traduit par Mme

Pan Lizhen, éditions de la Traduction de Shanghai (Yilin Press), 2013 ; *Colline, Regain, Un de Baumugnes*, traduits par Luo Guolin, éditions de la Littérature et de l'Art de Shanghai, 2014. Ces rééditions comprennent les postfaces que les deux traducteurs ont mises à jour depuis leur dernière publication.

LA RÉCEPTION DES ŒUVRES GIONIENNES EN CHINE

À part M. Dai Wangshu qui a traduit *Solitude de la pitié* dans les années Trente, sur la liste des traducteurs chinois de Jean Giono figurent notamment les noms de Luo Guolin, Pan Lizhen, Ji Qinglian et Yang Jian pour les années 1980-1990. Étant également spécialistes de l'étude de son œuvre, ils présentent des informations générales le concernant (sa vie personnelle, sa gloire littéraire, son style d'écriture) sous la forme d'une préface ou de postfaces annexées aux livres qu'ils ont eux-mêmes traduits. Leurs critiques se montrent quasi unanimes pour saluer les ouvrages de cet écrivain, surtout ceux des années Trente, qu'ils présentent comme un chant de la vie paysanne et du paysage provençal. Nous pouvons y trouver quelques traces historiques du contexte social chinois. Un exemple : Luo Guolin a publié en 1983 un article dans la revue *Yilin*[4] en disant que Jean Giono, avec *Un de Baumugnes*, « a loué aussi bien la pure amitié des paysans que critiqué la survivance féodale[5] ». À noter que « critiquer la survivance féodale » est une expression que les Chinois utilisaient habituellement pendant la période de Mao Zedong, notamment au moment où on leur demandait de critiquer les œuvres étrangères en littérature et en art provenant des pays bourgeois.

En effet, dans la plupart de ces critiques, Jean Giono est étiqueté « écrivain régionaliste » dans le monde chinois, car à travers ses œuvres (surtout celles d'avant-guerre), les lecteurs peuvent explorer la grandeur

4 Revue bimestrielle à Nankin, province du Jiangsu.

5 Luo Guolin, « Préface de la traduction chinoise d'*Un de Baumugnes* », *Yilin*, n° 4, 1983, p. 183.

et l'immensité de la Provence, suivre l'aventure avec des personnes, des animaux et des évènements inattendus et découvrir le lien profond unissant des hommes et la nature à des paysages exceptionnels dans cette région de France. Ces chercheurs-traducteurs ont le mérite d'avoir initié les débuts réels des études gioniennes en Chine, bien que leurs recherches sur Giono consistent essentiellement à présenter des impressions personnelles que ce soit sur la biographie de Giono ou sur ses œuvres. Ils ne s'astreignent pas vraiment à des analyses littéraires approfondies.

Après dix ans d'absence absolue dans le paysage culturel chinois, lors de la Grande Révolution culturelle, Giono a connu une réception assez chaleureuse qui se traduit non seulement par la traduction de son œuvre, en particulier par la publication dans les années Quatre-vingts et Quatre-vingt-dix de la version chinoise intégrale de cinq romans et par des rééditions réalisées depuis 2014 par deux maisons d'éditions de Shanghai, mais aussi par l'émergence d'études académiques sur cet auteur. Ainsi, le nom de Giono commence à apparaître dans la presse littéraire chinoise. Un examen des essais concernant Jean Giono publiés dans des revues littéraires et recueillis à la CNKI[6] de 1980 à 2015 révèle que vingt-deux essais traitaient de l'étude de l'œuvre gionienne.

Le premier à citer est Jiang Yiqun, dans le numéro 2 du *Reportage des littératures étrangères*[7] de 1982, dont l'article a pour titre « Biographie de Jean Giono et sa conception de la création ». En 1984, M. Luo Guolin a publié, dans le numéro 1 de *La littérature étrangère contemporaine*[8], un article intitulé « Le chemin de la création littéraire de Jean Giono[9] » qui se fonde sur son parcours personnel pour présenter le changement de son style d'écriture.

En 1996, dans le numéro 1 de la Revue *Yilin*, Mme Zhuang Lequn a rapporté des évènements de célébrations qui se tenaient en France pour le centenaire de Jean Giono.

---

6 China National Knowledge Infrastructure (en français : Infrastructure nationale de connaissances de Chine), créée par l'Université Tsinghua, qui est la meilleure université chinoise, et supervisée par le ministère de l'Éducation de la République populaire de Chine, est l'un des premiers éditeurs autorisés par l'État à l'édition et à la publication en ligne de ressources numériques.

7 Revue bimestrielle à Shanghai.

8 Revue trimestrielle à Nankin, province du Jiangsu.

9 Luo Guolin, « Le chemin de la création littéraire de Jean Giono », *La Littérature étrangère contemporaine*, n° 1, 1984, p. 37-40.

Depuis le troisième millénaire, les études sur la littérature occidentale se sont diversifiées au jour le jour tandis que le développement chinois dynamique rend les échanges culturels plus fréquents. Pour autant, l'étude gionienne en Chine a ouvert de nouveaux horizons. La première attestée, due à M. Liu Mingjiu, est un article académique intitulé : « L'analyse de deux ouvrages représentatifs de Giono : *Colline* et *Le Hussard sur le toit*[10] », paru en 2000 dans une revue nationale *Foreign Literature Studies* (*Les études de la littérature étrangère*[11]), et intégré cinq ans après dans *Au-dessus de l'Absurde : L'Histoire de la Littérature Française du* XXe *siècle*, recueil où Liu réunissait ses articles critiques sur des écrivains français représentatifs de la première moitié du XXe siècle.

En effet, cet article a marqué un jalon ou un tournant important dans l'étude gionienne en Chine. En entreprenant l'analyse de *Colline* et du *Hussard sur le toit*, Liu voit Giono autrement que la plupart de ses confrères chinois. Dans la première moitié de l'article, Liu affirme qu'on trouve chez Giono un style rustique tout en rappelant que Gide a salué en lui « le Virgile en prose de la Haute-Provence[12] » au moment de la publication de *Colline*. Il explique que ce style rustique est différent de celui d'un écrivain comme George Sand par exemple dans ses ouvrages bucoliques. Et là, il s'agit en effet de l'évolution de l'attitude des êtres humains face à la Nature. Cet esprit correspond à l'émergence de la conscience écologique qui s'impose à notre époque en pleine crise des rapports entre l'Homme et la Nature. Cela prouve que de ce point de vue, Giono a précédé la plupart des écrivains de son temps. Dans la deuxième moitié de l'article, Liu souligne la spécificité du protagoniste dans *le Hussard*. Il constate que la manière d'être d'Angelo dans ses actes comme dans ses pensées est brillante et remarquable alors que les héros dans les romans des écrivains français du XXe siècle sont pour la plupart « gris », autrement dit, qu'il existe toujours tel ou tel défaut dans leurs personnalités.

M. Zeng Siyi, spécialiste de l'écocritique en Chine, voit également dans *Colline* la dimension de la littérature écologique. Dans un journal académique de la ville de Tianjing en 2007, il ne ménage pas son

10 Liu Mingjiu, « L'analyse de deux ouvrages représentatifs de Giono : *Colline* et *Le Hussard sur le toit* », *Les études de la littérature étrangère*, n° 3, 2000, p. 25-30.

11 Revue bimestrielle à Wuhan, province du Huhei.

12 Mingjiu, « L'analyse de deux ouvrages représentatifs de Giono », art. cité, p. 25.

admiration pour *Colline* : « Ce roman a précédé de beaucoup d'autres romans anglo-saxons dans le développement de la littérature écologique moderne. Pour cette raison, on pourrait dire qu'il est le premier texte dans la création de la littérature écologique moderne[13]. »

En 2010, le *Journal académique de l'Institut normal de la Province du Hubei* publie en son numéro 5 un article rédigé par M. Yang Liu, qui tente de dégager l'élément "air" des ouvrages gioniens sous l'angle de la comparaison des conceptions esthétiques sino-étrangères. Il s'inspire du taoïsme et de la philosophie grecque pour analyser l'élément gazeux chez Giono. Ce même auteur publie dans la même année dans le numéro 3 des *Études françaises*[14] un article qui aborde le sujet du « vide » chez Giono tout en empruntant à la philosophie chinoise celle du taoïsme.

En juillet 2012, l'Association des Études de la Littérature française de Chine, qui relève de l'Académie des Sciences sociales de Chine, a organisé un séminaire afin de célébrer le tricentenaire de la naissance de Jean-Jacques Rousseau. En tant que membre de cette association chinoise et professeur de français à l'Université de Suzhou, j'y ai participé en présentant un travail de recherche intitulé : « Giono et Rousseau : conceptions du retour à la nature dans leurs créations littéraires ». Ce texte fut ultérieurement publié dans le numéro 4 des *Études françaises* en fin 2012.

Dans le numéro 1 de *La Littérature étrangère*[15] de 2014, M. Lu Quanzhi porte son attention sur *L'Homme qui plantait des arbres* pour tenter d'en dégager la stratégie énonciative de l'auteur.

Dans le numéro 4 de *La littérature étrangère contemporaine* de 2014, je parle de la constitution de l'espace chez Giono et établis une comparaison entre « le haut » et « le bas », « la ville » et « la campagne ». Dans la même année, dans le numéro 3 du *Journal de l'Institut des Beaux-Arts de Nankin*, je présente le film d'animation *L'Homme qui plantait des arbres* pour rendre hommage à son réalisateur Frédéric Back, décédé en décembre 2013, et qui semble complètement oublié par les jeunes générations chinoises, alors que celles-ci, par contre, connaissent très bien Miyazaki Hayao, réalisateur du film d'animation japonaise mondialement reconnu. Dans

13 Zeng Siyi, « Le premier texte de la littérature écologique moderne », *Journal de l'Institut des cadres administrateurs de Tianjin*, n° 3, 2007, p. 40.

14 Revue trimestrielle à Wuhan, province du Hubei.

15 Revue trimestrielle à Pékin.

cet article, j'aborde la relation entre la littérature et la bande dessinée tout en analysant le processus et la particularité d'adaptation du texte de Giono au film de Back et estime dans la conclusion que *L'Homme qui plantait des arbres* de Back contribue beaucoup à la renaissance de Giono et stimule la redécouverte et la relecture des œuvres de ce dernier chez les jeunes lecteurs. À la fin de l'année 2014, j'ai publié dans les *Études françaises* un article intitulé : « L'analyse des images végétales chez Giono sous l'angle de la conscience écologique ». Jean Giono décrit subtilement dans ses œuvres l'espace naturel de la Provence à travers des images et des symboles végétaux de la région. Il se sert de sa propre expérience pour mettre en valeur la campagne provençale et représenter, par l'analyse des images végétales (l'« olivier », la « lavande », l'« herbe » etc.) la relation harmonieuse entre l'humanité et la nature, en dévoilant la signification essentielle des éléments végétaux dans l'interprétation de sa pensée.

Fan Rui et Wu Congju envisagent plutôt la dimension du choléra chez Jean Giono. À travers un long article consacré à l'étude de l'épidémie en tant que thème littéraire, paru dans un journal académique de Pékin, ils considèrent que « Giono a mis en parallèle la peste et l'amour dans le *Hussard*[16] ». En effet, ils y dessinent les contours de la relation « intime » que la peste entretient avec l'être humain et comparent Giono à d'autres écrivains tels que Giovanni Boccaccio, Daniel Defoe, Garcia Marquez, Albert Camus. Selon eux, la peste non seulement affecte le processus social, mais a aussi un impact profond sur l'état culturel et spirituel du peuple. La peste est un thème important de la littérature et de nombreux chefs-d'œuvre du monde prennent la peste comme thème.

Jusqu'à maintenant, nous ne voyons qu'une seule monographie dont Giono fait l'objet : *Espace imaginaire chez Jean Giono : analyse thématique de la « Trilogie de Pan »*. Écrit par M. Yang Guanzheng et publié en 2010 par les Éditions San Lian de Shanghai, cet ouvrage est le premier à étudier rigoureusement les œuvres de Giono dans un ouvrage entier. Il s'agit de la thèse de doctorat que M. Yang a soutenu à Paris en français. Cependant la barrière linguistique (la plupart des lecteurs chinois ne connaissent aucun mot de français) a limité considérablement le retentissement de ce volume et seul un petit cercle de spécialistes chinois de la littérature française s'y est intéressé.

16 Fan Rui et Wu Congju, « Le thème de l'épidémie dans des romans occidentaux », *Journal de l'Université d'Aéronautique et d'Astronautique de Pékin*, n° 4, 2014, p. 88-93.

Depuis *Solitude de pitié*, traduite par Dai Wangshu dans les années Trente du siècle précédent, il y a quatre-vingts ans à peu près que les œuvres littéraires de Giono ont été mises à disposition des lecteurs chinois. Les travaux de recherche sur cet écrivain se font principalement sous forme de traduction ou d'article de recherche. Récemment, un phénomène est né : les jeunes chercheurs s'intéressent davantage aux œuvres gioniennes. Suite à l'examen que j'ai effectué auprès du CNKI, j'ai remarqué que l'on compte actuellement trois mémoires de master et deux thèses de doctorat au sujet de Giono et de ses œuvres depuis 2007. Par rapport aux études gioniennes d'il y a vingt ans dont les auteurs étaient professeurs de français ou traducteurs d'âge moyen, ces mémoires et thèses qu'on trouve récemment sont réalisés plutôt par des jeunes étudiants chinois en cycle de master ou de doctorat dans la recherche en littérature française. Ils viennent respectivement de l'Université de Nanjing, de l'Université de Wuhan, de l'Université de Suzhou, de l'Université normale de l'Est de Chine, de l'Université de Xiangtan, de l'Université de l'Océan de Chine. Par ailleurs, le projet des études gioniennes, que j'ai moi-même lancé en 2014, a obtenu des financements aussi bien de la part de la Fondation nationale pour les sciences sociales de Chine que de la part du Ministère chinois de l'Éducation. Ce projet vise à faire progresser la recherche systématique, par un travail d'échanges franco-chinois, sur le corpus des principales œuvres littéraires de Giono peu exploité en Chine, et surtout à le mettre en perspective avec la réflexion écologique dans le contexte chinois où ont émergé de nombreuses réflexions concernant les rapports entre l'Homme et la Nature. Ainsi nous pouvons constater que le Giono traditionnel né dans la Provence lointaine au siècle précédent n'est pas tombé dans l'oubli de la jeune génération chinoise. Bien au contraire, à travers leurs études, cet auteur connaît une période de résurrection tout comme le retour du printemps après l'hiver. Et ces études contribueront certainement à l'étude des rapports entre la littérature et les préoccupations environnementales en Chine.

Après une étude « panoramique » sur la traduction et la réception des œuvres gioniennes en Chine, nous ne pouvons nous empêcher de nous poser une question : Quelles sont les perspectives pour l'étude gionienne en Chine ?

L'ÉCOCRITIQUE PAR L'ÉTUDE DES ŒUVRES GIONIENNES

La lecture de Giono présente un intérêt particulier dans la mesure où elle constitue une des nouvelles perspectives dans la recherche en Chine sur la littérature étrangère. D'une part, ayant pris un grand essor dans le développement économique depuis plus de 30 ans, la Chine est confrontée à d'immenses problèmes sociaux et écologiques. Quant aux intellectuels chinois, préoccupés par le développement durable de leur pays, ils pensent porter l'engagement de la littérature et s'interroger sur la relation entre l'Homme et la Nature d'une manière littéraire, que ce soit dans un contexte local ou bien dans un contexte exotique, au lieu de rester les bras croisés devant la crise écologique. D'autre part, l'écocritique s'est beaucoup développée grâce aux travaux de recherches des spécialistes chinois de la littérature américaine ou plus largement anglo-saxonne dont les plus connus sont Lu Shuyuan[17], Wang Nuo[18] et Zeng Fanren[19]. Et ce type de recherche est bien lié au contexte chinois dès le début, car ils adoptent des approches mixtes sino-étrangères en se servant en même temps des philosophies de l'Orient et de l'Occident : la philosophie de la nature traditionnelle chinoise ou plus précisément le taoïsme d'un côté, la philosophie de l'environnement d'un autre. En Chine, on ne peut pas parler de l'écocritique sans parler de « la Littérature écologique de l'Europe et des États-Unis », comme le constate Wang Nuo dans sa monographie très célèbre en Chine publiée en 2007 par l'Édition de l'Université de Pékin. Les étudiants chinois de la section littéraire pourront y avoir une vue d'ensemble sur la littérature écologique européenne et américaine. Pourtant, l'auteur n'a consacré que 4 pages à l'introduction de 4 écrivains français comme Le Clézio, et le nom Giono n'est pas cité du tout. Une telle introduction sporadique et superficielle ne permet pas de saisir la continuité et les rapports entre les écrivains français depuis l'époque des Lumières. Par contre, cela donne des perspectives d'étude des œuvres gioniennes en Chine, dans la mesure où elles constituent éventuellement une réponse aux

17 Lu Shuyuan, professeur d'universités et écocritique chinois. Il est spécialisé en recherche sur la place et l'évolution de la Nature dans la littérature chinoise.

18 Wang Nuo, professeur d'universités et écocritique chinois, rédacteur en correspondance pour la revue *ISLE* (Interdisciplinary Studies in Literature and Environment). Il est devenu un des fondateurs écocritiques en Chine avec son ouvrage *La Littérature écologique en Europe et en Amérique* (Beijing University Press, 2003).

19 Zeng Fanren, professeur d'universités et spécialiste de l'esthétique écologique chinoise.

préoccupations écologiques en Chine et un complément indispensable pour l'écocritique de la littérature mondiale.

L'ÉTUDE GIONIENNE DANS L'UNIVERS FILMIQUE

À noter qu'en Chine quand on évoque les études de l'œuvre de Jean Giono, il s'agit des études de son œuvre littéraire et non pas filmique. Ce qu'il a réalisé dans le septième art est quasiment inconnu des lecteurs chinois. D'où un phénomène paradoxal : le cinéma que Jean Giono aimait et détestait à la fois a effectivement contribué à la popularisation de l'image de cet auteur. Les Chinois ont fait sa connaissance dans une certaine mesure grâce à un film où Giono est présenté en tant qu'auteur de l'œuvre originale : *Le Hussard sur le toit*. Dès sa sortie au cinéma en 1995, il a immédiatement fait l'objet de cours audio-visuels dispensés par la plupart des lecteurs français travaillant dans la section de français des universités chinoises. Et cela a duré dix ans !

Dans le cadre du projet des études gioniennes que j'ai lancé en 2014 et qui est évoqué plus haut, l'œuvre filmique de Giono constitue un des champs de recherche. Ayant obtenu un financement de l'Office national de planification de la philosophie et des sciences sociales de Chine pendant trois ans dans la catégorie de « la littérature étrangère », ce projet vise à faire progresser l'étude des œuvres gioniennes au carrefour de plusieurs disciplines : littérature, cinématographie, animation, écologie, etc.

Au début de 2016, M. Chen Yingsong[20], célèbre écrivain chinois, parle de son impression sur les œuvres de Jean Giono et de Jean Carrière dans le numéro 1 de *La Littérature mondiale*. Dans cet article intitulé « La vérité du naturalisme : lecture chez Jean Giono et Jean Carrière », il ne cache pas sa préférence pour le naturalisme chez ces deux écrivains français. Selon lui : « L'aptitude des écrivains contemporains à percevoir la nature ne cesse de se dégrader. Un écrivain doit avoir de l'affection envers la nature et savoir transformer cette affection en écrit avec une description minutieuse, sincère et intelligente. En ce domaine, Jean Giono et Jean Carrière constituent une référence. Car un amour et une

20 Chen Yingsong est un écrivain et critique, vice-président de l'Association des Écrivains de la Province du Hubei de Chine. La plupart de ses œuvres ont pour cadre la campagne, la grande nature, et plus précisément la réserve naturelle de Shennongjia qui est une réserve de biosphère située dans le district forestier de Shennongjia de la province du Hubei. Il a remporté de nombreux prix littéraires chinois.

pitié pour la nature contribuent à former une âme et concernent effectivement l'existence de toute l'Humanité[21]. » Cet article est d'autant plus significatif en Chine que l'œuvre gionienne déborde du petit cercle des professeurs-critiques de la littérature française en se faisant remarquer par des écrivains contemporains chinois de premier plan. Grâce à M. Chen, nous espérons que les lecteurs chinois auront une réception, par la traduction toujours, tout à fait nouvelle des œuvres gioniennes en Chine si on les contextualise dans le champ culturel, le système littéraire et la situation sociale de la Chine actuelle. Voilà dans quels domaines résident les perspectives pour les études gioniennes en Chine.

Xun Lu
Université de Suzhou (Chine)

21 Chen Yingsong, « La vérité du naturalisme : lecture chez Jean Giono et Jean Carrière », *La Littérature mondiale*, n° 1, p. 311.

INDEX DES NOMS

INDEX
DES ŒUVRES DE JEAN GIONO

INDEX DES LIVRES BIBLIQUES

RÉSUMÉS

Jacques MÉNY, « Ouverture du colloque "Prophètes et voix prophétiques dans l'œuvre de Jean Giono". Cinquantenaire du décès de l'écrivain »

Ce colloque ouvre l'année de la célébration du cinquantenaire de la mort de Jean Giono. L'exposition au Mucem de Marseille et les rencontres universitaires qui jalonneront l'année 2020 manifestent l'intérêt toujours suscité par cette œuvre prolifique. Il faut souligner le rôle majeur dans ce succès de Sylvie Giono qui a publié à intervalles réguliers des inédits, et des spécialistes qui ont fait entrer l'œuvre dans la Pléiade. L'Association des Amis de Jean Giono accompagne et soutient ce travail.

Danièle HENKY et Dominique RANAIVOSON, « Introduction »

Par ses engagements, Jean Giono, l'incroyant, a adopté par moments la posture du prophète avant d'opter pour une position plus désenchantée tout en reprenant, pour les remettre en question, les schémas bibliques. Ce colloque entend explorer comment, dans l'ensemble de son œuvre, il adopte diverses voix et voies prophétiques. Il a été réalisé grâce à la collaboration des centres « Écritures » (Université de Lorraine) et « Configurations littéraires » (Université de Strasbourg).

Elena DI PEDE, « Le prophétisme biblique. Une source d'inspiration en littérature »

Comme nombre d'auteurs, Jean Giono trouve dans la Bible, et en particulier chez les prophètes, une source d'inspiration pour son œuvre. Cette présentation a pour but de donner à voir comment la Bible, par le biais d'une littérature particulière, met en scène les grandes figures prophétiques et leur parole. Porteurs d'une mission auprès du peuple auquel ils sont envoyés par Dieu, les prophètes interviennent le plus souvent au cœur d'une crise dont l'enjeu est la vie ou la mort de leurs contemporains.

Jacques MÉNY et Francine CHAROY, « La bibliothèque de Jean Giono. Le corpus "religion chrétienne" »

Athée déclaré, Jean Giono n'en a pas moins réuni dans sa bibliothèque une centaine d'ouvrages de religion. On recense plusieurs éditions de la Bible, dont une en anglais, les écrits de Saint Bonaventure, Saint Benoît, Sainte Catherine de Sienne, Saint François d'Assise, Saint-Jean de la Croix, Saint Thomas, Sainte Thérèse d'Avila et des études consacrées à leurs œuvres. L'article présente ce corpus religieux et la pratique de lecture de ces ouvrages par Giono.

Llewellyn BROWN, « Jean Giono et le verbe prophétique dans les écrits pacifistes »

Dans son œuvre romanesque d'avant-guerre, Jean Giono mettait en scène des figures « messianiques » incarnant le rapport de l'écrivain au verbe poétique. Cependant, la mission que l'auteur donne à ce verbe « prophétique » change de nature dans ses écrits pacifistes, à l'approche de la seconde guerre mondiale. Le démenti apporté à ses rêves par l'Histoire fut salutaire, contraignant l'auteur à se préoccuper essentiellement de son travail sur le langage, au lieu de prétendre transformer les événements.

Jean-Paul PILORGET, « *Promenade de la mort*. Fin ou renouvellement du prophétisme gionien ? »

« Promenade de la mort et départ de l'oiseau bagué le 4 septembre 1943 », s'ouvre sur l'entrée de la France dans le second conflit mondial. Le narrateur se fait le messager du malheur, en liant étroitement l'angoisse générée par l'entrée en guerre aux éléments cosmiques, dans une tonalité apocalyptique. Jean Giono abandonne toutefois ce projet de roman étroitement lié à l'Histoire. Le récit de « Promenade de la mort » n'en annonce pas moins une voie poétique nouvelle, celle des futures Chroniques.

Edouard SCHALCHLI, « Qu'est-ce qui cherche à se révéler dans *Promenade de la mort* de Jean Giono ? »

« Promenade de la Mort » demande à être lu comme un texte de transition entre un espace plus ou moins imaginaire où se révèle une dimension qui dépasse l'histoire et l'espace proprement « littéraire », selon l'expression de Blanchot. Ce texte traversé par une expérience de la guerre inassimilable à la simple raison historique se brise sur l'objet qu'il tente de faire sien et constitue par là-même une ouverture à ce qui, par-delà l'intention proprement littéraire, demande à être dit.

Claude-Henry JOUBERT, « Présentation de *Je vous reconnais tous.* Cantate pour chœur à quatre voix mixtes et violoncelle sur *Refus d'obéissance* de Jean Giono »

Cette cantate est un acte de reconnaissance, de gratitude, un hommage à Jean Giono le pacifiste. C'est un manifeste contre le patriotisme qui nie l'universalité de l'humain.

Alain TISSUT, « Jean Giono et le "bon berger" à l'épreuve de la guerre »

La figure du berger dans l'œuvre de Jean Giono, sur la foi de *Jean le bleu* (1932) et de la biographie de Pierre Citron, apparaît comme originelle et omniprésente, jusqu'à l'œuvre testamentaire qu'est *L'Iris de Suse* (1970). Mais comment expliquer que ce berger-initiateur, soit absent des premiers romans ? Ne prenant corps qu'avec *Le Grand Troupeau*, la figure du berger semble faire l'objet du même refoulement que l'expérience guerrière.

Dominique RANAIVOSON, « Ésaïe et la promesse du prophète Giono dans *Regain* et *L'Homme qui plantait des arbres.* "Le désert refleurira" »

Jean Giono s'empare d'un passage vétérotestamentaire dans *Regain* et *L'Homme qui plantait des arbres.* L'analyse portera sur l'identification des références bibliques qui font de ces romans des paraboles puis sur l'interprétation à leur donner. Giono a réinvesti les images du prophète pour les détourner mais en continuant à inscrire dans des récits un sens caché de l'ordre du spirituel, ce qui est le propre de la prophétie.

François NAULT, « Les figures de Job dans *Le Moulin de Pologne* de Jean Giono »

La présente étude tente de montrer comment *Le Moulin de Pologne* de Jean Giono démonte les mécanismes de la superstition, par lesquels une certaine idée de Dieu et une certaine représentation du destin s'imposent. L'analyse proposée dresse un parallèle, suggéré par le récit lui-même au moyen d'une brève allusion, entre le destin des Coste et la figure biblique de Job.

Christian MORZEWSKI, « Bourrache, prophète de malheur et "maquignon de Dieu" dans *Batailles dans la montagne* de Jean Giono »

Le « message » porté par *Batailles dans la montagne* préfigure l'échec final de la première grande posture gionienne, qu'on appellera pour faire court thérapeutique : soigner, guérir, assister, sauver, incarnée par Bobi dans *Que ma joie demeure* et Saint-Jean dans le roman suivant. Aux soigneurs vont succéder les saigneurs, mutation annoncée dans *Batailles dans la montagne* notamment par Clément Bourrache, le fou de Dieu, habité par le Livre.

Saadia DAHBI, « Jean Giono, prophète de l'Apocalypse de la modernité »

Pour faire face à une modernité à caractère apocalyptique, Jean Giono met en scène deux figures de prophète : celle de Bobi, qui révèle aux hommes les secrets de l'univers et celle de Noé, le créateur qui puise en lui-même les ressources pour réenchanter la réalité prosaïque. Le passage de l'une à l'autre montre que quand le projet de construire une communauté idéale s'avère impossible, la voie du salut devient une quête intériorisée : l'artiste cherche un moi idéal pour préserver sa souveraineté.

Danièle HENKY, « Giono, prophète apocalyptique ou disciple d'Empédocle ? »

Épris de situations extrêmes, Jean Giono a été sensible à la démesure des textes prophétiques ou apocalyptiques. L'homme, vendu au progrès scientifique et technique, appelle sur lui un châtiment que lui prédisent des prophètes contemporains non moins inspirés que les patriarches bibliques. Giono pourrait être un de ceux-là. À moins que ses imprécations, sa délectation non déguisée de l'Apocalypse, ne soient le signe d'un tout autre projet d'artiste.

Francine CHAROY, « Le prophète, le savant et l'Artiste dans l'écriture gionienne. Retour aux sources du *Grand Théâtre* »

L'article propose une lecture du *Grand Théâtre* de Jean Giono reconstruite à l'aide d'une de ses sources : une édition critique de l'Apocalypse de saint Jean. Il montre comment un commentaire théologique nourrit à la fois le travail de création de Giono dans la construction de ses figures, le père et le narrateur, et celui d'interprétation de l'Apocalypse qui reçoit une forme nouvelle.

Annabelle MARION, « Jean Giono, du prophète au conteur. Histoire d'un changement de scénario auctorial »

Le retour de Jean Giono sur la scène littéraire après 1945, perçu comme la métamorphose du prophète du Contadour en un conteur, témoigne d'un changement de scénario auctorial et permet d'étudier la plasticité et la complexité de la figure de l'auteur. En s'appuyant sur la réception qui a été faite de l'œuvre et de l'image de Giono ainsi que sur le jeu des entretiens littéraires, cet article tente d'analyser comment le processus de refiguration a pu s'opérer dans l'après-guerre.

Anne-Aël ROPARS, « Voix prophétique et voix poétique chez Jean Giono. Le cas des *Fragments* »

Dans la « Chute des Anges », « Un déluge » et « Le Cœur-Cerf », poèmes d'inspiration biblique, le poète se fait prophète. Cependant, la voix poétique y est prosaïque, la forme bancale, le sens ambigu. Faut-il y voir la dernière tentative – avortée, d'où le terme de *fragments* – d'incarner la vérité dans le vers ? Peut-on y déceler la mutation stylistique opérée durant cette période ? L'Apocalypse dépeinte dans ces poèmes serait alors, en creux, la Genèse d'une voix nouvelle chez Giono.

Marion STOÏCHI, « L'"eau vive" de la parole dans l'œuvre de Jean Giono. Entre poésie et prophétie »

Les poètes gioniens tendent à partager des caractéristiques avec les prophètes bibliques, inspirés tous deux par une puissance supérieure et qui rejaillit hors d'eux sous la forme d'une « eau vive » de la parole. Pourtant, si les deux figures se rapprochent, elles ne se confondent pas pour autant et Giono, comme souvent, à travers un imaginaire syncrétique, joue avec les normes et les écarts afin d'exprimer au mieux sa vision des poètes.

Jean-Louis CORNILLE, « Jean Giono, entre *Manosque* et *Martinique*. "Mantique" »

En s'interrogeant sur ce que signifie *lire Giono* dans l'hémisphère Sud, on rencontre la notion de « Tout-Monde » d'Édouard Glissant, illustrée par *Biblique des derniers gestes* de Patrick Chamoiseau, roman dans lequel sorcières et prophétesses font à l'œuvre de Jean Giono un sort nouveau. Cette rencontre fut de longue date préparée par un récit haïtien publié peu après *Colline* : *La Montagne ensorcelée*, dans lequel Jacques Roumain proposait dès 1930 une version créole du premier roman de Giono.

Xun Lu, « La réception des œuvres de Jean Giono et sa traduction en Chine. Une vision contextualisée de son "prophétisme" »

Le présent article consiste à retracer l'histoire des traductions des œuvres de Jean Giono en Chine ainsi qu'à retracer leur réception chez les lecteurs et spécialistes chinois, afin de bien esquisser le portrait de Jean Giono aux yeux des Chinois et de montrer la nouvelle portée des œuvres gioniennes dans la Chine du XXIe siècle, qui est confrontée aujourd'hui à d'immenses problèmes de tous genres, surtout dans le domaine écologique.

TABLE DES MATIÈRES

QUATRIÈME PARTIE

DU TEMPS PROPHÉTIQUE AU TEMPS APOCALYPTIQUE

CINQUIÈME PARTIE

PROPHÉTISME, POÉTIQUE ET ESTHÉTIQUE

DANS LA MÊME COLLECTION

1. *Lettres de noblesse I. L'imaginaire nobiliaire dans la littérature française du XIXe siècle*, sous la direction de David MARTENS, 2016
2. *Lettres de noblesse II. L'imaginaire nobiliaire dans la littérature française du XXe siècle*, sous la direction de David MARTENS, 2016
3. *Jean Malaquais entre deux mondes*, sous la direction de Geneviève NAKACH et Julien ROUMETTE, 2017
4. *La Fureur et la Grâce. Lectures de Malcolm Lowry*, sous la direction de Josiane PACCAUD-HUGUET, 2017
5. *Femmes d'à côté. Filles, sœurs, épouses d'hommes célèbres*, sous la direction de Sylvie CAMET, 2018
6. *Voyage et Intimité*, sous la direction de Philippe ANTOINE et Vanezia PÂRLEA, 2018
7. *Le Jeu de rôle sur table, un laboratoire de l'imaginaire*, sous la direction de Danièle ANDRÉ et Alban QUADRAT, 2019
8. *La Réception de René Char hors de France*, sous la direction de Danièle LECLERC, 2020
9. *Samuel Beckett et la culture française*, sous la direction de Yann MÉVEL, 2019
10. *Les Écritures paradoxales de la passion. Pour Bernard Alazet*, sous la direction de Mireille CALLE-GRUBER, Jonathan DEGENÈVE et Midori OGAWA, 2020

Achevé d'imprimer par Corlet Numéric,
Z.A. Charles Tellier, Condé-en-Normandie (Calvados), en juillet 2021
N° d'impression : 172512 - dépôt légal : juillet 2021
Imprimé en France